當代比較政治
一種世界觀（上）

鮑威爾（G. Bingham Powell, Jr.）、史壯姆（Kaare W. Strom）

馬尼恩（Melanie Manion）、戴爾頓（Russell J. Dalton）★著

郭俊偉（Jeffrey J. Guo）★譯

五南圖書出版公司 印行

圖表解讀導覽

　　我們總是想著仔細閱讀文字——例如，細心讀教科書資訊，有時甚至邊讀邊劃線，但是我們並未用同樣方式來「閱讀」圖表。但我們應該要的，因為只要我們仔細閱讀與思量，影像與資訊圖表能透露很多資訊。特別是在所謂的資訊年代，我們在電視與網路上接觸連續不斷的影響，能分析與理解其意義便很重要。這個導覽會介紹你在《當代比較政治：一個世界觀》中會碰到的不同種類圖表，並提出一些問題，讓你能分析從圖表到新聞照片的一切。

表

　　表是我們用的視覺圖像中最不「視覺」的一種。圖表包括用欄列呈現的文字訊息與／或數字資料。當需要呈現精確資訊，以及在很多狀況中，必須有條不紊排列好進行比較的時候，就常會用表。例如，表6.3健康狀況，呈現許多國家公民健康衡量指數，井井有條且易於比較。以下是幾個可以協助你分析資訊的問題：

- 這個表目標是什麼？呈現出什麼資訊？通常標題會讓你知道該表的目標。
- 表各欄標題（每列最上方）提供了什麼資訊？各列的標題又是什麼？在表最下方是否有附註說明？
- 表是否顯出時間，例如2016年7到12月？或者是到某特定日期截止，例如2017年1月1日？資料呈現方式，是在固定期間內出現好幾次，或是僅在特定時間點？
- 如果表是呈現數字資料，這些資料表達什麼意義？什麼單位？花在社會服務上的金額？支持英國勞工黨的投票者比例？
- 表資料的出處？官方資料？還是民間調查資料？報紙？企業？聯合國？個人？來源可信嗎？資料是最新的嗎？資料來源在表呈現的資料中，是否有既得利益？

圖

　　圖表跟曲線圖用視覺方式描述數字資料。最常見的不同圖表種類，將資料依橫軸跟縱軸兩維面向呈現資料。在本書中你將會看到的案例，會有曲線圖、圓餅圖、柱狀圖、與時間軸等。這種視覺圖像強調資料的關聯性：在某個特定時間點、一段期間內固定的時間別、或者有時候兩者都有。曲線圖通常凸顯的是順時

間向前進展的狀況（例如圖16.2傷亡年表：查謨與喀什米爾邦（印控喀什米爾）
（1988至2016年））。圓餅圖（例如圖11.7的2016年俄羅斯國協預算明細）是用
切割方式（不同類型的政府計畫）來凸顯整體狀況（整體政府花費）。柱狀圖比
較不同類別的價值，顯示出個類別中的相對比例（如圖12.8呈現了中國依年齡段
劃分的男女人口）。柱狀圖能用水平或垂直方式呈現。時間軸呈現的是一段期間
內發生的事件與變化（如圖7.2的英國總理名單）。你也會在本書中看到呈現出
流程與階層層級的圖（如圖17.4顯示了奈及利亞的政府結構）。

　　許多看表時的問題，在分析圖表時也同等重要（見前文）。以下再另外提供
一些問題可以幫助你：

- 在曲線圖與柱狀圖中，兩軸的定義是什麼？是否有用圖樣或顏色來代表不
  同的群組或單位？
- 資料是否代表一段固定期間內的不同時期，或是某個特定時間？
- 如果有兩組以上的數字，他們之間的關係是什麼？
- 在資訊的視覺呈現中，是否有扭曲現象？每段時期是否一樣長？出現扭曲
  處是否是實際數量或是比例？扭曲地方可能會讓你一看就產生不精確的結
  論，因此要特別留意。

地圖

　　在政治分析中常用到國家、區域與世界地圖，來顯示人口、社會、經濟、政
治問題與趨勢。例如，圖15.1伊朗少數民族分布圖。

　　雖說表與圖形有時能給更精確的資訊，但地圖能讓我們從地理位置來理解資
料，有時透過文字或數字並不容易辦到。以下是在上述的問題之外，可以再提出
的問題：

- 地圖的圖例表示什麼？地圖試圖分析什麼因素？是否用不同圖示或顏色來
  分隔區域？地圖能顯示政治疆界、自然資源、種族團體、與其他主題，因
  此要知道到底地圖呈現什麼非常重要。
- 顯示哪一個區域？地圖有多詳細？
- 地圖通常顯示某個特定時間的狀況。這張地圖是哪個時間點呢？

前言

　　我們很榮幸能夠介紹第十二版的《當代比較政治：一種世界觀》，在過去40幾年來，這本書一直是比較政治領域最有影響力的教科書之一。世界持續增加彼此依存。學生們接觸到更多的文化與社群，而全球發生的事件也影響到他們的生活與職業生涯。對比較政治的鑑賞能力也正變得愈加不可或缺。作為一個文本，《當代比較政治》非常適合用於結合廣泛且全面的專題概述之課程，因為其內容是由在各領域的專家學者來撰寫，提供了豐富且高品質的國家研究。

　　第十二版的《當代比較政治》持續教導學生透過由加布里爾‧阿蒙（Gabriel Almond）所闡釋的概念化制度、過程與政策架構來理解政治。本書比較早期的版本，開展了在教學上可採用政治文化、結構、過程，以及世界上政治體系的政策表現之系統性比較。而晚期版本則是描述巨大的變遷——諸如民主化與倒退、蘇聯的瓦解、全球化、來自族群與宗教衝突的強化威脅，以及國際經濟的衰退等——如何尖銳化許多國家的政治問題。自始至終，這些不同版本都建立在阿蒙所建構的強大理論基礎上，並且運用其基本框架來回應政治學學生不斷變化的關注內容。

本版本創新之處

　　第十二版《當代比較政治》一書，有許多新的特色：

- ■一套經過實質性的修改內容，包括第一至六章所介紹的理論，以及後面應用到國家研究中的關鍵概念與理論。資料表格與參考文獻都已經更新，內容更加系統性地涵蓋到我們提及的國家。延伸的線型圖表與直方圖表更加完善顯示關連性與強化文本。
- ■第一、三與六章在全球化及其組成要件與結果，以及民主化的挑戰內容上，提供了更加全面的討論。第二章現在提出了一個更廣泛的介紹，來說明比較政治的科學探究。
- ■原本第四章與第五章論利益表達與利益匯集的內容已經被併入到新的第四章論利益代表過程，以提供讀者在利益團體、政黨與選舉內容上，更加流暢且一體化的介紹。
- ■第六章介紹了所謂的「政治福祉」這概念，主要是指涉聯合國千禧年的目標以及系統性地探索了政治福祉及其意義，包括所產生的福利、公平、自由，以及安全等內容。現在這章節增添了一些觸及到政治謀殺，以及政府

極端虐待該國人民的案例討論。

■所有的章節都有「學習目標」設置在主要章節標題之下，同時也有設計「章後思考題」來強化每一章節所要表達的關鍵主題內容。

■所有的國家研究都經過大幅度的修改與更新。主要改變的簡要總結包括如下：

- 英國—在一場2014年的公投，蘇格蘭選民拒絕了離開大不列顛暨北愛爾蘭聯合王國而獨立變成一個國家政體的提案。2015年英國的選舉將下議院的多數席次給了保守黨，也因此讓其組成了單一政黨的政府。這個政府承諾以公投來表決是否選擇留在或離開「歐洲聯盟」（歐盟）。在2016年，英國很驚險地投票決定要「英國脫歐」（Brexit）[1]，就是離開歐盟。當時首相大衛·卡麥隆（David Cameron）辭職下臺，而由掌權的保守黨德蕾莎·梅伊（Theresa May）取代接任[2]，她也受命組成團隊來開始英國脫歐的談判。隱約可見未來在英國的經濟與政治關係中會有巨大的改變。

- 法國—法蘭索瓦·歐蘭德（François Hollande）總統掙扎於創低紀錄的支持率，而決定不再尋求2017年的競選連任[3]。一連串發生在巴黎以及其他地方的恐怖攻擊重創了法國，造成了很嚴重的傷亡，而使得大喊民粹主義的右派國民陣線增加許多支持。

- 德國—在2013年的選舉，選民強烈擁抱了安格拉·梅克爾（Angela Merkel）廣大成功的經濟政策。但是她之前組織政府的夥伴自由民主黨，失去了本身立法的多數代表性。一場複雜的協商過程最後終於確定由介於梅克爾所領導的基督教民主聯盟或基督教社會聯盟還是社會民主黨來組成大聯合政府。組成聯盟的政黨在梅克爾的領導下很成功地結合在一起，但是接下來也要面臨很大壓力的挑戰，來自於歐洲的危機以及來自中東戰爭的逃亡難民，這可能成為2017年選舉時的重大議題[4]。

- 日本—2012年的選舉，以及受到2013年參議院選舉的強化，使得自由民主黨重新掌握政府[5]——而2014年的眾議院選舉也確定了支持由安倍晉三擔任內閣總理大臣。安倍展開了戲劇性的改革計畫意欲復甦步履蹣跚的國內經濟。與中國的緊張局勢加劇，使安倍更加大膽地對日本軍國主義的憲法約束進行了戰略上的解釋。

- 俄羅斯—在2012年，佛拉迪米爾·普丁（Vladimir Putin）當選展開他的第三次總統任期。他的權力也因為2016年下議院選舉的結果而進一步被

強化，這次選舉使得統一俄羅斯黨擁有足夠的席次而能夠通過憲法在這基礎上的修改，就如同一般的法律一樣。普丁現在於下議院中幾乎得到毫無質疑的支持，然而這樣的立法卻不太受到歡迎。俄羅斯國家政權持續鎮壓公民社會團體，以及大肆起訴敵對陣營的政治人物。

- 中國—自從2012年登上共產黨領導人職位之後，習近平就具有極大集中的權力[6]。他著名的反貪腐風潮掃落了比以往更多的（以及高階的）官員。其政權持續拒絕在政治上走上自由化。經濟成長放緩的挑戰以及人口結構失衡加劇，也都產生了幾10年前一胎化政策所造成的負面影響。

- 墨西哥—2012年的總統選舉讓恩里克・涅托（Enrique Peña Nieto）重新領導曾經一度獨大的革命制度黨重新掌握權力，這是自從墨西哥在2000年民主選舉後首次回到執政[7]，但是這一次革命制度黨只獲得沒有過半的票數。該黨缺少國會多數的多數，而總統也相當不受到歡迎。所有的事情都必須與反對黨進行協商。在此同時，有位激進的公民運用社群媒體來要求政客必須更加負責。

- 巴西—經過一連串重大的貪污腐敗醜聞，受到經濟衰退與其他壓力而增大了衝擊，導致2011年選舉獲勝的極左翼勞工黨總統迪爾瑪・羅賽芙（Dilma Rousseff）遭到了彈劾且被定罪。她被定罪後由民主運動黨副總統米歇爾・泰梅爾（Michel Temer）來繼任總統[8]，是2003年之後第一個喪失權力離開勞工黨，而其大規模的社會計畫也令人存疑。

- 伊朗—哈桑・羅哈尼（Hassan Rouhani）在2013年的選舉成為了總統，受到實用主義者以及改革主義者的支持，對前任總統馬哈茂德・阿赫瑪迪內賈德（Mahmoud Ahmadinejad）激進的外交與國內政策標誌了一個明顯的突破。羅哈尼也承諾與西方國家討論核武問題，來為全伊朗人振興經濟——但是獲益相當有限。而持續的經濟萎靡，則是削弱了民眾對核武協議的支持。

- 印度—印度持續面臨著經濟下行以及在全球定位中改善本身經濟這雙重的挑戰。2014年的大選重創了印度國民大會黨，並且很罕見地確實給予了印度人民黨國會的多數席次，以及具有爭議性的總理納倫德拉・莫迪（Narendra Modi）一個機會。選舉與政府的政策也證實了印度的經濟依然相當強健有力。

- 奈及利亞—奈及利亞持續很長一段時間的文官統治，而當前總統古德勒克・喬納森（Jonathan）於2015年總統選舉失利將位置讓給穆罕默杜・

布哈里（Muhammadu Buhari）時，其顯示國家通過一個重要里程碑。這在奈及利亞歷史上是首次權力和平地從一個政黨轉換到另外一個政黨，就像是一場民主國家的選舉。但是區域分裂的加劇、地區衝突，以及大量的貪污腐敗使得治理很困難且讓民主顯得脆弱。博科聖地（Boko Haram）恐怖分子的網絡已經造成很大的危險而威脅到人民的和平安全。

・美國—2016年的總統選舉導致了一個令人驚訝的勝利，共和黨的候選人唐納・川普（Donald Trump）贏了代表民主黨的希拉蕊・柯林頓（Hillary Clinton）。共和黨也維持了掌握國會參眾兩院，增添了許多他們州政府的治理版圖。川普新行政團隊也開始需要面對示威抗議，以及在國會中要面臨民主黨與共和黨雙方強烈的政策兩極化攻防。

經過這些修訂、潤色改善以及更新之後，我們相信《當代比較政治：一種世界觀》第十二版將會提供學生與講師比以往更加容易地穿越理解世界。

創新！銳威（Revel™）課程學習

教育科技設計給當今學生能有不同的方法來閱讀、思考與學習。

當學生被更加深入引導時，他們會更有效率地學習，並且在課程中表現得更好。這簡單的證據激發了「銳威」的問世：一個互動式的學習環境，旨在滿足當今學生以不同的方法來閱讀、思考與學習。

銳威運用媒體互動與評估來讓課程變得更活潑——直接整合作者的敘述內容——並且提供機會讓學生在一個連續的經驗中進行閱讀、操作與學習。如此擬真的教育科技取代了教科書，旨在顯著提升學生們的理解力、記憶力與準備力。

可上網站https://www.pearsonhighered.com/revel/，了解更多有關銳威的資訊。

特色

此最新版本一開始以解釋為何政府會存在的原因，政府的服務功能是什麼，以及政府如何製造出問題但同時也能解決問題，來作為開端。第一章也介紹了大多數國家政體在當今全球中會面臨到三種最主要的挑戰：建立一個具有共識的認同與社群感、促進經濟與社會發展，以及維護民主、人權與公民自由。第二章簡述了所需的概念，來為差異非常大的不同社會進行政治比較與解釋：政治體系及其環境、結構與功能，以及政策績效與因果關係等。這兩個章節共同地闡釋了本

書所要運用的獨特框架模型。

　　從第三章到第五章闡述了重要的政治結構組織、功能以及過程。他們討論了政治文化的因果關係；利益團體、政黨以及其他聚集的結構組織在政治代表上的角色；也分析了憲政與政策制定的關鍵結構組織。民主在最近幾10年以前所未有的狀況散播，不僅是值得慶祝的一種發展，同時也是民主代表的議題具有充分性，就像是在第四、五章所討論到的內容，就很高度相關到能夠與這更廣大的世界所有人口來共同分享。世界上許多地方持續的成長繁榮，意味著成長所具有的挑戰以及公共政策（第一、六章）正在改變當中。第六章比較了政策及其結果是否與聯合國千禧年發展目標的架構一致。這些章節給了處於高度多元化之環境的我們都能有非常不同凡響的政治過程述說上的收穫。他們提供了理論上的焦點以及接下來各個國家章節在實務上的基準點。

　　雖然全球的偶發事件，以及人類戰爭所帶來的成本在近年來已經有所下降，但是衝突依然蹂躪或威脅著一些地區的社群，諸如阿富汗、在阿拉伯之春發生後的中東、南亞、蘇丹，以及非洲的一些地方。除此之外，世界也面臨著極大的挑戰，不論是新或舊的議題，在這些範圍中，像是氣候變遷、移民、全球化、傳染性疾病、國際恐怖主義，以及核擴散等。所有這些增長都會使議題變得比以往更加重要，而需要理解政治決策是如何被制定，及其可能帶來的後果，且在非常不同的政治體制中也形塑了我們很不一樣的政治世界觀。這一版本，就像是先前的版本一樣，把重點放在民主化與全球化所帶來的挑戰，及其持續對富裕以及貧窮國家所帶來的衝擊。本書的大部分，第七至十八章，呈現出在所選擇的12個國家中進行制度性的政治分析。在每一個案例中，貢獻在不同章節的傑出專家，一開始會導引討論該國公民面臨到哪些當今的政策挑戰，之後會提供一個從歷史角度出發的觀點來論述其發展過程。每個章節會運用體系、過程與政策架構來凸顯該國政治上的獨特樣貌。在每個國家中距離現在最近的選舉、領導地位，以及政策轉變，我們都會討論到。用一致性架構進行對不同國家之系統化的分析，以及「比較國家指南」（見下冊）可以協助學生與講師導引這些比較。「分析視覺內容的簡要指南」可以幫助學生理解與應用表格、圖解與座標圖、地圖以及圖片。本書中深入探討國家的研究，涵蓋了世界上所有主要的地區，包括有5個已開發民主國家（英國、法國、德國、日本，以及美國），6個處於民主與獨裁之間各個不同位置的發展中國家（巴西、中國、印度、墨西哥，以及奈及利亞），加上俄羅斯，這個國家讓人感到吸睛，在於其能夠混合著發展與貧窮、民主與極權。因此，本書基本上已經涵蓋了世界上主要且具有影響力的國家，並且說明了許多

不同政治的可能性、問題與限制。

補充內容

　　皮爾森（Pearson）出版社很高興能夠提供幾種資源給得到《當代比較政治》本書許可的採用者以及其學生們，讓他們能夠從本書的授課與學習中，甚至得到更多的效果與樂趣。本書中的幾個補充內容可以在「講師資源中心」（Instructor Resource Center, IRC）獲得，這是一個可供講師快速下載本書特定的具體補充內容之網站。請光臨「講師資源中心」的首頁www.pearsonhighered.com/irc註冊進入。

教師手冊／考試資料庫

　　這個資源包括了為每一章節所提供的學習目標、講課大綱、多選題、是非題，以及申論題。內容只可以從皮爾森「講師資源中心」進行下載。

我的考試

　　這個有力的考試題目生成計畫包括了在教師手冊／考試資料庫裡面的所有項目內容。問題與測試可以很容易地被創建、訂製、網上儲存，之後再列印，很彈性化讓人在任何時間與任何環境下來管理考試內容。如果要多些了解，請上網站https://www.pearsonhighered.com/mytest，或是聯繫您的皮爾森出版社業務代表。

簡報展示

　　圍繞著講課大綱來組織架構，這些多媒體的展示也包括有每一章節的照片與圖表。內容只可以從皮爾森「講師資源中心」進行下載。

誌謝

　　我們很高興能夠在這裡感謝所有貢獻給《當代比較政治》第十二版的許多人，尤其是當中一些協助我們準備的人。我們以及合著者都希望能夠獻上我們的感激之心來誌謝許多參與貢獻給這個版本的一些個人。卡雷‧史壯姆感謝查爾斯‧麥克林（Charles McClean）對許多章節內容的研究協助；法蘭西斯‧羅森布魯斯（Frances Rosenbluth）感謝小室由依（瑪格麗特）（Yui Margaret Komuro）、松井宏太（Kota Matsui）以及埃文‧沃克─威爾斯（Evan Walker-Wells）在日本章節中的研究協助；梅拉妮‧馬尼恩感謝李澤仁（Zeren Li）對幾個章節的研究協助；蘇布拉塔‧米特拉（Subrata Mitra）感謝瑞妮莎‧杜德（Rinisha Dutt）與泰莎‧葛蕾絲‧安東尼（Taisha Grace Antony）在印度章節中

的研究協助；卡爾・勒凡（A. Carl LeVan）感謝彼得・格洛佛（Peter Glover）在奈及利亞章節中的研究協助；薩德・庫瑟爾（Thad Kousser）感謝夢娜・瓦基利法蒂（Mona Vakilifathi）在美國章節中的研究協助。

我們也希望能夠誌謝以下的一些個人，感謝他們對本書的仔細校稿與解釋說明：

班傑明・阿克斯塔（Benjamin Acosta），路易斯安那大學

雅各・加德曼（Jacob Kathman），紐約州立大學水牛城分校

托必爾斯・蘭茲（Tobias Lanz），南加州大學

卡薩胡姆・沃德馬里安姆（Kasahum Woldemariam），斯貝爾曼學院（Spelman College）

G・賓漢姆・鮑威爾（G. Bingham Powell, Jr.）

卡雷・W・史壯姆（Kaare W. Strøm）

梅拉妮・馬尼恩（Melanie Manion）

羅素・J・戴爾頓（Russell J. Dalton）

譯者註

[1] 當時有51.9％的人投票決定退出歐盟，而後英國政府於2017年3月正式宣布退出歐盟，開始了為期兩年的程序來處理細節內容。

[2] 而後，梅伊遲遲未能化解整個脫歐僵局，於是在2019年5月24日宣布在6月7日辭去黨魁職務，由鮑里斯・強森（Alexander Boris de Pfeffel Johnson）接任英國首相。

[3] 2017年勝選的是「共和前進黨」艾曼紐・馬克宏（Emmanuel Jean-Michel Frédéric Macron）。

[4] 2017年德國聯邦議院選舉後，梅克爾在協商之後，仍續任總理。

[5] 日本2017年眾議院仍由自由民主黨獲得多數席次，並與公明黨、日本之心組成執政聯盟；2019年參議院也是自由民主黨獲得多數票，但未過半數。

[6] 2018年3月11日中國全國人民代表大會通過修憲取消國家主席任期限制，習近平的任期甚至可以無限期執政。

[7] 2018年由國家復興運動黨的安德烈斯・歐布拉多（Andrés Manuel LópezObrador）當選總統。

[8] 2019年泰梅爾在卸任總統後，因涉嫌長時間的組織犯罪，而被捕入獄。

目 錄

第一部　介紹篇

第二部　制度、過程與政策篇

第一部
介紹篇

第一章

比較政治的挑戰與變遷

學習目標

1.1 概略描述政治決策的公共與權威面向。

1.2 探討如何為非同質性的全體人口來建立一個國家認同的挑戰。

1.3 解釋經濟發展的過程與挑戰，並從各式各樣國家中提出具體特別的例證。

1.4 描述代議制民主的特質及其在經濟發展與民主化之間的關連。

1.5 探討全球化帶來的正面與負面影響力。

1.6 列舉五種來說明政府能夠協助本身公民的方法。

1.7 列舉五種來說明政府能夠傷害或阻礙本身公民的方法。

當今在全世界上，我們的生活愈來愈受到政治事件的影響。最近幾10年以來，全球已經經歷了三種基本的轉變，而這將可能會影響到我們接下來的生活，尤其是針對年輕人。在這三種轉變中，首先且最引人矚目的轉變就是「第三波民主」（the third wave of democracy）。[1]東西方在走過40年的冷戰衝突之後，以及盛行在第三世界的專制政權，1989年柏林圍牆的倒塌開展了「**民主化**」（democratization）的全新世紀，而這也在早先的10年左右就已經開始了令人看好的未來。東歐共產政權幾乎在一夜之間就急速瓦解，而這些也發展成為嶄新且大部分都是相當穩定的民主國家。其他在東亞、非洲以及拉丁美洲的許多國家也參與了這些民主的轉型，允許數億的民眾享受到民主的自由。接下來的20世紀其餘時間中，相較於過去，民主也變成一種愈來愈常見的全球政權形式，因此直到2000年，在人類歷史中首次有人們在多數的國家中體驗到至少某些部分的自由。但自從顯示了自由通常是脆弱的，而且民主化亦非一條單行道後，這樣的年代已經過去了。即使如同一些政體，像是奈及利亞持續強化一統；其他國家，像是俄羅斯與委內瑞拉，逐漸走向獨裁政體；此外波蘭與匈牙利的公民自由是受到限制的，以及大多中東國家也都違背發生在2011年至2012年時期「阿拉伯之春」（Arab Spring）的承諾。

　　近年來的民主化浪潮背後，在全球大多數範圍中已經變成了一種緩慢但相對穩定的「**社會經濟發展**」（socioeconomic development）過程。在1980年代，全世界大約有四分之一的人口生活在「絕對貧窮」（absolute poverty）的環境中，無法獲得每日糧食與安全庇護之所需，受到疾病的痛苦折磨，並且掙扎於生存的邊緣。但在那時之後，生活在絕對貧窮的人口已經開始以每年約1個百分點的數量下降中，而同時全球的人口數卻持續地在增長中。[2]單獨看中國，自從1981年以來，經濟成長已經幫助了6億人口脫離絕對貧窮的生活。並且於2008年，在人類歷史上首次出現，撒哈拉沙漠以南的非洲僅有不到一半的人口數過著在絕對貧窮線以下的生活。另一個首次發生在2012年的現象，當時發展中國家占全球經濟總量的一半以上，比10年前高出了38％。[3]即使是在像西歐與北美這樣先進工業化民主國家中，所得水準與社會條件仍持續需要改善。而且儘管2008年發生了全球經濟衰退，當今的世界還是過著比上一代或前兩代人更加富裕且生活在安全的社會中。貧窮的國家變得比較富裕，但有錢的國家並沒有變得更加窮困。

　　這樣的社會經濟發展過程說明了許多的重要性。現代化（modernization）提升了全世界人口的教育水準，也提供了技能與資源，藉此引領至更好的職業，與人們希冀的更富裕的生活。在先進工業化民主國家中，這顯示在更多年輕人取得大學與研究所的學歷；在發展中國家，愈來愈多的人取得執照與接受基本教育。當今全世界的人口中，大約有90％具有讀寫的識字能力。[4]這過程尤其可以從女性條件的轉變看出。在許多發展中國家，女性原本被視為第二等級的公民，被排除在經濟與政治生活之外。有更多的女性獲得了讀寫的識字能力之後，生育率開始下降，而發展中國家的女性就業市場參與率也戲劇化地擴增許多。在先進工業化民主國家中，更多女性經由選舉進入國家機關以及擔任高階商管職位。經濟發展也促進了遍布全世界的醫療照護，並且貢獻在引人注目的醫學科學發展與延長預期壽命上。現代化也增進我們獲取全世界相關以及自身生活的資訊能力。從奈及利亞計程車司機可以由自己的手機觀看新聞，到日本大學生無時無刻都可以連接上網，我們確實生活在一個全新的資訊時代。社會發展經常是持續進行的且會引發衝突，但其也改善了全世界大多數人口的生活品質。此外，不論是在已開發或發展中社會，這些社會的變遷使其更加容易擴展本身的民主與公民權利。

　　第三種轉變當今社會的力量就是快速的「**全球化**」（globalization），國家在這股力量中都會變得更加開放且彼此強化依存。全球化有許多的面向，其中一個就是提高商品與服務的貿易，這呈現在我們購買的商品當中，有很多是中國製

造的，而許多電話客服是來自於印度。全球化降低了許多商品的價格並且提高了生活的豐富性，就像在貧窮國家的人們可以購買西方或日本的科技設備，而生活在北方寒冷氣候中的人們可以購買到熱帶水果。全球化也可能意味著可促進許多國家的公民分享具有共識的規範與價值觀參考。然而全球化是需要付出代價的。業務外包與失去當地工作機會已經反映在工業化國家的負面結果清單中，而快速增長的移民也造成了經濟與文化這兩方面的緊張氣氛。在大部分先進工業化國家中，全球化伴隨而來的是社會不公平的擴張以及工作不安全感的擴大，尤其是來自於低技術職業勞動者的感受。在非西方國家中，西方娛樂與文化的傳播有時會造成與當地文化及價值觀的衝擊，進而引發諸如冠以褻瀆宗教信仰的、盲目的、粗魯的以及物質至上的一連串抵抗。由此觀之，全球化帶來的經濟與文化影響確實造成了許多國家嚴重的挑戰。有些國家，像是北韓與伊朗，也因此遁入了將自己封閉起來的境界。其他國家則是比較積極主動地回應這樣的衝擊。大部分歐洲國家就是如此，透過「歐盟」（European Union, EU）來建構一個共同經濟市場，以及一套超國家的政治體制來回應全球化的力量。但「歐洲一體化」（European integration）逐漸在公共事務上達到令人不滿的狀況，像是許多公民比那些政治領導人體驗到更多體制帶來的負面影響，以及許多持有相似觀點的公民覺得他們的政治人物對於一般選民所關心的事務，就像是脫離了現實或反應遲鈍的政客。這樣的不滿情緒更加反映在引人注目的2016年「英國脫歐」（Brexit）投票上，當時的主流英國選民選擇了要退出歐盟。

何謂比較政治？

1.1 概略描述政治決策的公共與權威面向。

　　在當今世界上這些變遷中的一個關鍵因素就是「政治」（politics）——亦即本書所關注的重點。政治必須注意到相關的人類決策，而政治科學就是一門這些決策的研究。但是並非所有的決策都是只有政治性的，因為許多社會科學的研究會關注一些不太引發政治學者感興趣的經濟與社會決策。政治學者研究那些「公共的」（public）與「具有權威性的」（authoritative）決策。政治所謂的公共領域是要處理那些延伸出超越個體與私人生活外的集體決策，一般而言是涉及政府行動，而如果有必要，這些可以由武力加以背後支援。大多發生在家庭裡面，與朋友之間，或是僅涉及私人領域的社會群體當中的事情，都不是政府所要管控的。在極權主義國家中，像是1989年以前的東德或是今日的北韓，公共領域是非常廣泛的，而私人領域是極度被限縮的。國家會試著去支配與控制其民眾的生活，甚

至侵入家庭生活。相形之下，在一些缺乏發展的國家，個人可能將公共領域幾乎完全排除在私人領域之外。許多人不參與政治活動，也不受國家首都所做的決策的影響。西方民主對在個人與公共領域之間找到了比較好的平衡點。然而，在這兩個領域的界線卻不斷重新劃分，而可能成為不停爭論的問題。

政治決策也是具有權威性的。權威意指由正式權力所制定的決策，在預期上具有被執行與被尊重的效果。政府就是如此的組織，以社群成員（公民）為名來擁有權力以制定具有約束力的政治決策。政府可能會採取勸說、誘導或強制暴力形式確保民眾服從，但也就是政府的強迫（武力）控制，使其獨樹一幟。舉例來說，像是教宗這樣的宗教權威，也只擁有一些強制力量。他可以規勸，但很少能夠迫使天主教的跟隨者就範。相比之下，政府的稅務當局，像是「美國國家稅務局」（Internal Revenue Service, IRS）就能夠同時勸勉與強迫美國民眾遵守相關法規。

政府，代表了其公民的利益，採取政策行動來促進或減緩經濟的發展。他們是公民權利與自由的主要擔保人；他們有時也可能是造成這些自由的最大威脅。他們採取行動來擴張或是阻礙其公民的生活條件。在國際上，不同國家的政府透過一些像是條約的協議方式，來相互運作。而當國家走到交戰狀態；一般而言，也是透過政府的手段來處理。

因此，政治是指對居住在某特定領土的人民，所產生的公共決策，具有相關行動來控制，而這些控制權可能背後擁有權威性手段加以支撐。政治涉及這些權威性決策的產製——誰能夠做出決策，以及決策之目的何在。本書揭示在政府與政治體系內所採用的各式各樣行動來達成影響國家的決策。政府的行動不停地觸及我們的生活。我們的工作受到政府的法規來管理，我們家園的建構必須遵守政府的房屋規範，公立學校由政府建立與管理，而我們旅行所走的道路則由政府來養護以及警政單位監控。政治在許多重要方面影響著我們。因此，學習政治決策是如何被制定及其產生的結果，具有其重要性。

我們學習政治的途徑是基於以下的兩個原則。首先是西摩・馬丁・李普塞特（Seymour Martin Lipset）由以下的方式來表達，他常常說：「一個人若只了解一個國家，就不會了解任何國家」（he who knows one country knows no country）。李普塞特的論點在於為了要了解任何一個國家及其政府，我們需要將其與不同國家做比較來檢視哪些是真正具有特色的，而哪些又是相似的。舉例來說，所有政府都需要徵收稅賦；藉由跨國比較不同的稅賦制度，我們可以發現各式各樣稅務政策的好處與侷限。我們可能會認為存在於某個國家的狀況可能是其

特殊制度化安排或是本身政治歷史發展的結果，但是我們能夠這樣做出判斷，是基於將此國家與其他具有不同制度與歷史的國家比較而產生。一個具有良好科學的本質，包括政治科學，是需要比較、對照的——而這本書因此選取了12個擁有差異化社會與政治環境的國家政體來進行比較與對照。

　　第二個原則是要比較政治體系及其政府，我們需要一個概念框架來幫助我們就表面上看來相當不同的元素加以進行比較。舉例來說，伊朗神權政治的政府對比英國悠久的民主，或是奈及利亞新興的民主，該如何進行比較呢？就像拿蘋果與柳橙來比較，雖然是很困難的事情，但還是可以做得到。本書建構了理論模型來比較政府的政務流程，尤以分析其基本部分以及如何連結這些部分內容來闡釋整個政治過程。我們運用系統框架的協助來完成，而之後會在第二章中更詳細地說明。[5] 其基本概念就是認為所有的政治共同體可被視為是由跨部門所組成的政治體系，且具有邊界（根據其領土、公民身分以及財產而言）與外在世界做一區隔。所有的政體都需要展示某些功能，而且它們都具有一系列的結構（政府機構、政黨、武裝團隊）來行使這些功能。但由哪些結構負責哪些功能，以及會產生哪些後果，可能不同的政治體系彼此之間會產生很大的差異。

　　我們生活在一個激動人心的時刻來學習政治。冷戰結束後創造出全新的國際秩序，在新秩序中，蘇聯的威脅不再主導西方國家的國際關注。這釋放了以往致力於國家安全的資源，並且更廣泛開啟全球在民主與人權（human rights）上的承諾。然而，在此同時，恐怖主義（terrorism）的威脅大幅地成長，並且挑戰了西方政府，使其必須回應這些更新穎且陌生的安全防護威脅。拉丁美洲、東歐、東亞以及非洲的民主轉型已經改變了世界樣貌，但是其中尚有部分民主運動是失敗的或受到壓制，而獨裁統治者也變得更加善用各種技巧來偽裝本身的控制支配與鎮壓。環顧世界，全球化帶給不同國家的公民更緊密在一起，並且不論是好是壞，也使得人們彼此之間愈加依存。有些議題是許多社會中的人們必須共同面對——像是氣候變遷與恐怖主義暴力等——都是跨國的，甚至是全球的。我們希望部分的解決方案，能夠由不同社群的人們以政治選擇的方式來處理。在本書當中，我們嘗試讓讀者了解，知悉政府與政治如何應對這些挑戰。

挑戰：創建社群

1.2 探討如何為非同質性的全體人口來建立一個國家認同的挑戰。

　　當今世界上最重要的政治體制，粗略估算有200個不同的當代「國家政體」

（state）。我們經常提及這些國家政體，更隨意地將其稱為「國家」（country），不過是什麼在根本上把國家與其他政治體制區分開來，諸如市、縣或學區，主要差異是國家擁有主權，意指具有權利來為內部社群制定決策，像是關於養老金、教育、基礎設施建設、稅務政策等諸如此類問題，而在對外的主權上，意指具有權利做出有約束力的決定（透過一些像是協議條約與國際組織等方法）來與其他國家政體進行交涉。

　　我們常未經考慮就認為來自不同國家政體的公民會擁有很不一樣的身分，但事實並非總是如此。新的國家政體所要面對的第一個（或許是最重要的）挑戰，就是如何在一些共有的身分認同上建立一種國族的社群感。大多數國家人民都不具有同質性的特質，而逐步灌輸某種共享身分認同的感覺，可能是很困難的。建立一個共有的身分認同與一種社群感是很重要的，因為如果衝突遍及到國族的、種族的或是宗教的認同上時，就可能成為政治動亂的爆炸性原因，如同我們從伊拉克、前南斯拉夫，以及蘇丹等發生的各種跡象可以看到。如果一個國家的公民沒有建立一些共有的互信連帶關係，以及普遍接受的一套目標時，整體是很難在社會、經濟與政治各方面向前推進。

　　雖然創建社群是個普遍的挑戰，但是有些國家比其他國家站在相對有優勢的位置。舉例來說，日本在民族上具有同質性很高的全體居民，有共同的語言，以及悠久的國家政治歷史。大多數日本人在宗教上共享了佛教與神道教的信仰，而與鄰國接壤的國土也被數英里的海洋所隔開。相比之下，奈及利亞是因為英國殖民統治的人為力量所創造出來，而本身也沒有殖民前的共同歷史。全體人民很鮮明被劃歸為穆斯林和基督教兩派；其中基督教又平均分為天主教徒與新教教徒。奈及利亞擁有超過250種不同的民族，說著除了英語之外的各式各樣當地方言。顯見其相較於日本，奈及利亞創建社群的挑戰要高得許多。創建社群的挑戰主要明顯發生在世界上的開發中國家，那些政治結構尚未穩定的地方。但是即使在歐洲，也同樣面臨這些挑戰，像是俄羅斯與自己的鄰國（諸如烏克蘭與喬治亞共和國）在主權上的爭端，巴斯克人（Basque）與蘇格蘭人（Scottish）的自治運動，以及努力整合許多來自於非歐洲國家的移民。

　　創建一種共享的社群感經常被描述成屬於國家建立所經歷的一部分過程。就像在「聯合國」（the United Nations）裡，「**國／民族**」（nation）這個詞彙也經常與「國家政體」（state）這個詞彙相互使用。然而嚴格來說，我們使用「國／民族」這詞彙來指涉一群具有共同身分認同的人。共同的身分認同可能建立在共有的語言、歷史、種族或文化基礎上，或者僅簡單地建立在一事實上，亦即在一

段時間內共同生活在某一領土上的人民。國族或有或無本身的國家政體以及獨立的政府。在某些案例中——像是日本、法國、瑞典——國家政體與國族之間的成員身分具有高度的密切關連性。大多數自認為是日本人的人事實上確實居住在日本國當中，而大多數居住在日本的人，也認同自己是日本人。

在某些案例中，國家政體是「多民族」（multinational）的——由許多不同的民族所組成。蘇聯（the Soviet Union）、南斯拉夫與蘇丹都曾是後來分裂為多個民族國家的政體。這些案例都顯示了國家政體比民族的範圍要大很多。在其他案例中，有些民族要比其對應的國家政體廣泛得多，像是在大多數歷史脈絡中呈現的德國與中國。有些「國／民族」則是因為政治理由分裂成兩個或多個國家政體，諸如當今的韓國（南韓與北韓）與1949年到1990年期間的德國（西德與東德）。有些團體則是宣稱本身是個「國／民族」，像是庫德族（Kurds）、巴斯克人與淡米爾人（Tamils），但是卻沒有建立一個國家政體。

族裔

一般而言，「族群團體」（ethnic groups）被界定為具有共同祖先血統、生理特徵、語言、文化或歷史的一群人，但是「族裔」（ethnicity）則不需要任何基因、文化或歷史的客觀基礎。德國社會學家馬克斯·韋伯（Max Weber）將族群團體定義為「一群抱持著某種主觀信念，因為具有相似的外觀特徵、風俗習慣或兩者兼具，而認為是其共同後代的人類群體，亦或因為共享了殖民與移民的記憶……使得是否具有存在客觀的血緣關係，反而變得不是很重要。」[6]現實環境裡，這些共性也很少是完整一致的。幾個世紀以來，一開始具有同質性的物種，也可能在過程中混雜了其他的物種，即使其文化仍然傳承下去。舉例來說，居住在波士尼亞的塞爾維亞人（Serbs）、克羅埃西亞人（Croats）、穆斯林（Muslims）也許會認為自己是屬於不同祖先的後代，而且具有生理特徵上的明顯差異，即使在歷史上，他們經常被視為早已混在一起了。

對許多國家政體來講，族群多樣性是個需要嚴肅面對的挑戰，而不同族群團體就經常想要形成本身的獨立國家政體。在許多發展中國家，前殖民力量建立了邊界並橫切了原本的族群線軸。1947年，當英國從印度撤離時，也將這個次大陸分裂成北邊的伊斯蘭教領地——巴基斯坦——以及南邊的印度教領地——印度。最立即發生的後果就是嚴重的民間衝突以及「宗族性的」（ethnoreligious）淨化。在印度仍住著大約有1億名伊斯蘭教徒，並有相當緊張的宗教對峙。同樣的，在1960年代末，伊博人（Ibo）這個族群團體在奈及利亞與其他國內的族群

團體打了一場未成功的分離戰爭，結果導致大約有100萬人因此喪生。非洲小國盧安達的圖西人（Tutsi）與胡圖人（Hutu），在1990年代時陷入了一場族群滅絕的內戰當中，大屠殺了成千上萬的人，而有數百萬人因為害怕生命遭到殺害而逃離國家。

跨越國家邊界的移民，是另一個產生族群差異化的原因。以前被奴役到美國的非洲人後裔，是最大一波強迫性勞動力遷移而遺留在世界史上的證明。相較之下，當今更多移民是屬於自願性的，像是印度人、孟加拉人、埃及人，以及巴勒斯坦人前往波斯灣附近的產油酋長制國家來謀生，墨西哥與加勒比海的移民遷移至美國，土耳其與北非的移民移居到歐洲。當今世界正經歷「移民年代」（Age of Migration）的時期，其規模可與19世紀末或20世紀初相媲美，當時有數以百萬計的歐洲人移民到北美、澳洲，以及阿根廷。[7]全球化與移民似乎註定會促進全世界許多社會的多元化。

本書後面幾個章節，將會關注在12個國家政體來，描述政治決策如何被制定，以及政府如何應對他們面臨的挑戰。這12個國家內部也有一些具有獨特性的少數族群與種族。舉例來說，近期的移民已經使得原本同質性很高的國家政體，像是英國、法國、日本與德國，變得更多元民族。其他國家，像是美國，長期以來都是屬於多元民族的，而且甚至變得愈加如此。印度與奈及利亞則是因為殖民化與去殖民化而形塑成一多元民族的地域。俄羅斯也因為其歷史上的帝國統治而反映出族群的多元化。

語言

另一個創建社群時的挑戰，可能導因於語言的差異。語言可以是與族群有所重疊的認同源頭。在當今世界上，人們使用著差不多5,000種不同的語言，而語系數目則相對少很多。這樣的語言大多是由發展中國家內的小型部落團體所使用。只有大概200種語言擁有百萬以上的人口使用，而只有8種語言可以被歸類為國際性語言。

英語是最能代表國際性的語言。全世界大約有三分之一的人口生活在將英語視為官方語言（之一）的國家中。其他國際性語言包括西班牙語、阿拉伯語、俄語、葡萄牙語、法語與德語。擁有最多使用人口的語言，雖然包含各種不同方言，則屬華語（有超過10億以上的使用者）。國際上最普遍的主要語言是那些藉由前殖民政權來傳播——英國、法國、西班牙與葡萄牙。

語言隔閡可能會造成特別棘手的政治問題。政治制度可以選擇忽略其公民之

間的種族、族群或宗教差異，但是同時以幾種語言來行使職權卻是困難的。一般而言，語言衝突會顯現在教育政策或是政府官方語言的爭議中。有時候，語言規則更具侵入性，如同在加拿大的魁北克省，在那裡只限英語出現的路標與廣告看板是被禁止的，而大企業則被要求以法語來從事商業活動。

宗教差別與交戰狀態

國家政體也會因為本身宗教的特質而大不相同。在某些國家——諸如以色列，愛爾蘭與巴基斯坦——對大多數人口來說，宗教是民族認同的基礎。伊朗是個神權政體，由宗教權威領袖治理國家，宗教法律亦是國家法典的一部分。在其他社會中，像是過去共產時期的波蘭，宗教可用來號召人民進行政治反對運動。在1970年到1980年代中，許多拉丁美洲國家正處於軍政府或其他獨裁時，許多神職人員會懷抱一種解放神學的態度來為窮人辯護並批判政府的鎮壓行為。

基督教本身具有各式各樣的教派，也是當今世界上最大且分布最廣的宗教。全球大約有三分之一人口屬於基督教會，其分成三個主要的派系——羅馬天主教、基督新教（其中有許多不同的派別），以及東正教（例如：希臘與俄羅斯的主要信仰）。天主教盛行於南歐與拉丁美洲；其他地方則是天主教與基督新教較為平均分布。在近來數10年間，傳統的基督新教的不同教派在北美也都式微了許多，但卻有三種基督新教的教派——基本教義派、五旬節（聖靈降臨節）派，與福音派——在此逐漸壯大，此外，特別是在拉丁美洲、亞洲，以及一部分的非洲。穆斯林（伊斯蘭教）是世界上第二大宗教團體，也是成長最迅速的宗教，部分原因歸於其人口的增長。全球大約有五分之一到四分之一人口是穆斯林，主要集中在亞洲與非洲。伊斯蘭教在中亞也重新興起，而穆斯林在撒哈拉沙漠以南的非洲，進行傳道活動時，獲得相當成功的進展。

一般而言，宗教可以引導追隨者社會與政治行為。尤其是在貧窮的國家，宗教機構常會負責對大規模的教育與福利盡心力。宗教領袖與權威也都長期努力站在促進和平、廢除奴隸制度以及其他奴役和剝削形式的最前線。宗教信仰可能因此引導其信徒去關心他人，但是也可能演變為與其他持有不同信念者的強烈分歧根源。舉例來說，宗教團體常常會在婚姻法與離婚法、兒童撫養、性道德、墮胎、婦女解放、宗教儀式的規章等議題上產生歧異。宗教社群經常會對教育政策採取某一特定利益觀點，目的就是要傳遞本身的想法與道德觀。在這些議題上，宗教團體可能會相互不認同，更不用說與更多世俗團體的歧異。

宗教衝突經常是與「基本教義派」（fundamentalism）掛勾，但這詞彙原始上

所指的是相當不同的意義。**宗教基本教義派**（Religious fundamentalism）差不多在1個世紀前獲得這樣的名稱，當時基督新教的牧師團結在一起捍衛他們信念中的「基本教義」，來反對世俗化以及那些抨擊基督聖經中權威的力量與其所規定的道德觀。這個原始的基本教義派通常並沒有使人聯想到交戰狀態與暴力，而且類似的運動也都出現在所有的主要信仰中，主要是對於現代化的反動。當時每個宗教都不同意世俗對其神聖文本與價值觀的解釋，而基本教義派信徒更傾向於相信他們信仰的絕對真理。而有些人希望政治生活能夠更有規範，主要依據本身的神聖文本與教義。

　　有些宗教激進分子（militant）使用暴力來捍衛本身的立場。宗教交戰狀態的興起已經影響到了整個世界。舉例來說，在印度的印度教與伊斯蘭教之間的對抗更加頻繁。看起來奈及利亞穆斯林與基督徒的衝突也不斷在升高，而激進的伊斯蘭組織暴力博科聖地（Boko Haram）網絡也在崛起中。這些暴力中最為極端的形式也已經被視為與恐怖主義有關連。這些恐怖主義的行動目的是要讓人無法想像、灌輸恐懼，以及削弱意志。2001年9月11日伊斯蘭教聖戰士（Jihadist）襲擊了美國紐約市的世界貿易中心與華盛頓特區的國防部五角大廈，所牽涉的不僅是自殺式劫持駕駛艙，也包括駕駛運載著可引爆燃油的飛機與無辜乘客來轉化成為巨大威力的彈藥。引發這些攻擊之後，伊斯蘭教聖戰士還在峇里島、馬德里、倫敦、利雅德、布魯塞爾、巴黎、柏林等以及其他城市進行恐怖攻擊。現在全世界許多國家也面臨了必須處理宗教性與其他極端主義者（extremist）所發動的國際性恐怖攻擊。

推動經濟發展

1.3 解釋經濟發展的過程與挑戰，並從各式各樣國家中提出具體特別的例證。

　　不丹有個發展其「國民幸福指數」（Gross National Happiness, GNH）水準的國家目標。不丹人的觀念就是根據更整體性與精神上所解釋的生活品質來評估社會進展，而非一般以經濟福祉為標準的測量方式。這樣的佛教文化傳統遺產已經引導政府規劃與探究如何提升社會的幸福感為目標，即使其本身仍然是個低所得國家。

　　不丹非常的與眾不同；在大多數政治體系中的人們會希望其政府能夠促進社會與經濟發展。因此，經濟與社會發展是國家政體重要的目標。經濟發展意味著人們可以享受新的物資與機會條件，以此家長才能夠預期自己的孩子至少可過著

與自己差不多的生活。許多人期望政府能透過經濟成長與創造就業機會來改善他們的生活條件，然後就是提高所得標準。一個政府是否成功──不論是民主的或威權的──經常就是以經濟指標來衡量。

在富裕的、高度工業化社會中，當代生活水準已經提供了基本社會所需（甚至更多）給大多數的民眾。實際上，這些國家中當前的政治挑戰，經常聚焦在從過去因為經濟發展成功而導致的問題上，諸如保護環境品質以及管理經濟成長的後果。新的挑戰正在從老年化人口的醫療與社會安全支出而浮現出來。然而，對全球大多數國家來講，重大基本經濟需求依然存在，所以政府通常也比較關注這些。

比起過去任何類似的時期，大約從1980年之後，許多國家對經濟成長的在意已經轉變為對生活條件的關注。聯合國發展計畫署（United Nations Development Program, UNDP）綜合了經濟福祉、預期壽命與教育成就等測量指標提出「人類發展指數」（Human Development Index, HDI）。[8] 人類發展指數顯示自從1980年之後，世界上許多地區的生活條件已經有大幅的改善（見圖1.1）。東亞與南亞已經取得了相當程度的進步。舉例來說，不同於1975年時，南韓與臺灣的生活水準接近於那些許多貧窮的非洲國家，而現在兩者都擁有富足的社會。甚至更引人注意的是世界上兩大人口國的改變。中國從1975年的低度人類發展指數（相當於波茲瓦納或史瓦帝尼[11]）到2014年接近墨西哥或巴西的水準；印度也是沿著相似的上升軌跡發展。這些統計數字呈現出為數10億人改善了的生活條件。在許多撒哈拉沙漠以南的非洲國家，其生活條件也於21世紀有了改善。雖然嚴重的經濟問題依然存在，但是這樣的發展趨勢正不斷改善數億人們的生活條件，解放他們免於絕對的飢荒與貧窮，並且提供物資讓他們的生活可以由其他方式來加以改善。

一般而言，經濟發展的過程是沿著一個常見的模式。其中一個組成部分就是勞動力的轉移，從農業走向工業，然後進入到擁有大量第三級（服務）產業的高度工業化經濟。本書所探討的5個先進工業化國家中，農業從業者在整個勞動力的人口比例上占不到5％。相較之下，貧窮國家本身的勞動力常常在從事農業方面就有超過三分之二的人口。除此之外，經濟發展通常都會與都市化（urbanization）有所關連，像是農民離開自己的土地而遷徙到城市中。一個國家經歷了快速的經濟發展，如同中國，都市的遷移不只會創造出新的機會給勞動者，也會給政府帶來在經濟與社會政策上新的挑戰。

圖1.2呈現出的就是目前世界上100多個國家仍然存在著差距很大的生活水準，以及展示富裕程度如何影響到基本的社會條件。圖中座標的水平軸是根據人

圖1.1　各區域人類發展指數的變化

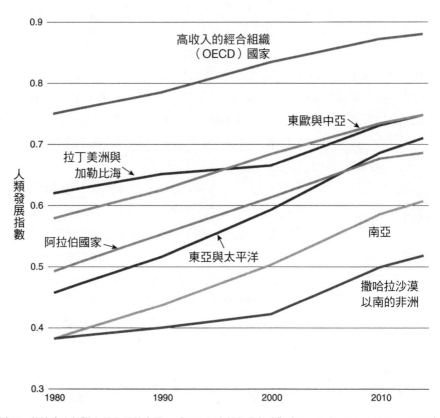

資料來源：數據來自於聯合國發展計畫署，《2015年人類發展報告》（New York: United Nations, 2015）。

均「**國民總收入**」（Gross National Income, GNI）的高低來排列不同國家，而這是用來衡量國家的富裕程度。座標的垂直軸顯示該國超過25歲人口的平均教育年限。以淺灰色標記的12個核心國家會在本書稍後討論。

　　有兩件事情是很顯而易見的。第一，可能也是這張圖最引人注目的特點，就是全球不同國家中，包括本書所特別討論到的國家，仍然存有差距很大的生活水準。在西方先進工業化民主國家的人均富裕程度差不多比在奈及利亞高了大約10倍之多。[9]第二，富裕狀況與教育程度高度關連。教育與所得之間的匹配程度是如此之大，因此聯合國結合這兩個項目（以及其他統計資料）來定義人類發展指數。

　　所得水準與教育也和其他社會發展測量指標有關連性。一個擁有最少識字公民的國家，同樣也會是擁有最少收音機與電視機的國家——即使使用這些設備並

圖1.2　國家的富裕與學校教育

如同所見的教育程度增長了，經濟發展也會提升公眾的資源與機會

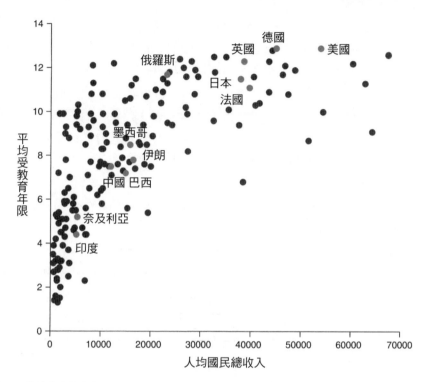

資料來源：數據來自於世界銀行2013年的指標。國民總收入是依照購買力平價（purchasing power parity, PPP）來設定的人均分配；學校教育年限指的是超過25歲的人口。圖是依照可以獲得資料的172個國家來繪製。

不太需要識字能力。經濟發展也與更好的營養以及醫療照護有相當大的關連。在那些經濟上先進的國家中，比較少有幼兒在嬰兒期就死亡，而疾病所產生的影響也是有限的。在許多低所得國家中，像是墨西哥與中國，其生活條件的改善大致上也都實現了預期壽命的延長。可是，奈及利亞的平均預期壽命仍然不到53歲，在印度也低於68歲，而在日本卻高達83歲。物質生產力、教育以及接觸傳播媒體的管道，與更長壽、健康的生命都有緊密相連的關係。

　　低所得國家政體面臨最緊急的經濟發展挑戰就是：如何增進其公民當前的福利，然後也能夠為未來投資。政治領導人與社會名流，像是波諾（Bono）以及安潔莉娜‧裘莉（Angelina Jolie）都曾經大力提振公共意識，希望大眾認知到生活條件的極大落差已經是個全球關注點──向那些生活在發展中國家的民眾，富

裕國家及其公民，以及諸如聯合國與世界銀行等國際組織，提出了呼籲。

經濟發展的問題

　　雖然經濟發展可以解決許多的問題，但也可能創造出新的挑戰。健康、收入，以及機會，鮮少能夠在一國之內公平的分配，而不平等的資源與機會分配可能會刺激形成政治衝突。高所得國家可能僅會明顯抑制社會中一些領域的貧窮狀況與機會缺乏。而國家經濟增長率提高的同時，也可能只有利於某些特定的地區或社會團體，卻導致其他未受惠者變得不好過。落後地區，就像是美國境內的一些「城市周圍不發達地區」（inner city）或是工業衰退的「鐵銹地帶」（rust belt）；印度德里與加爾各達的老城區；許多非洲國家位於偏遠與封閉的地區；中國許多農村地區，以及乾燥貧瘠的巴西東北部，都陷入貧窮且缺乏希望的地步，但是這些國家的其他地方卻都經歷了發展與福利的大幅改善。此外，快速的經濟發展也可能會使得不公平現況不斷深化。

　　貧窮國家往往比富裕國家在所得不平等上有更大的差距。富裕國家，像是日本、德國與法國，比起中等或低所得國家而言，相對上有比較平等的國內所得分配。即使如此，在日本最富有的前10%人口所獲得的總收入差不多等同於最貧窮的40%人口之所得。這顯示富人與窮人之間的生活條件有很大的落差，但是如此的差距在沒有那麼富裕的國家中，卻甚至拉得更遠。在墨西哥這個中等所得國家中，這個差距比例接近3：1；在巴西，更超過5：1。美國的所得不公平現象比日本以及西歐國家來得高，但是比其他多數國家來得低。在俄羅斯與其他前共產國家中，嶄新資本主義市場的發展已經帶來了新的所得不公平現象。研究表明，一個國家的政策會產生相關影響。印度已有意識朝著縮減不公平方向前進，然而中國的不公平狀況卻在穩定成長中。近年來，所得不平等在許多先進工業化國家也不斷增加，包括美國。至少有一部分的原因是來自於過渡至以服務以及資訊為基礎的經濟導向。而所得不平等的衡量，似乎也有助於刺激經濟增長。[10]

　　各式各樣的政策可以減緩因為發展社會所帶來的經濟不平等困境。如果有均等的機會以及高度的社會流動（social mobility），不平等可能就會隨著時間的流逝而下降，並且可能不會對年輕世代造成如此的壓迫。對教育的投資也可以降低貧窮。在臺灣與南韓，土地改革在早期發展的過程中，均等化了機會。投資在初等與中等教育、農業投入與農村基礎設施建設（主要在道路與水利）、勞力密集產業等，其顯著的效果也都出現在往後的幾10年。因此，有些增長政策確實可以減緩不公平，但是在實務操作上的確有其難度存在，尤其是存在實質不平等已久

的地方。

　　另一個與發展相關連的就是人口增長。隨著健康照護的進步、生活水準的提升，以及預期壽命的延長，人口也就跟著增加。這些都是正面的發展，但是急速的人口增長也可能引發新的政策挑戰。世界的人口持續在增加，而比起更為富裕的國家，相對貧窮的國家經歷到更快速的成長率。2005年，時任聯合國人口司司長的哈妮雅・茲洛特尼克（Hania Zlotnik）估計：「在未來10年中，每增加100個人口（到這世界上），會有97個出生於發展中國家。」[11]快速的經濟成長在正在開發中的世界，這樣可能會對這些國家造成相當明顯的負擔。

　　這些前景已經催生起混雜了議題熱度的發展論著。經濟學家阿馬蒂亞・沈恩（Amartya Sen）提出警告，認為「主要危險在於對峙在一頭是世界末日般的悲觀主義（apocalyptic pessimism）；另一頭是不屑一顧般的矯情神態（dismissive smugness）中，而可能失去對人口問題本質上的真實理解。」[12]就像他所指出，「現代化」所帶來其中之一的首要影響，就是讓人口快速增加，導因於更好的衛生環境以及現代製藥技術而使死亡率下降。然而，隨著經濟持續發展，出生率卻也跟著降低，因為改善了教育（主要是針對婦女）、健康與福利，低生育率的優勢逐漸變得清晰了，人口成長率也就下降了。

　　當今，許多歐洲富裕國家的本國出生人口正在減少，像是德國、義大利與西班牙，因為出生率已經低到難以維持原本的人口規模。這種模式似乎也在日本以及部分發展中國家發生著。因此，全球人口成長在過去20多年有衰退的趨勢。舉例來說，印度的年度人口成長率，在1970年代是22‰[2]，而之後就逐漸有明顯的下降。拉丁美洲的人口成長達到高峰之後，就開始急速下滑。但撒哈拉沙漠以南的非洲卻仍然經歷著相對高的出生率。[13]

　　經濟成長可能會產生其他的社會成本。舉例來說，高度工業化社會正在處理因為工業發展與消費量所帶來的環境代價。遭砍伐的森林、廢棄的土壤與耗盡的漁場、污染的空氣與水、核廢料以及瀕臨絕種的生物，現在也都成為立法內容上的責任。在俄羅斯以及其他前共產國家，很多方面的環境惡化程度都比西方世界來得更厲害。同時，一些環境問題也比低度發展國家更尖銳棘手，那些因為人口成長與都市化帶來的問題污染了空氣以及水源，並且對衛生造成嚴重的挑戰。[14]而依賴碳排放經濟所產生的世界經濟發展模式，已經提高氣候變遷的討論，尤其是影響整個地球的議題。然而，雖然經濟發展通常能夠改善公共的生活條件，但在其過程中，它也會產生全新的政策問題。

推動民主、人權與公民自由

1.4 描述代議制民主的特質及其在經濟發展與民主化之間的關連。

當代大多數國家，或多或少都真誠與成功的向「民主」政府形態，渴望與看齊過。「**民主**」（democracy），簡單地定義，就是一種政治制度，公民可以在其中享受到許多基本的公民與政治權利，而且他們最重要的政治領導人是透過自由與公正的選舉選出，而領導人必須依法治負起責任。按照字面上意義來講，民主意指「由人民治理（民治）」。民主化過程正在改變當代的政治制度，包括**人權**（human rights）的改進以及自由的擴大。

在小國家中，透過像是市政廳這樣的論壇，開放給全民共同參與並制定政治決策，或許是可行的方式。然而，在現今國家政體中，都有上百萬以上的公民分布在遼闊的領土，使民主大多是經由政治代表制來獲得實現。選舉、政黨競爭、代表大會，在某種程度上促使民主—— 某種程度上的「由人民治理（民治）」——得以落實。代議制民主（representative democracy）不是很完美或理想的，但是如果有更多的公民參與進入，他們的選擇就會更有影響力，而民主制度就愈有可能完善。

相形之下，**威權主義的**（authoritarian）（或是獨裁的）政治體系缺乏其中一個或幾種民主所定義的特徵。威權主義的國家政體可能會採取多種形式（參閱第六章）。在一個**寡頭統治**（oligarchy）的政府，照字面上理解就是「由少數人支配」，少數的政治菁英拒絕將政治權利給予廣大的多數人民。薩達姆・海珊（Saddam Hussein）統治下的伊拉克，以及直到1990年代早期之種族隔離制度（apartheid）下的南非，都是很鮮明的例子。其他威權主義的國家政體，像是中國或辛巴威，都是政黨、軍隊或是個人的獨裁專政。在一個**極權制度**（totalitarian system）中，如同納粹（Nazi）德國、約瑟夫・史達林（Joseph Stalin）統治下的蘇聯，或是當今的北韓——政府以一種特別嚴厲以及侵入性的作法來壓縮其公民的權利與隱私。把這些不同狀態的政府形式（民主、軍事獨裁等）解釋為「**政權**」（regime）。

隨著社會變得更複雜、富裕，且科技更加先進，人們更有可能走向民主化。在20世紀上半葉，大多的西方國家政體變得更民主。第二次世界大戰之後，第二波民主化浪潮興起——這波持續到1960年代早期——看見包括新獨立的國家政體（像是印度與奈及利亞）以及戰敗的獨裁政權（像是德國與日本）都建立起民主的正式制度。[15]另一波民主轉型開始於1974年，包括南歐、東亞、拉丁美洲以及許多非洲國家政體都涉入了——這場被稱為「第三波」的民主化浪潮。[16]最為引

人注目的變化發生在中歐和東歐，僅在短短數年內就讓蘇維埃帝國垮臺，而這些國家也迅速地轉型為民主政體；許多後來也加入了歐盟。同樣的，大多拉丁美洲國家也是從獨裁政體（大多是軍事獨裁）轉型為民主國家。種族隔離制度（apartheid）下的南非政權結束，同樣也是非常引人矚目的。最新的現況，在幾個北非國家中，阿拉伯之春已經造成了一些政權的改變，但大多通過這些人民革命的結果，卻只換來令人感到失望的民主擁護而已。

　　由於第三波民主浪潮的結果，民主已經變成多數政府的共同形式（參閱圖1.3）。在1970年代，世界上僅有三分之一獨立的國家具有政黨競爭與選舉制度。共產主義專政國家、其他一黨制政府、軍事政權以及其他獨裁政府占據了剩餘的江山。到了2015年，幾乎有三分之二的國家政體，都具有民主的選舉制度，而人權與自由同樣也擴及到世界上更多人口享有。根據「自由之家」（Freedom House）2016年權威性的排序，所有國家政體中約有44％是被評價為「自由的」，而26％是屬於「不自由的」，其他剩下來的則為「部分自由的」。[17]然而，當代的情景並非一切都是稱心如意的。獨裁比民主政權占據了更多人口稠密的地方，以致全世界生活在自由與不自由國家的人口比例，幾乎是相當的（40％

圖1.3　不同時期的自由政府成長狀況

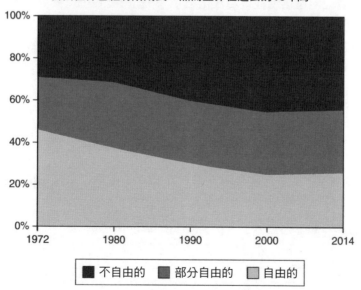

資料來源：來自自由之家的數據，《2016年的世界自由》（www.freedomhouse.org）。本圖顯示所有國家政體所占的比例。

是自由的,相對於36%是不自由的)。

　　而如同國際政治學家亞當‧普沃斯基（Adam Przeworski）及其研究同儕都指出,選舉本身不會創造出民主的政治系統。畢竟,即使是北韓也會定期舉行選舉,只是結果從不會有意外。對一個要成為真正民主的政權而言,其必須要給反對黨（opposition）機會能夠贏得選舉的空間,而選舉的結果必須要被尊重,即使可能出現與現任者（incumbent）不同調的結果。[18]但這出現的機率不是很大。因為許多國家的獨裁統治者已經變得具有更熟練的技巧以不正當的手段操縱與壟斷,甚至在事實結果出乎預料時宣告選舉無效,就像1993年發生在奈及利亞的事件。[19]當第三波民主浪潮在20世紀末緩慢下來時,獨裁政權並沒有停止擴張。在一份具有影響力的研究中指出,政治學家米蘭‧斯沃利克（Milan Svolik, 2012）發現獨裁政權在所有國家中將近有40%的比例。[20]這些大多數是一黨專政的政權,是最穩定的威權主義政體形式,以及許多都是「**選舉式威權主義**」（electoral authoritarianism）的政體,在這樣的環境中反對黨是被允許能夠參與多黨選舉的競爭,但是不能夠贏得行政首長辦公室的控制權。因此儘管世界各地舉辦選舉日益頻繁,在過去10年來民主國家的數目並沒有太多的增加,而在自由之家於2005年至2015年之間每年所發表的報告裡,許多國家中的自由實際上是倒退,而不是前進的。

　　民主化廣泛地連結到社會現代化之中。[21]經濟發展可以鼓舞民主化;一般而言,會藉由創造出具有自主性的政治團體來要求政治影響力、擴大公眾的政治參與技能,以及創造出能夠鼓勵自治系統的複雜性經濟。社會現代化也可以改變政治價值觀與文化,提供更多需求給附加在參與式制度中（參閱第三章）。在經濟發達的社會體系中,新的民主更有可能持續下去。[22]然而,民主通常不會在一夜之間突然產生,也不會作為對社會條件轉變的立即性反應。這常常需要時間來建立環境以培養民主、創造民主的機構,以及教育公眾重視和遵守民主進程的價值觀。

　　圖1.4顯示出了發生於國家社會現代化程度（座標水平軸上的人均國民總收入）與民主（座標垂直軸上的發言權和問責制）之間的關係。[23]這兩個特徵是有明顯的相關連。圖中也顯示了,在經濟不景氣的情況下,鞏固民主尤其困難。但是自從1947年獨立之後,印度恰巧是一個著名的擁抱民主的相反例子,然而當時其國內大多數地方卻都還長期處於貧窮之中。因此只能說社會現代化與民主之間是有強烈的關係,但不是絕對如此。

　　在一些發展中國家,民主過程不但未能產生穩定的機構組織與有效率的公共

圖1.4 國民的富裕狀況與民主發展

富裕程度提高了一個國家政體轉為民主的可能性，但這並非是一種絕對的關係

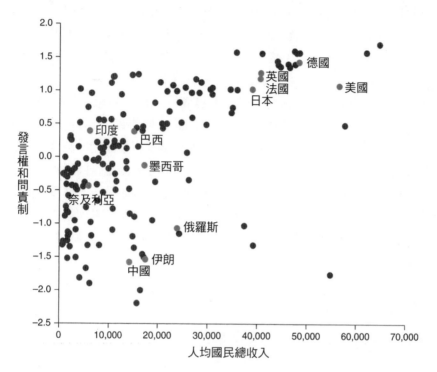

資料來源：世界銀行2015年的指標數據。人均國民總收入是依照購買力評價；依據166個國家可獲得的資料而來。

政策，倒是最後卻讓步某些威權主義的形式。舉例來說，1966年在奈及利亞，軍隊政變（military coups）推翻了經由民主選舉出來的政府，而1983年又再次發生；直到1999年以前，再民主化（redemocratization）都沒有真正發生過。但奈及利亞絕對不是單一的個案。站穩了腳跟的政治領導人常常會使用高壓統治或武力威脅來維持他們的政治控制。舉例來說，近年來中國已經在經濟上取得相當大的進步，但是政府卻限制這些可能會促進民主發展的過程，諸如自由流通的資訊以及言論自由。而佛拉迪米爾·普丁（Vladímir Pútin）領導下的俄羅斯也出現了民主倒退，即使經濟狀況有所改善。所以傳統是可以往任何方向前進，不論是朝向或遠離民主的發展。

民主化也是一個持續的過程。即使當一些國家政體已經正式採納了民主制度，但這並不保證他們將會把人權以及公民自由給予所有的民眾。除此之外，適

當的權利與自由的定義卻出現了演變。民主必須在尊重多數意見與保障個人或少數權利之間取得平衡。即使當政治統治者很誠心地想要試著促進人權與公民自由（雖然實情並非總是如此）時，他們卻總是不允許這些自然的權利。

權利與自由傳播的一個好例子──以及在權利定義下的文化差異──就是涉及性別相關的議題。在西方工業化社會中的政府會傾向於支持促進社會中平等對待女性的性別政策，包括職場與政治環境。事實上，提升婦女的地位是在政治與經濟上最具有生產效果的方式之一（參閱專欄1.1），舉例來說，像是以此提升教育與健康的水準以及出生率的穩定化等。因此，聯合國以及其他國際組織也都努力提倡女性的權利。但是性別準則與文化價值觀卻常常深刻的涵蓋所有文化面向來影響他們。聯合國統計局指出，許多發展中國家猶豫是否同意女性的平等權利，包括她們原本被限制的教育以及在經濟與政治上的參與。[24]許多阿拉伯國家政體中，限制女性權利往往很鮮明易見，而她們在那裡很容易與社會準則以及宗教信仰產生衝突。簡而言之，在今日世界中，人權的擴張是一個正在進行的過程，而未來還有很大的發展空間。

全球化產生的效應

1.5 探討全球化帶來的正面與負面影響力。

大多數社會科學家都同意全球化正在同時改變社會經濟與政治的發展──但是他們可能不同意究竟這樣的結果是正面的還是負面的。[25]一般而言，全球化的討論都聚焦在經濟面向。國際商品與服務的貿易都有增長，這也創造出大規模投

專欄 1.1　女性與政治發展

如果某個貧窮國家能夠做一件刺激本身發展的事情，那它應該做什麼呢？2006年第50屆聯合國委員會開幕的女性地位論壇中，時任聯合國副祕書長路易絲‧佛瑞歇特（Louise Fréchette）聲稱，綜觀全球「賦權」（empower）給婦女與女孩會是一個國家發展上最有效的工具。她陳述相關研究一再呈現，藉由讓女性享有平等的教育與工作機會，以及能夠參與社會決策制定的過程，該國便能夠提高經濟生產力，降低嬰兒的出生死亡率，並且可以改善一般人口的營養與健康。這些結果能夠實現的原因是女性的教育與參與勞動市場能夠提升家庭的產出，促進兒童接受更好教育的可能性以及從醫療照護中受惠，並且改善家庭的營養，還有讓女性及其家人擁有更好的生活品質。

資料來源：來自聯合國新聞中心的資料，2006年2月27日。

資在發展中國家的經濟基礎設施中。產品的生產轉移到那些成本最低或生產效率最高的地方。舉例來說，最近這幾年在美國銷售的李維（Levi's）牛仔褲，大都是在超過10幾個不同的國家中生產，而只有1家工廠留在美國本土。標示中國生產的商品可能是在美國加州就已經設計好，然後使用澳洲的原料，南韓的記憶晶片，以及來自歐洲的專利設計元素[3]。然後這些製成品就會被運送到全球客戶群手中。

如此的全球化有許多正面的經濟影響。其降低了許多商品的價格，而可以造福購買國際貿易產品的消費者，接觸新產品也能擴大消費選擇。國家的生產能夠受惠於外國直接投資並增加勞動的機會。事實上，在工廠工作中訴求更好的薪資待遇，就像是磁鐵般會吸引發展中國家上百萬人前往都會地區謀生，就像是大多已發生在1800年代時的歐洲與北美。合乎邏輯的推論是，一個國家參與全球化經濟，會很正面地關連到本身的經濟與民主的發展。

此外，全球化也會產生負面的效果。外包制以及工作的減少會傷害到個人，通常是富裕國家中的體力勞動者（manual worker），這些人最終可能會面臨到失業的結果。這看起來也像是擴大了先進工業化國家的社會不公平現象，而且造成了勞動階級家庭在工作上的不安全感。全球經濟對工資施加下行的壓力，尤其是對那些附屬於全球競爭體系的經濟部分。在發展中國家，全球化傾向於激起快速的都市化現象，這可能會產生一些正面的結果，但也有可能壓垮城市的基礎設施，導致許多新來者面臨到悲慘與痛苦的境遇。都市化也可能會瓦解已經存在的社區，並造成農村地區失去最有生產力的個體。有重複的例子不斷顯示，發展中國家的公司壓榨勞工，使其處於血汗工廠般（sweatshop-like）的環境中。

全球化同樣也有重要的社會與政治功能。[26]其會促使國際準則的擴展。舉例來說，參與更多國際貿易與投資會造成壓力以減少發展中國家經濟的貪污腐敗。全球化似乎也會有利於女性在社會與經濟的地位，她們可以藉由參與國際商業及其本身所呈現的社會準則與價值觀來獲得權利與責任。同時，在更多傳統文化中，許多人發現全球化的粗暴、貶低與自己原本深信不疑的信念是背道而馳的態度。因此全球化產生了多種影響，但總體而言，對全球經濟有正面的貢獻，也能進行人權推廣，而那些自我保護於全球貿易外的國家，通常也會受到傷害。

政府做了什麼

1.6 列舉五種來說明政府能夠協助其公民的方法。

政府做了什麼，而為什麼我們需要他們？幾個世紀以來，政治哲學家一直在

爭論這樣的問題。在17與18世紀——正處於英國、法國與美國的革命時期——大多還停留在關注「**自然狀態**」（state of nature）的爭論。哲學家沿著自然狀態觀點思考著，在沒有政府存在的情況下可能會發生什麼事情。他們有些人會認為這樣的狀態在第一個政府問世以前，實際上可能早已存在。無論如何，這些哲學家運用本身的想法來關注自然狀態，以識別哪些社會可能建構出理想的社會契約（協議）。因此，我們經常將這些人歸類為「社會契約」（social contract）理論家。大航海時代，對以往未知大陸的發現，以及遇見不熟悉的社會與文化，都為他們提供了想像空間。即使在現在，許多政治哲學家也發現做這樣的心理實驗以考慮政治干預的後果，是很實用的。

　　在這些社會契約哲學家中，他們思考自然狀態的反映而變成具有高度影響力的人物，像是湯瑪斯・霍布斯（Thomas Hobbes）、約翰・洛克（John Locke）以及尚–雅克・盧梭（Jean-Jacques Rousseau）。然而關於自然狀態的想法，他們都曾經很戲劇化地改變過。霍布斯認為自然狀態是很冷酷無情的（mercilessly inhospitable），一種所有人對所有人產生沒完沒了的衝突環境，一種野蠻和持續恐懼的根源。一說到自然狀態，他就主張：「在這樣的情境，根本沒有工業發展的空間；因為其結果是不確定的，因此沒有土地的文化；沒有航海技術，更不用談從海外進口商品來使用的可能；沒有寬敞的建築物、……沒有藝術；沒有文字；沒有社會；而且更糟糕的是，持續的恐懼以及暴力死亡的危險；人的生命，就是孤獨、貧窮、骯髒、野蠻，與短暫的。」**27**

　　相形之下，就盧梭的看法，自然狀態在本身沒有墮落，沒有政府引發的所有貪污腐敗行為之前，所呈現的是一種人性。「人是生而自由的」，盧梭評述，「而且無論他身在何處。」盧梭把政府看成是權力與不平等的源頭，並且這些轉而成為造成人類異化（alienation）與貪腐的原因。洛克的思想，因為影響到西方民主發展而變得特別具有重要性，其採取了介於霍布斯與盧梭之間的論述。洛克沒有呼應霍布斯對於自然狀態的悲慘見解，但其認為人性比較屬於務實形態且對戰爭沒有特別偏好。不同於霍布斯認為政府主要的職責是消除混亂狀態以及防止暴力與戰爭，洛克視國家政體的主要角色是藉由建立與強化財產權（property rights）以及經濟轉型的法規，以促進經濟的成長。而霍布斯則認為政府需要成為一個「利維坦」（Leviathan）**[4]**，一個所有公民都應該要順從於權力下的慈善監督者；洛克則提倡一個有限政府（limited government）。

社群與國族的建立

如同一些哲學家都曾指出有許多理由來說明，為何人們創造出政府並且傾向於生活在這樣的社會秩序下——部分原因是政府是應對這些社會面臨挑戰的重要工具（參閱專欄1.2）。政府首要目的之一，就是要創造與維持一個能夠讓人們感覺到安全與舒服的社群。政府可以用許多不同的方法來幫助創建這樣的社群——舉例來說，經由傳授一種共享的語言、逐步灌輸共享的規範與價值觀、建構共享的國族神話與象徵符號，以及支持國家認同。然而，有時候這樣的行動會產生爭議，因為會有不同意這些規範與價值觀的聲音。

建構國家的活動有助於逐漸灌輸共同的世界觀、價值觀與期望。使用在第三章會討論的概念，政府可以幫助創建共享的「**政治文化**」（political culture）。政治文化定義了有關政治過程的公共期望，及其所扮演的角色。政治文化的分享愈多，其愈容易讓人生活在一個和平共存的環境以及從事彼此互利的行動。

安全與秩序

許多專家聲稱，唯有強大的政府可以形成社會安全保護給其的居民；提供安全、法律與秩序是政府最基本的任務之一。從外部上，安全守護意指對抗他國侵略的捍衛。傳統上是由陸軍、海軍與空軍來執行這樣的功能。從內部上，安全守護意指防止其社會中成員所引起的盜竊與暴力事件。在多數的社會中，提供這樣

專欄 1.2　美國政府的前10大成就

保羅・萊特（Paul Light）對450位歷史學家與政治科學家進行調查，來評估美國政府在20世紀下半葉，最偉大的成就。以下就是他們認為的前10大成就：

- ・幫助歐洲在二次世界大戰後的重建
- ・促進公平獲得公共住宅
- ・減少工作環境的歧視
- ・強化國家的高速公路系統
- ・降低聯邦赤字
- ・擴大少數族裔的選舉投票權
- ・降低疾病發生
- ・確保安全的食物與飲用水
- ・促進美國老年人口獲取健康照護
- ・提升退休後的財物安全

這些政策的幾個領域會在第七章加以討論，而值得注意的是在這些成就首位的，居然是處理美國外部的環境：在二次世界大戰後重建歐洲。其他的成就，包括重要的公共財（乾淨水源、高速公路），以及提升社會公平性與建構社會安全網絡。

資料來源：保羅・萊特所撰寫的《政府在過去半個世紀的最大成就》（Washington, DC: Brookings Institution, 2000），http://www.brookings.edu/comm/reformwatch/rw02.pdf。

的保護是屬於警察部門的功能。

　　提供安全與秩序是當代政府很重要的關鍵功能。當今世界上政府把很多本身曾經承擔的服務都私有化了——舉例來說，涉及到郵政、鐵路與電信的工作——很少見（但如果有的話），可能也將他們的國防部隊或員警私有化。這顯示的是，安全是政府最基本的職責之一。2001年9月11日伊斯蘭教聖戰士在美國紐約市與華盛頓特區所發動的恐怖攻擊，以及隨後在倫敦、馬德里、巴黎、峇里島等以及其他城市進行的攻擊，都挑戰了安全保護重要性所強調的底線。

保障權利

　　當湯瑪斯‧傑佛遜（Thomas Jefferson）撰寫出了《美國獨立宣言》（the Declaration of Independence）來闡釋「生命、自由與追求幸福的權利」之重要性時，他已經反映出了一個更廣大的真實世界。政府最主要的目標就是去保障本身公民的社會與政治權利，就像是言論與集會自由，並且提供人民保護來對抗各種形式的歧視與騷擾。政府在保障宗教、種族以及其他社會團體的權利方面也可以發揮關鍵作用。因為人類發展需要依賴這些權利與自由，而政府剛好可以扮演這樣的關鍵角色來保障他們。

　　如同我們之前提到的洛克，其認為財產權應該是要發展成繁榮且守法社群所需要的另一個關鍵因素。如果缺少有效的財產權保障，人們將不會將自己的商品或精力投資到生產流程上。如果你是個企業家，而你不信任某人（或是政府）能讓你放心取得勞動成果的話，那你還會把自己的時間投入在發展公司或擴展農場上嗎？沒有財產權與可合法強制執行的契約，人們將會猶豫是否要貿易與投資。任何一個超越可維持生計的經濟系統，都需要有效的財產權與契約。在第三世界國家中，其經濟發展最大的限制，就是政府以無作為（或是推三阻四）來面對這些權利的保證。在許多社會中的農民家庭都已好幾世代居住在這塊土地上，但是卻無法主張其所有權，這都會削弱他們想要投入與改善這塊土地的動機與機會。

促進經濟效率與成長

　　經濟學家長期以來一直爭論政府對促進經濟發展的潛在作用。當財產權是有明確定義且受到保障的、競爭是激烈的，以及資訊是可以免費獲取時，市場經濟會變得很有效率。政府因此可以藉由建立與強化實際的財產權以及促進貿易，改善經濟的發展。然而，如果這些狀況沒有維持住，市場可能會衰退，而經濟也會受損。有時候，政府也可透過修正這類的市場失靈來提供幫助。[28]

在提供「**公共財**」（public goods）上，像是清新的空氣、燈塔、國防、公園或

是疾病預防，政府會顯得特別的重要。公共財有兩個相當明確的特徵：首先是，假設某人在享受公共財時，其無法拒絕社群中的其他成員一起享受。從技術層面來說，這樣的財產被稱為具有「非排他性」（non-excludability）。其次是，某人享受公共財時，不會減損其他人的使用。這就是所謂的「非競爭性」（non-rivalness）。通常來說，要提供某人清新的空氣時，是不可能排除同時提供給左右鄰居這樣物質的可能性。甚至，我享有清新空氣的同時，並不意味著我的鄰居就會減少同樣的享有。但出於一些原因，人們可能必須不情願的為那些或許會供不應求的公共財付出代價。如果任何人都可以受益於公園或燈塔時，為何需要我（或其他任何人）自願去付出代價呢？然而，政府可以介入與提供這樣的公共財，像是公園、道路、燈塔、國防以及乾淨的環境，並藉由向公民收稅的方式來分攤成本。當某個經濟活動產生出不是來自於生產者或使用者的問題時，政府也可具有解決所引發之**外部性**（externalities）問題的功能。舉例來說，如果不是產品的擁有者或消費者受到影響時，公司可能會決定忽略其生產方式所造成的衝擊，放任其污染環境。然而污染嚴重的工廠、廢料堆、監獄，以及主要的高速公路與機場，都可能將此高額成本轉移到居住在附近的人身上。雖然外部性不一定全然是糟糕的，但有一些確實是不好的。政府可以協助保護人們遠離這些外部性，或是保證這些重擔會公平的分擔。自然壟斷行業（natural monopolies）表明了政府可以在促進經濟成長與效率方面發揮另一種作用。當效率決定並要求只能存在一個供應者時，就會存在自然壟斷的行業。通常發生這種情況是因為啟動成本非常高，或是由不同的供應者進行協調會非常昂貴或產生浪費等。然後政府可能會介入而變成壟斷者，或是嚴格控制壟斷者。舉例來說，19世紀時，許多國家在修建全國性鐵路是很花錢的，而只有幾條平行的火車軌道也沒有太多作用。因此，許多國家允許鐵路壟斷行業的出現，而過去這些通常是由政府來運作的。同樣的，電信通常也是由政府壟斷，如同郵件服務與戰略性國防工業一樣。

　　政府也可以運用管制來促進經濟市場的公平競爭。舉例來說，政府可以確保企業符合產品的生產標準，並且遵循勞工保障的最低要求。在其他情況下，政府可能會控制擁有大量市場占有率的企業以確保這些企業不會濫用其市場力量。這在19世紀的鐵路壟斷行業就曾發生過，以及更近期的技術壟斷行業，諸如微軟（Microsoft）與谷歌（Google）。在這些案例中，政府會表現得像是警察部門一樣，以防止其不公平地利用本身的權力而產生的經濟實力。

社會正義

　　許多人主張政府應該藉由將公民的財富與其他資源進行重新分配，來改善社會正義；要形成具有實際效果的公民權與繁榮經濟，一個公平的資源配置是必要的。[29]在許多國家中，所得與財產的分配是高度不平均的，尤其當向上流動（upward mobility）的管道少，或是不公平隨著時間不斷增長時，這會令人感到特別憂慮。

　　雖然自由市場在許多方面有助於社會達到最有效利用本身的資源，但是這並不保證生產的成果，將會以人們認為合情合理的方式來加以分享。事實上，大多的剩餘價值是由主要經濟的轉型所創造，如同全球化傾向於施惠給一小部分的企業家。但政府可以對資源做重新分配，將好處從富裕對象轉移至貧窮人家，以減輕不平等的負擔。許多獨立個人、宗教與慈善組織，以及基金會也貢獻很多來幫助貧窮人口，但是基本上他們沒有能力向富人徵稅或擴大足夠的社會與教育計畫來幫助所有的貧困人口。政府卻做得到，至少在一些情況下。即使利益不總是流向那些最需要或最適合的人口中，但還是可以利用許多稅收與福利政策重新分配所得（例如第七章中的英國案例）。

　　有些專家主張政府應該嘗試均等化所有公民的條件。其他專家則是傾向於政府重新分配來產生足夠的均等化機會，然後讓個人能夠對自己的未來負責。然而，在大多數國家的人們則是認同政府應該提供一個社會安全網絡，以及給予其公民機會，在某種程度上獲得生活水準的最低保障。

保護弱勢

　　我們通常都會依賴政府來保障個人與團體，像是身心障礙者、年長者、非常幼小或尚未出生而可能無法替自己發聲以及自我謀生者。舉例來說，政府可以保護未來的世代，避免其承擔經濟債務或是環境惡化。在近數10年中，政府也變得愈來愈介入保障政治上弱勢或被剝奪公民權的（disenfranchised）團體，像是孩童、老人、體弱或身心障礙者，甚至擴及到非人類身上——從鯨魚、鳥類與樹木，以及我們自然環境中的其他成員。

政府何時變成了麻煩？

1.7　列舉五種來說明政府能夠傷害或阻礙其公民的方法。

　　雖然政府提供許多政治職能的服務，但是他們的干預卻不總是受歡迎或有益的。政府何時與如何採取干預是必要且令人滿意的，在當代政治中一直都是爭議

問題。在20世紀期間，大多數國家中的政府角色擴張得非常龐大。在此同時，許多對政府政策的批評不斷出現，而有時甚至加劇。幾乎在所有政府的行動中，都會直接出現如此的爭論，尤其是政府所扮演的經濟角色。許多經濟學家主張，政府通常只會造成無效率（inefficiencies），扼殺創新，並導致社會變得比以前更貧窮。「無政府主義」（anarchism）與「自由主義」（libertarianism）是兩種政治上與哲學上的傳統，其更廣泛地對當代政府角色進行批判。但是他們在主要關注點上有所差異。自由主義者認為政府最大的問題，在於對個人自由的侵犯；而無政府主義者則是主要關注於政府對社會團體所引發的威脅感。

經濟效率不彰

　　政府可以幫助經濟變得更繁榮，但是他們也可以扭曲與限制一個國家政體的經濟潛在能力。舉例來說，辛巴威總統羅伯‧穆加比（Robert Mugabe）已經摧毀了其國內的經濟，而該國原本是非洲最繁榮的國家之一。許多類似的例子也存在於許多掙扎中的國家政體。經濟問題還是可能會出現，哪怕政府官員沒有主動地濫用他們的權力。政府對經濟的管制可能會扭曲貿易的條件並且降低民眾生產的意願及動機。而當政府實際上擁有或管理重要的經濟產業時，無效率就會進一步發生。特別是如果政府對某個重要產品握有壟斷權，而此後的壟斷往往都會造成產品供應不足且價格過高。甚至，政府國營企業可能特別容易變得無效率且自我感覺良好，因為管理方與勞動者會有比一般私營部門條件更好的工作保障。這樣的經驗也引發了發展中與先進工業化經濟兩者之公民開始擔心政府政策中潛在的負面經濟影響。

政府公器私用

　　如果政府官員制定有利於其個人的政策，或是選擇能夠讓自己再次獲選連任的政策，而不管這些政策是否有益於社會的話，整個社會可能會因此遭受苦難。舉例來說，一位地方市長設計出經濟發展的計畫，圖利自己那些擁有合適土地與可能將會為此計畫提出契約的朋友以及支持者。另一個例子說明，即使政府意識到對整個國家會產生負面的效應，其可能還是會制定某些具有特定性的法律來提高選舉連任的機率。這樣公器私用的政治方針已經被廣泛理解為一種「**尋租行為**」（rent seeking）。租金（rent）就是政府從經濟干預中所創造的利益——舉例來說，藉由給予能夠壟斷進口的執照，讓企業提高售價，並且為自己產生更多的獲益。尋租行為就是指這些效果，而讓個人、企業或組織，能夠努力從中獲得好處。而當人們試著尋找利用政府的方式來公器私用時，尋租行為於是發生。

　　尋租行為充其量就是一種遊戲，在其中，一個人的獲利來自於另一個人的損失。然而，最糟糕的是尋租行為能夠從社會徵收大量的淨成本，因為所採用的政策是有利於他們所創造出來的私人好處，而非增進整個社會效益，並且尋租行為者會因此耗盡巨大的資源來獲取這些好處。而當這些影響力能夠交換到金錢或是其他好處時，這些政策也可能會完全變成一種貪污腐敗（參閱專欄1.3）。

　　這種政治剝削情形，在貧窮國家更是特別嚴重的問題。擔任政治職務通常是個圖利個人的有效方法，尤其是當「政治監督機構」（political watchdogs），像是法院與大眾媒體都太薄弱時，而難以將政府官員繩之以法。此外，許多發展中國家不存在強有力的社會準則，以防止濫用政府來為私人圖利。恰恰相反，人們還指望這些在政府單位工作的人，能夠運用其權力來幫自己、家人以及鄰居一起圖利。即使是在許多高度民主的社會中，雖然公職人員法規可能會限制如此的作法，但公職人員也常被期待要任命上位者的政治支持者擔任外交大使，以及其他公共崗位。這些職務的誘惑力實在非常大。儘管有法律規定、媒體監督以及公民關切，但是僅有少數的政府在完成本身公職任期內，沒有受到某些貪污腐敗醜聞的影響。如同艾克頓公爵（Lord Acton）的名言：「權力令人腐化；絕對的權力導致絕對的腐化。」

既得利益者與慣常惰性

　　政府機關與計畫一旦創建之後，是很難變更或是撤銷。因為有一些人依賴這些機構與內容來獲得工作、契約或其他關照。政府的規模愈大，所提供的利益就

專欄 1.3　掙扎於是否遏制貪污腐敗

　　如果政治人物運用其權力來為自己謀私利或是施惠給支持自己的個人或團體時，會發生什麼事？發生在奈及利亞一個產油區的管理者小故事可以說明。管理者蒂皮耶・阿拉米伊耶西哈（Diepreye Alamieyeseigha）從公款中貪污了數以百萬美元，並在全球多處取得不動產。不幸的是，因為倫敦警察在他家中發現超過100萬未申報的美元現金。他穿著拖鞋匆忙逃回了奈及利亞。更讓他驚訝的是，自己國家的立法機關居然彈劾了他，而在2007年，阿拉米伊耶西哈承認了自己未申報資產的罪名。他被判了兩年的徒刑，但隔天他就因為已服刑期滿而被釋放了。然後在2013年3月，他的總統朋友就特赦了他。據估計，非洲因為貪污腐敗，光從政府的最高到最低層級之間的打點，經濟上就損失了高達十分之一的國民收入。

資料來源：依據亞當・諾斯特（Adam Nossiter）所撰寫的「美國大使館批評奈及利亞貪腐案的特赦」一文，紐約時報，2013年3月15日。

愈有吸引力，而在這之中的既得利益者（vested interests）就愈有可能拒絕改變（除非改變能夠帶來更大的利益）。因此，任何政府都會培養公職人員與利益受俸職位來維持或擴大政府本身。這些團體可能會變成一群強大的力量來支持現狀的維持。

這種現象反而導致改變或促使政府政策變得更有效率成為一件很困難的事情。一旦建立起機構與政策，機構與政策的生存範圍往往遠遠超出其原本該有的用途。舉例來說，1588年西班牙無敵艦隊（Spanish Armada）威脅入侵英國，英國政府在西南方的國土盡頭成立了一個軍事觀察哨。這個觀察哨竟在西班牙威脅消失後仍存在了4個世紀之久。在美國，為了將電力普及到農村，於1935年建立了農村電氣化管理局（Rural Electrification Administration, REA）。雖然，後來美國已經全面電氣化，但這個機構卻還繼續存在了將近60年之久，直到最後在1994年被整併（不是被廢除）入農村公共事業服務機構（Rural Utilities Service, RUS）中。

特別像是在政治體系中，這樣的慣常惰性（inertia）會被建構來防止急速的政治變遷。儘管像在美國這樣的國家，權力相互制衡（checks and balances）的政治制度設計，乃是用來保護個人的權利，但同時也可能成為保障既得利益者特權的制度。然而即使是在制衡相對少很多的政治制度中，也可能會很抗拒改變。英國就是一個非常具有代表性的例子。甚至直到1990年末期，英國上議院（the House of Lords）還都一直大量充斥著這些社會群體（貴族、主教與法官），他們從工業革命之前就已經主導英國整個社會超過200多年之久。直到最近幾年，英國才開始改革上議院，廢除那些反映英國以往的封建與前工業化時期的象徵。

社群的消滅

有些批評家認為，政府消滅了原本自然存在的社群，他們握著象徵人類之中的權力與不平等。那些擁有權力者腐化了，而沒有權力的人則會被貶低和疏遠。舉例來說，盧梭宣稱只有不受政府約束的人才能形成紐帶，使他們能夠充分發展全人的潛力。政府愈強大，權力的不平等就愈顯著。透過高壓政治、官僚體系以及武力威脅來強制執行命令，政府就能夠消滅掉原本自然存在的社群。這樣的論點激發了對共產主義的批判觀點，因為它限制了其公民的潛力與自由。其他人則是認為強大的政府會創造一種「屈從型社會」（client society），在其中的人們學會如何對威權者卑躬屈膝，並且依賴政府以滿足本身所需。

專欄 1.4　當代歷史中最惡質的暴君

　　儘管人類幾乎取得了所有的進步，但20世紀在政治上卻目睹了巨大的殘暴行為，數億人口被監禁、折磨或是殺害。這些暴君在全世界所犯下的邪惡暴行，都將記載在長長的名單中，然而要將哪些人列在判定為殘暴獨裁統治者的「恥辱殿堂」（hall of shame）上，卻是困難的。這裡還是提出一份清單，然而還有很多人可能會主張「毛澤東」（Mao Zedong）的名字應該要被加上去。

1. **阿道夫・希特勒（Adolf Hitler, 1889-1945）**：這位德國納粹獨裁統治者必須為基於種族而謀殺大約1,100萬的人口來負責，其中600萬人口是猶太人，而他非常具有侵略性的外交政策，不但挑起了第二次世界大戰，也奪走了5,000萬至7,000萬人口的性命。

2. **約瑟夫・史達林（Joseph Stalin, 1878-1953）**：這位1924年至1953年的蘇維埃領導人，殘忍地鎮壓他的政敵以及昔日戰友，造成大約有1,400萬到2,000萬人口死亡，當時有數百萬人被送到「勞改集中營」、驅逐出境或流放。

3. **波爾・布特（波布）政權（Pol Pot, 1925-1998）**：從1975年至1979年赤棉（柬埔寨共產黨）（Khmer Rouge）的領導人與柬埔寨的獨裁統治者，必須為當代歷史上最嚴重之一的種族滅絕負責。在這之中，大約有100萬人是死於飢荒、監禁、強迫勞動以及謀殺。

4. **伊迪・阿敏（Idi Amin, 1925-2003）**：烏干達總統阿敏領導了一個恐怖的政權，必須為大約有25萬人口在1972年至1979年之間死亡負責。

5. **奧古斯托・皮諾切特（Augusto Pinochet, 1915-2006）**：這位在智利握有政權超過20年的軍事獨裁統治者，他在這期間殘忍地鎮壓其反對者，單單在執政前3年期間，他就下令逮捕了超過10萬人。

6. **法蘭索瓦・杜法利耶（Francois Duvalier, 1907-1971）**：也被外界暱稱為「爸爸醫生」（Papa Doc），這位海地獨裁統治者從1957年至1971年統治這一貧如洗的國家。在他的恐怖統治之下，大約有3萬海地人被暗殺，而數千人逃離這個國家。

7. **法蘭西斯科・佛朗哥（Francisco Franco, 1892-1975）**：佛朗哥是西班牙從1939年直到1975年的獨裁統治者：尤其是在他的早年，其統治模式是運用殘忍的鎮壓與系統性的壓制那些持不同政見者，這些人被送進集中營、被判刑入獄或是被處決。

8. **薩達姆・海珊（Saddam Hussein, 1937-2006）**：這位1979年至2003年的伊拉克獨裁統治者，要為估計大約有50萬至100萬人口的死亡負責，在其中庫德族就占了大約7萬至30萬人口。

9. **查理斯・泰勒（Charles Taylor, 1948-）**：泰勒是賴比瑞亞從1997年至2003年的總統，其與嚴重侵犯人權、違反公認的戰爭法規、在鄰國獅子山共和國以及賴比瑞亞內戰時的反人類罪行有關連。

10. **門格斯圖・海爾・馬里亞姆（Mengistu Haile Mariam, 1937-）**：這位衣索比亞1974年至1991年的獨裁統治者，發動廣為人知的「衣索比亞紅色恐怖」（Ethiopian Red Terror）暴力運動，在這當中有大約50萬人口被殺害。

資料來源：資料從網站http://historylists.org/people/list-of-top-10-most-brutal-dictators-in-modern-history.html而來。

侵犯基本權利與暴政

正如政府可以幫助建立許多基本權利一樣,政府也可以用最嚴重的方式,運用本身的權力侵犯這些權利。政府權力的潛在濫用說明了困擾詹姆斯・麥迪遜(James Madison)與其他美國獨立戰爭的發起者的兩難困境:創建一個強大到足以有效執政但又不至於強大到侵犯其公民權利的政府,是很大的挑戰。他們理解要個人彼此相互保護是一件很諷刺的事情,社會可以創造出有更多權力來強制個人的政府。自由主義者特別關注到相關基本自由被濫用與侵犯的內容,而大政府就可能會變成這樣。

20世紀見證了全世界許多社會在推廣政治、經濟與社會權利方面,取得了巨大的進展。然而,在此同時,基本的人權也可能從未如此大規模地受到侵犯。百萬人受到政治迫害(political persecution)而失去生命。這樣可怕的事件不只發生在納粹集中營(extermination camp)與史達林的肅反運動(Great Terror),而且還發生在中國、柬埔寨、伊拉克與盧安達。在許多情況下,政府剝奪了個人和少數群體的基本公民權利和人權。不幸的是,隨著政府的權力愈來愈強大,其暴政的潛力也跟著提高。

結論:展望未來

過去數10年來,我們目睹了社會、經濟與政治的巨大變遷。經濟的發展、生活水準的提升、人權的擴展以及民主化,改善了數10億人的生活機會與條件。世界上大多數地方,現今出生的幼兒平均都可預期會比其父母親擁有活得更久、更好、更自由的生命——特別是對女孩而言。

同時,社會、經濟與政治問題仍持續存在著。在某些領域的進步可能會創造新的機會,但也會產生新的問題。舉例來說,經濟發展有時可能會激起族裔的衝突與破壞現行政治體制的平衡。經濟發展也可能打亂整個社會生活。而且不管是國際間或是一國內部的發展過程,都是參差不齊的。許多基本的人類所需,仍然供不應求。

即使是在富裕的民主國家中,當某個政策議題獲得解決時,新議題馬上就浮現檯面。西方民主國家比較苦惱處理有關環境品質、改變生活模式以及全球化所帶來的挑戰。愈來愈多有錢且見多識廣的民眾,也可能會降低對政黨、利益團體、國會與政治人物的信任。成功地解決這些新的挑戰,可以改善生活條件、減少國際衝突,並且促進人類自由與機會。

政府與政治在人類事務上扮演了很大的作用。他們之中有些政策對其公民的

生活品質產生了重大改善，而也有一些造成災難。不管怎樣，政府及其作為仍是我們政治走向未來的中心。本書的目標就是來檢視公民、政策制定者與政府如何應對當前面臨的政策挑戰。

章後思考題

1. 國家如要創建一個政治社群時，面臨的主要挑戰是哪些呢？
2. 哪些是經濟發展的過程與結果？
3. 哪些是民主化的過程與結果？
4. 全球化如何促進經濟發展與民主化呢？
5. 哪些是政府行動的潛在性正面與負面之結果？

重要名詞

威權主義者（的）

民主

民主化

選舉式威權主義

族裔

外部性

全球化

國民總收入

人權

國／民族

寡頭政治

政治文化

公共財

政權

宗教基本教義派

尋租行為

社會經濟發展

自然狀態

極權制度

推薦閱讀

Acemoglu, Daron, and James Robinson. *Why Nations Fail: The Origins of Power, Prosperity, and Poverty*. New York: Random House, 2012.

Bhagwati, Jagdish. *In Defense of Globalization*. Oxford: Oxford University Press, 2007.

Castles, Stephen, and Mark Miller. *The Age of Migration: International Population Movements in the Modern World*. 4th ed. New York: Guilford Press, 2009.

Deaton, Angus. *The Great Escape: Health, Wealth, and the Origins of Inequality*. Princeton, NJ: Princeton University Press, 2013.

Horowitz, Donald. *Ethnic Groups in Conflict*. Berkeley: University of California Press, 1985.

Morris, Ian. *Why the West Rules—For Now: The Patterns of History, and What They Reveal About the Future*. New York: Farrar, Straus, and Giroux, 2010.

Norberg, Johan. *Progress: Ten Reasons to Look Forward to the Future*. London: Oneworld Publications, 2016.

Przeworski, Adam, Michael E. Alvarez, Jose Antonio Cheibub, and Fernando Limongi. *Democracy and Development: Political Institutions and Well-Being in the World 1950–1990*. New York: Cambridge University Press, 2000.

Sachs, Jeffrey. *The End of Poverty: Economic Possibilities for Our Time*. New York: Penguin, 2005.

Huntington, Samuel. *The Third Wave: Democratization in the Late Twentieth Century.* Norman: University of Oklahoma Press, 1991.

———. *The Clash of Civilizations and the Remaking of World Order.* New York: Simon & Schuster, 1996.

Lijphart, Arend. *Patterns of Democracy.* 2nd ed. New Haven, CT: Yale University Press, 2012.

Stiglitz, Joseph. *Globalization and Its Discontents.* New York: Norton, 2002.

———. *The Price of Inequality: How Today's Divided Society Endangers Our Future.* New York: Norton, 2012.

United Nations. *World Development Report.* New York: Oxford University Press, annual.

註釋

1. Samuel Huntington, *The Third Wave of Democracy* (Norman: University of Oklahoma Press, 1991).

2. "Global Poverty: A Fall to Cheer," *The Economist,* March 3, 2012.

3. Johan Norberg, *Progress: Ten Reasons to Look Forward to the Future* (London: Oneworld Publications, 2016).

4. Institute for Statistics, *Global Education Digest 2010: Comparing Education Statistics across the World* (Montreal, QC: UNESCO, 2010).

5. For an introduction to systems analysis, see Gabriel Almond and G. Bingham Powell, Jr., *Comparative Politics: A Developmental Approach* (Boston: Little, Brown, 1966).

6. Max Weber, *Economy and Society,* eds. Guenther Roth and Claus Wittich (Berkeley: University of California Press, 1978), 389.

7. Stephen Castles and Mark Miller, *The Age of Migration: International Population Movements in the Modern World* (New York: Guilford, 1994).

8. United Nations Development Program, *Human Development Report 2015* (New York: United Nations, 2015). See also http://www.undp.org for additional data and interactive presentations.

9. The per capita *gross national income* (GNI) (formerly gross national product [GNP]) is the sum of value added by all resident producers plus any product taxes (less subsidies) not included in the valuation of output plus net receipts of primary income (compensation of employees and property income) from abroad. Data are in current U.S. dollars. Rather than converting the various national currencies according to the current exchange rates, however, this figure is based on the *purchasing power parity* (PPP) index, which takes into account differences in price levels from one country to another. Most analysts believe that the GNI/PPP statistics are more comparable measures of living conditions.

10. See Angus Deaton, *The Great Escape: Health, Wealth, and the Origins of Inequality* (Princeton, NJ: Princeton University Press, 2013).

11. Hania Zlotnik, "Statement to the Thirty-Eighth Session of the Commission on Population and Development," April 4, 2005.

12. Amartya Sen, "Population: Delusion and Reality," *New York Review of Books,* September 22, 1994.

13. United Nations, *Human Development Report 2013,* 22.

14. Yale Center for Environmental Law and Policy and Center for International Earth Science Information Network, "Environmental Performance Index," http://epi.yale.edu/.

15. While many countries became formally democratic in these years, most of them quickly lapsed into authoritarianism. Many of these would-be democracies failed in their first decade; another "reverse wave" in the 1960s and early 1970s swept away some older democracies (Chile, Greece, and Uruguay, for example) as well.

16. Huntington, *The Third Wave.*

17. Freedom House, *Freedom in the World 2016* (Washington, DC: Freedom House, 2016), http://www.freedomhouse.org.

18. Przeworski, Adam, Michael E. Alvarez, Jose Antonio Cheibub, and Fernando Limongi. *Democracy and Development: Political Institutions and Well-Being in the World 1950–1990* (New York: Cambridge University Press, 2000).

19. See, for example, M. Steven Fish, *Democracy Derailed in Russia* (New York: Cambridge University Press, 2005); and Beatriz Magaloni, *Voting for Autocracy* (New York: Cambridge University Press, 2006).

20. Milan W. Svolik, *The Politics of Authoritarian Rule* (New York: Cambridge University Press, 2012).

21. Christian Welzel, *Freedom Rising: Human Empowerment and the Quest for Emancipation* (Cambridge: Cambridge University Press, 2013); Przeworski et al., *Democracy and Development;* and Seymour Martin Lipset, "Some Social Requisites of Democracy," *American Political Science Review,* 53 (September 1959): 69–105.

22. See Przeworski et al., 2000.

23. The outliers in the figure—those nations with high income but lower democracy scores—tend to be oil-producing states with high income per capita because of resource production but fewer of the social factors of modernization.

24. See United Nations, *Human Development Report 2013,* 156.

25. Joseph Stiglitz, *Globalization and Its Discontents* (New York: Norton, 2002); and Jagdish Bhagwati, *In Defense of Globalization* (Oxford: Oxford University Press, 2007).

26. Wayne Sandholtz and Kendall Stiles, *International Norms and Cycles of Change* (Oxford: Oxford University Press, 2008).

27. Thomas Hobbes, *Leviathan*, ed. C. B. Macpherson (New York: Penguin, 1968), 186.

28. See, for example, Douglas North, *Institutions, Institutional Change, and Economic Performance* (Cambridge: Cambridge University Press, 1990); Mancur Olson, "The New Institutional Economics: The Collective Choice Approach to Economic Development," in *Institutions and Economic Development*, ed. C. Clague (Baltimore: Johns Hopkins University Press, 1997); and S. Knack and P. Keefer, "Institutions and Economic Performance," *Economics and Politics*, 7 (1995): 207–229.

29. Joseph Stiglitz, *The Price of Inequality: How Today's Divided Society Endangers Our Future* (New York: Norton, 2012); and Kate Pickett and Richard Wilkinson, *The Spirit Level: Why Greater Equality Makes Societies Stronger* (New York: Bloomsbury Press, 2009). For a different perspective, see Deaton, 2013.

譯者註

[1] 原著第7頁所稱「史瓦濟蘭」（Swaziland），已於2018年4月19日由國王宣布更改國名為「史瓦帝尼」（Swatini）。

[2] 由於人口計算常以千分率來計算其增長率，因此本譯作不同於原著作以百分率作為計量方式，但所指涉的內容是一致的。

[3] 這樣的商品大多是指當今流行的智慧手機。

[4] 「利維坦」是傳說中的一種威力無比的海怪，而霍布斯於1651年首次出版的《利維坦》（或翻譯為《巨靈》），將此正面比喻為君主專制的國家政體。

第二章

比較政治制度

學習目標

2.1 說明運用比較方法研究政治的理由及其描述、解釋與預測的目標。

2.2 確認政治制度的組成要件，並討論國內與國際環境對其產生影響的方式。

2.3 列舉六種類型的政治結構組織，以及提供一些例證說明類似的結構在英國與在中國的運作功能有何不同。

2.4 討論俄羅斯原本的政治結構功能，在共產主義垮臺後有怎樣的改變。

2.5 描述在政治制度中環境、政策與產出的作用。

對美國民主最重要的詮釋者：亞歷克西·托克維爾（Alexis de Tocqueville），在1830年代到美國旅行的時候，寫信給友人解釋他對法國體制與文化的見解，如何融入其在1835年作用的創作《民主在美國》（*Democracy in America*）。托克維爾描寫了：「雖然我在書中很少提到法國，但是在我字裡行間中幾乎都是法國的倩影。」[1]

我們為何要比較

2.1 說明運用比較方法研究政治的理由及其描述、解釋與預測的目標。

托克維爾教導我們，我們要全面地了解本身的政治制度，唯一的方法就是將其與他國的政制制度進行比較。將我們的經驗與他國經驗相比較，可深化我們對自己政治的了解，並且可以允許我們看到更寬廣的選擇性。這闡明了我們本身政治生活的優缺點。藉由將我們帶領到超越自己熟悉安排與假設環境之外，不論是變得更好或更糟，比較研究都有助於擴展我們對政治潛力的意識。

關於比較方法，托克維爾提供這樣的論述：「沒有進行比較，心智意向便不知該如何前進。」[2]托克維爾傳遞給我們的訊息是「比較」是所有人類思想的基礎。這是人文與科學所探討的方法論核心，包括對政治的應用科學研究。比較研

究可以幫助我們發展與檢視政治過程如何運作，以及政治何時發生變遷的解釋。政治科學家使用比較方法所追求的目標，是類似像物理學這樣更精確的科學。差別在於政治科學家通常無法設計實驗——這是在許多自然科學中通往知識的主要途徑。我們基本上無法控制與操弄政治安排並觀察其結果。尤其是當我們要處理劇烈影響民眾的大型事件時，會特別受到限制。舉例來說，研究者無法也不可能設想發動一場戰爭或是社會革命，以研究其產生的效應。

　　然而，我們可以運用比較方法來描述在不同社會下所發現的政治事件與制度，並加以確認其起因與後果。遠在2,000多年前，亞里斯多德（Aristotle）於公元前350年在自己所撰寫的《政治學》（*Politics*）一書中，就對比了當時希臘城邦國家（city-states）政治與社會結構，並努力找出經濟與社會環境是如何具有決定性的關鍵來影響政治體制與政策（參閱專欄2.1）。更多當代的政治科學家也試圖解釋在不同政治制度中的過程與績效表現之間，會有哪些差異。他們比較了兩黨民主與多黨民主、議會制與總統制、貧窮國家與富裕國家，以及比較新建立的政黨制度與既有的民主制度之選舉差異。這些以及許多其他的比較研究，都大大豐富了我們對政治的理解。

專欄 2.1　亞里斯多德的藏書閣

　　有歷史證據顯示，亞里斯多德有個藏書閣，累積了超過150份的研究文獻，主要研究公元前400年至300年之間的地中海世界政治體制。許多內容都可能已經被他的弟子研究與撰寫過了。

　　雖然在亞里斯多德的政治研究藏書閣中，僅有雅典憲法被保存下來，而從這些遺留下來的參考文獻到相關研究中，證據顯示了亞里斯多德相當關切從當時存在的各種政治制度進行的抽樣調查，包括所謂的「蠻族」國家，像是利比亞、伊特魯里亞（位於當今義大利中部的古國）與羅馬等：「這些古代政權的參考資料，提供我們在《政治學》的編輯中，大約有70個或以上的國家政體名稱可描述。」他們的範圍從當今土耳其境內位於黑海附近的西諾普（Sinope），到當今利比亞境內位於北非的昔蘭尼（Cyrene）；他們從西地中海的馬賽（Marseiles）延伸到東地中海的克里特（Crete）島、羅德（Rhodes）島與賽普勒斯（Cyprus）。之後亞里斯多德同樣也將殖民地的憲法與城邦國家的憲法都一併納入研究。他的描述範圍涵蓋了位於愛琴海、愛奧里亞海以及第勒尼安海的國家政體，並橫跨歐、亞、非三大洲。

資料來源：厄尼斯特・巴克（Ernest Barker）主編的《亞里斯多德的政治學》一書（London: Oxford University Press, 1977），第386頁。

我們如何比較

　　我們從幾個不同的方式來研究政治：我們描述（describe）它、我們試圖解釋（explain）它，有時候我們會去預測（predict）它。這些都是科學研究過程中的所有部分，不過當我們從描述到解釋以及預測來移動進行時，我們的任務就會變得日益困難。這些任務中的每一個步驟都可能會運用到比較方法。政治研究的第一階段就是「描述」。如果我們無法描述一個政治過程或事件時，就不能真的理解或解釋它，更不用說預測可能發生的未來或類似的情境。

　　「描述」聽起來可能很簡單且很直截了當，但往往並非如此。為了要清楚描述一個政治事件或制度，我們必須使用讓讀者能夠容易理解，甚至在某些程度上，使用那些能讓他們廣泛運用的文字與詞彙。為了要描述政治，因此我們需要一組概念，亦即能夠被清楚定義與容易理解的**「概念框架」**（conceptual framework）。換句話說，我們希望所使用的概念能夠形成**「互為主體性」**（intersubjective）（被不同主體以同樣的方式來加以理解與運用）且具有一般原則性。我們的這套概念愈容易理解，它就愈能廣泛運用，也就愈有助於政治的研究。一般而言，「概念框架」並無對與錯，但是取決於對手邊任務幫助的多與寡。它們可以引發、模糊或掩蓋對原因與脈絡的關注。我們所使用的概念框架，會在這章節之後的內容中更詳細的介紹。

我們如何解釋

　　一旦我們能夠以本身所選擇的概念框架之協助來描述政治時，下一個任務就是要解釋它。一般而言，解釋意指回答「為什麼」的問題。更精確來說，解釋政治現象意指確認事件彼此的**「因果關係」**（causal relationships），指出某個現象是造成另一個現象的原因或結果。[3]能夠超越描述，進而解釋政治，常常是很重要的。舉例來說，我們可能會對民主與國際和平之間的關連性感到興趣（參閱專欄2.2）。描述可以讓我們了解在當今的世界上，和平與民主常常是攜手並行的。民主國家政體大多（雖然不必然如此）是和平的，而很多和平的國家政體也是民主的。但是，我們不全然了解為何會如此。民主國家政體是因為民主而變得更加和平？或因為它們是和平的，所以變得民主？又或是因為它們比其他國家政體更富裕，所以變得既和平且民主？還是因為它們有市場經濟，或是因為其公民具有支持民主與和平的（一種政治文化）價值觀呢？一個好的解釋有助於我們找出這些問題的正確答案。理想上，我們想將許多的政治關係放在因果分析上，因此我們可以說某個政治特徵是引發另一個的原因，而後者又是前者所造成的結果。

專欄 2.2 統計方法

　　「民主和平研究」是當代一個很受歡迎的研究計畫，其顯示了統計與個案研究調查的優缺點。國際關係學者研究了冷戰時期的外交歷史，並提出疑問是否民主國家在本身的外交政策上比威權以及非民主國家，更具有和平觀點呢？許多學者採用了統計的途徑。他們記錄下兩個國家之間每年的互動作為一個案例。但粗估這半個世紀的外交史，就涉及超過100國家的政治體系中，而即使刪掉一些不相關的案例後，他們的個案量依舊非常龐大。政治科學家安德魯・班奈特（Andrew Bennett）與亞歷山大・喬治（Alexander George）在調查過這些統計研究之後，提出以下結論：

　　不論是在真實上民主之間的和平關係是否存在，統計方法在這些議題已取得重要的進展。雖然不是全體共識的結果，但也浮現一個相當有力的論點：（1）一般而言，民主國家較不容易爆發戰爭；（2）民主國家很少，甚至未曾互相開戰；（3）這種民主國家之間的和平模式，可以同時應用在發生戰爭或是僅有衝突而無戰爭的狀況中；（4）正轉型為民主的國家政體比起早已是成熟民主的國家政體，更容易爆發戰爭；（5）這些相關性不是胡亂的偽造內容，而是可以由大多顯而易見的其他解釋中可看到。

　　雖然可以從以上統計研究中得到許多答案，但是班奈特與喬治並沒有成功地回答出這些問題的「原因」。而個案研究可使得臨床深度分析具有可能性，可揭示獨立個案之間的因果連結關係。仔細反覆地追蹤個案之間的因果性，可強化這些關係的可信度。因此，班奈特與喬治下了結論來說明最好的研究策略，就是同時結合應用統計與個案研究方法，因為不同的方法都有本身的優點。

資料來源：安德魯・班奈特與亞歷山大・喬治「統計與個案研究方法的結合：民主國家之間的和平研究」，美國政治科學學會所組織的比較政治議程之通訊，1998年，第9期，第1卷，第6頁。

　　「**理論**」（theories）是更精確地構思且具有完整支持的論述（statements），尤其是關於一般政治現象的因果關係——舉例來說，有關民主、戰爭、選舉獲勝或福利政策等原因。理論必須禁得起檢驗，而一個好的理論是在不斷經過檢測，在一連串共同努力驗證其錯誤之後，卻還能更完好地站得住腳。「**假說**」（hypothesis）是尚未取得廣泛支持的因果解釋。換句話說，它們是理論的候選人，但是還沒有經過充分驗證。然而科學性理論總是不斷在驗證的；當我們的知識進展時，它們隨時都有可能會遭受到修正或是被證明為假。當我們一次又一次運用比完善更完善的資料來檢測理論時，它們也經常被修正而變得更加精準。一個經過充分測試的理論，可以讓我們更有信心來解釋發生在特定案例或案例集之中的現象——舉例來說，兩個國家有和平的關係是因為它們都是民主國家，或是反之亦然（再次參閱專欄2.2）。

　　政治科學家經常發展理論來當作是自己嘗試理解令人困惑的個案，或是存在於兩個或三個政治體制中有趣的差異點。舉例來說，托克維爾對民主在美國得到如此廣泛的支持，卻在他的祖國法國備受爭議感到驚訝。[4]研究者也經常藉由比較不同時期的各個國家，來提出有關政治變遷的因果假說。在托克維爾另一部有名的著作，他的貢獻是比較了革命前與革命後的法國，而提出了一個一般性的革命理論。近來，悉達‧史卡波（Theda Skocpol）以解釋革命起因為基礎，來論述法國、俄羅斯與中國的「舊政權」（old regimes），並進行其不同的革命時期與革命後政權之比較。[5]

　　但是如果要將解釋性假說轉變為具實用性的理論，我們通常希望它能解釋的不僅是其所在基礎的個案，而也能夠把其他個案（革命、戰爭、選舉等）都納到同一個群組來。因此，假說是針對許多不同的政治**數據資料（data）**來設計。政治科學研究者會將研究依照觀察個案的數量區分為大數（大n）與小數（小n）。在大數研究中，尤其是當研究個案的數量超過20或30以上，此時運用統計分析來處理是可行且有幫助的。這樣的研究，往往也被稱為「統計研究」（statistical studies）；小數研究通常也被稱為「個案研究」（case studies）。許多小數研究僅能對單一個案進行檢視，而有些則能夠比較兩個、三個或四個（或者有時可能更多的）案例。

　　統計分析使我們能同時考慮其他選擇原因的可能性，接受某些原因並拒絕其他的。大數研究經常會有足夠的數量與各式各樣的案例，讓研究者可以在每一個案有關的內容上，檢視不同變項（variables）之間的關連性。**「變項（變量）」**（variables）使研究案例產生不同的特徵——舉例來說，「宗教傳統：基督教、伊斯蘭教或佛教」，或是「聯合國生活品質指標的排名」，或是「人均所得收入」。因此運用大數的統計研究，可以使我們對本身的解釋以及識別可能偶然發生的關係，變得更加確定與精準。相形之下，小數研究允許調查者對一個案更深入探討，識別出其獨特性，獲得臨床上的細節，以及檢視因果過程中的每個連結。這些研究鼓勵我們首先構想出具有洞察性的假說，之後再透過統計來驗證。這些研究讓我們得以追蹤「因果關係」（cause-and-effect relations）的本質，有時又被稱為「因果機制」（causal mechanism），其效果更勝於大數研究。在某種意義上，政治科學就可能不只是理解到為何民主國家比獨裁國家更加和平，也更能精確知道為何民主國家的領導人舉止得體之原因。大多研究者都意識到這些研究方法是相補的（再次參閱專欄2.2）。

　　近年來，政治科學已經變得特別關注於如何將因果連結的研究與歷史關連做

出區隔，以及關注於理解因果影響的方向。但即使是非常有力的統計協會也容易受到錯誤歸因的影響。舉例來說，一個國家溫和的氣候與其所屬的民主狀態，存在很強的相關性。但是分析多重情境之後，透過經濟發展的層面以及成長與發展的歷史路徑所形塑，卻揭露出這是一個「偽」（非因果）關係。氣候環境的改變與是否民主，沒有直接的因果關係。

　　有時候，政治科學家會安排刻意的干擾因素，像是動員選民參加選舉造勢或是以現金來鼓勵家長送孩童上學，並觀察在部分受到操控或是隨機情況下接近科學實驗的結果。[6]有時候，他們也會發現「自然實驗」（natural experiment）中，歷史在無形中已經隨機提供了不同的條件，就像是在相似人群之間已有了人為的政治界限一樣。[7]一個有名的例子就是殖民地的邊界將兩個部落切瓦族（Chewas）與通布卡族（Tumbukas）分別切割成兩部分，而最後居然讓兩個部落被切割的兩部分又分別隸屬於不同的國家（馬拉威與贊比亞）中。在一個國家中，兩個團體演變成充滿不信任的政治對手，但是在另一國，儘管文化以及語言差異相當明顯，但他們卻變成很親近的政治同盟。[8]這樣的「自然實驗」有助於闡明哪些特殊情況，讓族群劃分很容易或不容易變成政治上的一體。不論是運用想像所創造的干預或是來自自然的實驗，還是有很多政治特徵無法調查或是由這些技術來產生。雖然如此，政治科學家還是必須要非常大量地持續依賴比較觀察，運用複雜的統計研究仔細分析，以及在特殊案例中對連結的密切追蹤。

我們如何嘗試預測

　　在科學過程中，最後也是最具挑戰性的任務就是預測。預測涉及到形成假說，是藉由研究者所發展的這些解釋，經常也因為這些事件都還尚未發生，而之後根據那些未知的數據來檢測假說。一般而言，要構想出相關但尚未發生的事件之假說，比起解釋我們都已經知道結果的事件，是更加困難的。這有兩方面原因：其一是因為我們永遠不知道自己已經掌握到哪些相關且有可能會影響到未來的事實；另一個原因是當我們嘗試理解世界時，其本身就可能已經在改變了。政治行動者經常從過去的錯誤經驗中學習，所以相同的模式不一定會重演。然而，政治科學家也會從預測的行為以及描述和解釋方面不斷改進。舉例來說，許多研究者已經觀察到在「經濟狀況」與「美國總統選舉結果」之間有密切的關係。當經濟狀況好（低通貨膨脹與失業率，以及高成長）的時候，現任政黨候選人贏的機率比較大；當時機不好的時候，反對政黨就比較可能占上風。這個理論充足有力，而使得研究者只要在選舉前觀察那幾個月的經濟狀況之後，就可以對選舉結

果提出相當細緻且可信的預測。但是，有時候預測還是可能會踢到鐵板，像是在2016年美國總統大選所做的預測，當時大多數的研究者都預測民主黨候選人希拉蕊‧柯林頓（Hillary Clinton）將輕鬆擊敗共和黨候選人唐納‧川普（Donald Trump）。她確實在「普選」（popular vote）總數上是獲勝的，但領先的幅度卻比預期來得小，加上「表決權分配」（distribution of votes）結合「選舉人團」（Electoral College）制度後，川普得到了最後的勝選。這樣失敗的預測暗示著有需要修正理論，應該加入其他因素一起考量。因為，成功的預測會大大提升我們對理論的信心，如同對其本身所產生的效果或是在指導政策上會有效益而感到有趣。

以下案例也許會建議你如何能夠將比較政治理論化，超越「僅只掌握事實」而已。眾所周知，富裕國家比貧窮國家更有可能轉型民主；「民主」與「經濟發展」之間有強烈相關（參閱圖1.4及其討論內容）。但是，還有其他可能的理由與民主有關連。有些人認為這樣的關係會有關連是因為民主促進了教育與經濟發展。其他人則主張當國家發展朝向經濟方向，其中產階級以及新興的勞動階級更有可能訴求民主化。但是也有人也見識到民主與經濟發展這兩者，在世界上某些地區很常見，諸如西歐；然而兩者在中東與非洲則都很罕見。這樣的事實說明了某些文化可能會鼓勵或壓制這兩者的出現。

基於某些原因對科學與政策而言，這種相關性的因果關係是很重要的。我們在第一章已經討論過，促進經濟發展與鞏固民主是兩個很重大的政治挑戰。亞當‧普沃斯基及其同事檢視了從1950年至1990年之間的民主國家、非民主國家，以及兩者間轉型之國家。[9]從得到的統計分析中，他們總結了在民主與繁榮之間的關連性，無法反映出該區域的歷史或在此經濟條件下有較優越的經濟增長。尤有甚之，雖然經濟已開發的國家在某種程度上可能比較落實民主，但在任何發展水平的國家也都可以看到採行民主。反而，這些研究者主張建立這種關係的主要關鍵在於經濟上貧窮的社會，民主往往會更加脆弱。民主是有可能被貧窮社會所採行，但經常會被某些獨裁政權所取代。相形之下，在富裕的國家中，民主一旦建立後，往往就會延續下去。這些發生民主失靈現象的貧窮國家，卻在發展與民主之間產生了強烈的連結。近來，學者更努力地理解在發展與民主之間的長期歷史連結關係，並了解鼓勵獨裁或民主政體的國際環境的作用。[10]我們還是需要更精確地理解為何民主在比較不發達的社會中更不穩定，包括經濟不平等[11]與文化價值觀所發揮的作用。但是我們仍在理解發展與民主之間的因果關係上取得進展。

比較分析是功能強大且用途廣泛的工具。它可增強我們描述與理解任何國家的政治過程與政治變遷之能力。比較方法也激發了我們形成關於政治關係的一般性理論。它鼓勵並使我們能夠透過許多制度以及環境的經驗來面對並檢視我們的政治理論。

政治制度：環境與相互依存

2.2 確認政治制度的組成要件，並討論國內與國際環境對其產生影響的方式。

我們撰寫這本書，是由討論政府來開啟，但是政府只是更廣泛之政治體系中的一部分。既然**政治制度**（political system）是本書主要的組織概念，它就有必要加以全面解釋。「制度」在定義上有兩個特性：（1）每個部分都相互依存的組合；（2）具有邊界來區隔環境。

政治制度是一種特別的社會體系形式，其涉及到可以參與制度具有威信的公共決策之能力。政治制度的核心元素就是**政府**的機構——立法機關、行政機關與法院——來規劃與執行社會或內部團體的集體目標。政府的決策一般都有合法的強制力來當後盾；因此政府也可以迫使公民來服從這些決策（我們會在第三章用比較多的篇幅來探討合法性）。

政治制度包含了政府在社會上運作的重要組成部分。舉例來說：像是政黨或利益團體之類的政治組織是政治制度的一部分。這樣的團體不具備強制性的權威，除非某種程度上他們掌控了政府。同樣的，大眾媒體只能間接影響選舉、立法與法律的施行。所有一切的制度——開始於家庭而後涵蓋到社群、教會、學校、公司、基金會與智庫在內的許多機構——都會影響到政治態度與公共政策。「政治制度」（political system）一詞是指相關且有互動的機構與代理者的所有集合。

我們在本書中所比較的政治制度都是獨立的國家政體（states），而我們一般也會比較隨意地將它們稱為「國家」（countries）。在當代世界上，藉由比較來展示出一些政治上非常重要的國家樣貌。同時，比較也反映出存在於世界上的政治制度之多樣性。國家政體就是政治制度中一種很特別的形式。其具有「主權」（sovereignty）——在一特定的領土上可對其特定人口施行的獨立合法權威——依據所意識到的權利來行使自決權（self-determination）。主權取決於擁有最終制定政治決策權利的人們。

圖2.1告訴我們政治制度不僅存在於國際環境中，也存在於國內環境中。它

會被這些環境所影響，而它也會試著來影響環境。制度從這些環境接收到「**輸入**」（inputs）。其政策制定者也會嘗試透過本身的**政策「輸出」**（policy outputs）來形塑環境。在該圖中，我們以美國為中心角色，讓圖看起來相當簡單與容易理解。我們添加了其他國家——俄羅斯、中國、英國、德國、日本、墨西哥以及伊朗——來當作是美國的環境例證。

在國家之間的交流可能會在許多方面發生變化。舉例來說，它們可能是「密切的」或是「疏遠的」。美國與加拿大在典型上是個連續體，而終端就是密切的關係，因為它們以許多重要的方式影響了這些國家的許多公民；相形之下，美國與尼泊爾的關係就顯得相當疏遠。

政治制度中的關係可能存在許多不同的樣式。美國與一些國家具有實質的大

圖2.1　政治制度及其環境

美國政治制度與國內以及國際環境互動的情況

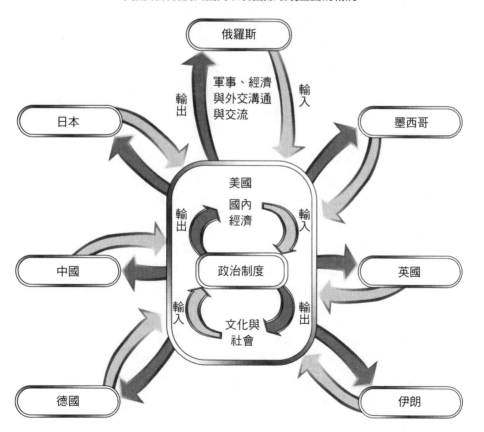

量貿易關係，而相對上就與一些國家沒有太多貿易往來。有些國家進口高過於出口而形成「入超」，而有一些國家則是出口高過於進口而形成「出超」。與北大西洋公約組織（the North Atlantic Treaty Organization, NATO）國家、日本、南韓、以色列以及沙烏地阿拉伯的軍事交流與支持對美國具有重要的意義。

國家的相互依存——包括進口與出口數量與價值、資金轉移、國際溝通與交流，以及延伸到海外旅遊與移民等——在過去數10年來都有大幅的增加。這樣的成長經常被稱為「**全球化**」（globalization）。在圖2.1中，我們可以用較粗的輸入與輸出箭頭符號，來顯示美國與其他國家之間的交流過程。國際交易與運輸的流量波動可歸結於經濟不景氣、通貨膨脹、關稅保護、國際恐怖主義以及戰爭等因素，可能大肆破壞經濟而對國家造成影響。

我們經常認為這個世界就像是個混雜體，擁有龐大且諸多領土靠在一起的國家政權，以及由其公民所分享的共同身分。國族是由一群人所組成，通常居住在同一片領土上，並有一個共同的身分。在「**單一民族國家政體**」（nation-states）中，國家的身分認同感與主權政治的權威，很大程度是一致的——國家政體是由一群共享國家身分認同的個體所組成。我們需要想想單一民族國家政體是否是一種組成政治制度的自然方法，或是常常只是一種理想而已。民族自決是國家的權利——理想上每個國家如果真的希望如此，其都有權利形塑自己的國家政體——這是受到第一次世界大戰後的《凡爾賽條約》（Treaty of Versailles）所保障的。

單一民族國家政體經常是架構政治制度可採取的方式。然而，國家權利中的民族自決，是個相對現代的發明產物，主要發生在中世紀歐洲晚期之後。直到中世紀的結束，歐洲由許多非常小的以及一些非常大的政治體系來組成，它們彼此所占有的領土也都不是很穩固且接連著的，而國家政體也並非總是由具有相同國家身分認同的人民所組成。但是大致來講，一套歐洲的單一民族國家政體開始發展，而1648年戰爭結束時簽訂的《威斯特伐利亞和約》（Treaty of Westphalia）將單一民族國家政體建立成為歐洲的政治組織標準。因此單一民族國家政體慢慢浮現成為18世紀至19世紀期間，在歐洲具有優勢的政治制度。

美國在1776年宣布獨立時，當時只有大約20個獨立的國家。世界上許多的人們還受到地方部落與封建王國的統治（參閱圖2.2）。世界上其他的人們也大多生活在一個龐大的帝國殖民地中，尤其是歐洲的帝國殖民地。在19世紀與20世紀初時，發展出許多國家政體，尤其是在拉丁美洲，那些原本屬於西班牙與葡萄牙帝國的殖民地分裂為20多個國家政體。在歐洲，新興獨立的不同國家政體在巴爾

幹半島、斯堪地那維亞半島以及低地國土也逐漸浮現出來。

　　在兩次世界大戰期間，在北非與中東開始出現新的國家政權，而歐洲則是持續地在分裂，像是俄國與奧匈帝國的瓦解。第二次世界大戰之後，新國家政權的發展開始起飛，尤其是1947年印度與巴基斯坦的獨立。到了2010年，有126個新的國家加入了從1945年就已經存在的68個國家之世界行列中。最大的新國家政權

圖2.2　1776年以來的國家政體形式

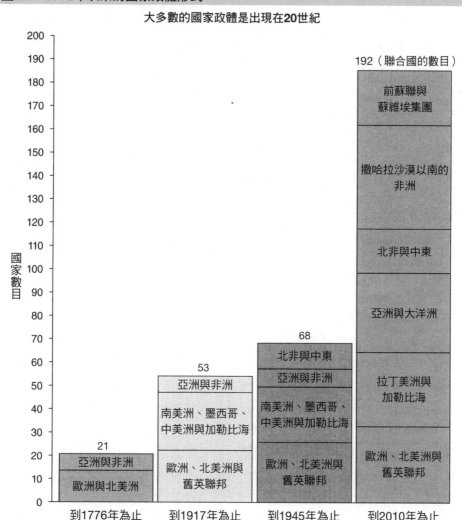

資料來源：依據聯合國新聞辦公室的當今會員國數目。而到1945年的資料，則是來自於查理斯・泰勒（Charles Taylor）與麥可・哈德遜（Michael Hudson）撰寫的《世界政治與社會指標手冊》（New Haven, CT: Yale University）。

群體是位於撒哈拉沙漠以南的非洲。而有超過20個以上的新國家在1990年代成立——大多數國家政權是來自蘇聯、南斯拉夫以及捷克斯洛伐克的繼承國（successor states）。自從2000年之後，有4個國家政權加入了聯合國——最著名的是瑞士，在2002年之前，因為其非常嚴格的中立（neutrality）政策而未加入聯合國——但是過去幾10年中，很少有新獨立的國家。

政治制度與其國內環境的互動——經濟與社會制度以及本身公民的政治文化——同樣也可以從圖2.1的描述中看出。歐洲並沒有故意地將本身改變為明顯的單一民族國家政體——事實上，歐洲一直有浮現單一民族國家政體的政府呼籲與這有很大的關連。為了對內部以及國際壓力來做出反應，他們尋求在本身可掌控的人民中，逐漸灌輸一種國家身分的認同。他們這樣做，常常是徒勞的藉由提倡一種共同的語言、一個共享的教育制度，以及可以認同的宗教來實現。然而，這樣國族建構的過程常常是很拙劣與充滿爭議的，但這是還是催生了一個歐洲，建構在大多數國家政體之當地居民都擁有的強大社群感上。

今日發展中的國家有許多的社會都面臨到相似的挑戰。尤其是在非洲，那些剛在1950年至1960年代成立的新國家政體，其國家身分認同是非常薄弱的。在非洲許多地方，歐洲與其他列強來殖民之前，大規模的民族社群幾乎不曾存在。即使一些民族認同曾經存在過的地方，也很少在由殖民力量（諸如英國、法國與葡萄牙等）本身軍隊割據後所形成的邊界上反映出來。獨立之後，許多新的國家政體因此要面對大量國族建立的任務。

同時，全球化促進了總體的繁榮，但在許多國家中，卻導致一些行業的公司需求與勞動者對本身工作保障的問題上。移民人口以及連結到全球化的思維可能會被視為是一種對傳統價值觀的威脅，就像是工作一樣。各個國家之間也變得更加相互依賴。自然災害，像是2005年的超強颶風「卡翠娜」（Hurricane Katrina），幾乎徹底摧毀了美國的紐奧良，促使人們呼籲政府領導重建工程。人為災難，像是2010年墨西哥灣大量石油外溢導致污染了海水與沙灘，同樣的也引發了呼籲政府採取行動以減少環境與經濟的損失，並且要預防將來的災難。當地的議題被視為整個國家都應為其負責任。此外，人們的壽命變得更長。老年人口需要政府在醫療福利上提供更多保障。以輸入或輸出的詞語來說，就是社會經濟的變遷改變了選區內選民的政治需求，及其支持的政策類型。

因此，在不同的政策中產生了一種新的社會結果：不同種類與等級的徵稅制度、管制模式的改變，以及福利支出的改變。體制——環境路徑所帶來的好處就是其直接引起我們關注到那些發生在國家之間與國內的事情是具有**相互依存性**

（interdependence）。這提供給我們一些詞彙來描述、比較與解釋一些會相互作用的事件。

　　如果我們想要在政治上做出正確的判斷，我們可能需要將政治制度置於其國內與國際環境中。我們需要確認這些環境如何在設下限制與提供機會這兩面向中做出對政治選擇的回應。這樣的取向可能會使我們不容易得到快速但有偏頗的政治判斷。如果一個國家在自然資源上是貧瘠的，而且缺乏開採僅有資源的所需能力時，我們可能無法苛責這個國家為何只有低端工業的輸出或是只有不足的教育與社會服務。在本書後半部分章節中所介紹的國家，都會藉由討論該國當前政策在面對國家及其社會與經濟環境時的挑戰，來作為開端。

政治制度：結構組織與功能

2.3 列舉六種類型的政治結構組織，以及提供一些例證說明類似的結構在英國與在中國運作功能有何不同。

　　政府做了很多事情，從建立並運作學校制度、維持公共秩序，到打仗。為了使這些不同的活動能夠繼續進行，政府需要專門的**結構組織（structures）**（有時候我們也把這稱為機構或機關），諸如國會、官僚體制、行政機關，以及法院。這些結構組織表現出本身的**功能（functions）**，彼此相應來協助政府規劃、執行，並強化其政策。這些政策反映出目標；機構則提供方法來達成政策。

　　圖2.3設置了六種政治結構組織的類型——政黨、利益團體、立法機關、行政機關、官僚體制以及法院——在政治制度中。這些都是參與到政治活動中的正式組織。它們存在於當今大多的政治制度中。這張清單並沒有列出所有的組織。有些結構組織，像是只有在一些國家當中可以找到的執政軍事委員會或是政府皇室成員等。有些對其他國家的政治制度來講，像是伊朗的護衛者委員會（Iran's Council of Guardians），是個很獨特的結構組織。

　　我們可能會以為如果我們理解這些結構組織如何在一個政治制度內運作的話，我們就可以應用這樣的洞察力到任何其他的政治制度。很抱歉的是，並非每個案例總是能如此。圖2.3這樣的六種分類無法帶領我們到每一個非常深入的比較政治制度中。問題在於，看起來相似的結構組織可能在不同的政治制度中所執行的功能有很大的差異。舉例來說，英國與中國都有這六種政治結構組織的類型。然而，兩個國家中的這些機構是以不同方式組織起來的。更重要的是，它們執行的功能是有顯著差異的。

　　英國在政治上的行政單位是由首相（prime minister）與內閣（Cabinet）所組

圖2.3　政治制度及其結構組織

六種政治結構組織的類型在日本政治制度中所展示之功能

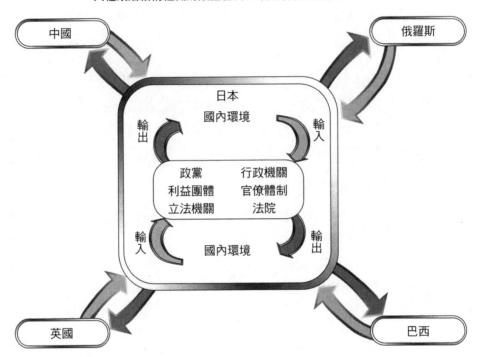

成，裡面包括主要部會機關的首長。這些官員通常都是由國會議員中選出來擔任。在中國也有一個類似的結構組織，稱之為國務院（State Council），由總理（premier）領導，加上各式各樣的部長與部會級委員會所組成。然而，英國首相與內閣具有實質上制定政策的權力，但在中國的總理與國務院則是受到中共中央總書記（General Secretary）與政治局（Politburo）嚴密監控，而對公共政策的影響力遠低於英國許多。

英國與中國兩者都有立法機構——在英國是眾議院（House of Commons），在中國則是全國人民代表大會（National People's Congress）。議員代表對未來的公共政策進行辯論與投票。眾議院在英國的政策制定過程中是主要機構，而中國的全國人大會議只有短期集會，主要是批准由共產黨領導權威所做的決策。基本上，中國的人大代表甚至不會考慮其他的替代政策。

兩國在政黨的差異上甚至相差更遠。英國擁有具競爭性的政黨制度。眾議院最大黨與內閣成員持續面對反對黨的挑戰，彼此競逐大眾支持。當反對黨有機會讓現任多數翻盤的話，他們就會很期待下一次的選舉，如同發生在1997年，當時

工黨取代了保守黨而執政；在2010年，當時工黨反而被保守黨與自由民主黨組成的聯盟所取代。在中國，共產黨控制了一切的政治過程。根本就不存在任何其他具有實質意義的政黨。主要的決策在共產黨內部就已制定。政府機關僅簡單去落實這些政策而已。

　　因此，拿英國與中國在制度對制度上的政治比較，是無法說明各種機構所執行的功能，也無法帶領我們了解這兩個國家在政治上的重要差異。因此，在本書中所介紹的每個國家都會包含一張圖以顯示某些主要的結構組織如何被選擇並相互制衡。另一張圖則說明這些結構組織如何融入政策制定的過程。

　　圖2.4顯示出政治過程的功能，而能讓我們用來比較所有的政治制度。而在圖2.4中心部分，標題「**過程功能**」（process functions）下方列出了在任何政治制度中，都存在這些特別的必須活動來滿足政策的制定與執行（我們會在第四、五章更加詳細地討論每個概念）。我們將此稱為「過程功能」是因為它們在政策制定的過程中，扮演了直接且必要的角色。

- ■**利益表達**：涉及到個人與團體表達本身的需求與期望。
- ■**利益匯集**：藉由重要的政治資源的支持以整合不同的需求到政策提案（policy proposals）中。
- ■**政策制定**：決定哪些政策提案能夠變成具有強制性的法規。
- ■**政策執行**：落實與貫徹公共政策；**政策裁決**則是解決政策執行時的爭議。

　　在政策可能被制定之前，政府或社會中的一些個人或團體必須決定他們究竟希望或想從政治中獲得什麼。當這些利益被陳述或表達時，便開啟了政治過程。圖中左邊許多箭頭所顯示的就是一開始的利益表達。然而，為了達成效果，這些需求必須被統合（彙整）進入政策選項中——像是低稅率或更多社會安全福利——有了這些之後，實質的政治支持才能夠被動員起來。因此，左邊的箭頭才能被加以整理與強化為過程，從利益表達進入到利益匯集。之後政府就會考量可選擇的政策方案，然後在其中挑選出來。他們在政策決定之後就會實施與執行，而當政策受到挑戰時，則必須要有一些裁決的過程。如同反映為三個箭頭的施行階段，顯示任何一個政策都可能會影響到社會中幾個不同的面向。

　　這些過程的功能是由一些像是政黨、立法機關、政務官、官僚系統以及法院來負責執行。「**結構功能取向**」（structural-functional approach）強調兩個重點。首先，「在不同國家中，相同的結構組織可能會展現不同的功能」。其次，雖說某個特定的機構，像是立法機關，可能專職負責某些特定的功能，諸如政策

圖2.4 政治制度及其功能

將輸入轉化為輸出的制度、過程與政策功能

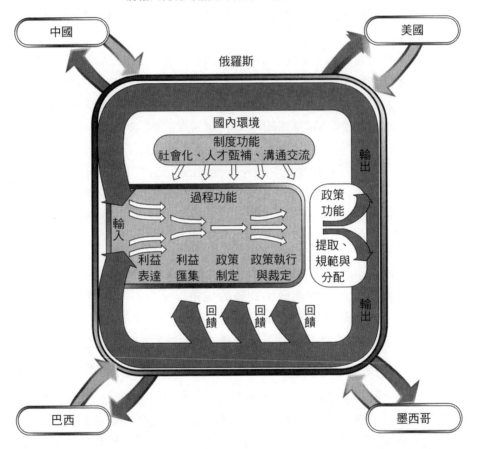

制定，但是「機構往往不會在任何單一功能上具有完全壟斷的能力」。美國總統與州長可能要分享政策制定功能的權（在極端的例子裡，他們都具有否決（veto）權），就像是上級法院可能也有這樣的權力（特別是在聯邦國家中，其特色是可對法律進行合憲性的審查）。

圖2.4頂端所列出來的三種功能——社會化、人才甄補、溝通交流——與公共政策的制定與執行沒有直接關連性，但是卻對政治制度具有基礎上的重要性。我們將此稱之為「**系統功能**」（system functions）。長期以來，這些有助於確認哪些制度或系統需要維持下去或改變。舉例來說，軍方是否可以一直維持本身對政策制定的主導權，或需要由競爭的政黨與立法機關來取代？是否需要維持一種國家社群的共同感，或是任其由新的經驗來侵蝕？

從這三種功能所引導的箭頭之後，指向了所有政治過程，意味著它們扮演著政治過程的扎根與散布之關鍵角色。

- **政治社會化**：包括家庭、學校、傳播媒體、教會，以及其他所有各種的政治結構組織，共同發展、強化與轉換政治文化——社會中的政治意義之態度（參閱第三章）。
- **政治人才甄補**：指對於參與政治活動與政府公職的人員選擇。在民主國家中，具有實質競爭性的選舉在政治人才甄補上扮演了主要的角色。在威權體制國家中，例如在中國，人才甄補可能掌握在單一政黨手中；或是在伊朗，人才甄補是掌握在由非選舉產生的宗教領袖來決定。
- **政治溝通交流**：這是指構成政治制度的資訊是透過社會以及各種結構組織來流通。取得全面控制資訊是大多數威權統治者的終極目標，如同中國領導人所顯示出其精心策劃控制網路上所有內容的努力。

理解系統功能的**表現**（performance）是一種基礎，是用來理解政治制度如何回應像是建立社群、推動經濟發展以及鞏固民主等，這是在第一章就討論過的當代的重大挑戰。

圖2.4右邊顯示了政治過程的結果。政策就是一種方式，讓政治過程的決策能在當中影響社會、經濟與文化。它們包括了各式各樣資源以徵稅或是其他相似方法之**擷取**（extraction）的形式、行為的**管制**（regulation），以及對人口中各種不同群體在福利與服務上的**分配**（distribution）。所有這些政治行動之「**產出**」（outcomes）所反映出的是政策與國內以及國際環境互動的方式。有時候，這些結果是公共政策所希冀的後果。但是，有時候政策與社會的複雜性可能會導致意料之外的狀況。在這之中可能會出現對立法機關或行政措施產生新的要求，也有可能增加或減少給予政治制度以及現任政府官員的支持。

圖示比較：俄羅斯政權的變遷

2.4 討論俄羅斯原本的政治結構功能，在共產主義垮臺後有怎樣的改變。

更好理解此框架的方法就是透過一個具體的例子。圖2.5與2.6提供了簡化的圖解比較，說明俄羅斯的結構組織與功能，可以看出在蘇維埃共產黨政權垮臺前後的差別。[12]這兩張圖運用了我們的比較方法來說明這個政權在短時間內改變最

明顯的地方。重點在於說明我們可以如何運用政治分析,而非提供俄羅斯這個案例的詳細內容描述(在第十一章有更深入的討論)。

　　這兩張圖描述了因為共產主義的垮臺所帶來的差異,尤其在政治制度中主要結構組織功能的改變。這些主要包括了兩個革命性的變遷。其一是由蘇聯共產黨所控制的單一政黨政治制度之結束,而這個制度是曾經撐起龐大、多民族結合在一起的蘇維埃國家政體。其二是蘇聯本身解體成15個加盟共和國。由於這兩個引人注意的事件結果,身為舊蘇聯時代的繼承核心成員國俄羅斯,轉變為一個獨立的非共產國家政體。

　　圖2.5顯示出1985年,當時蘇聯還是個共產主義國家政體時,其政治制度的基本功能是如何執行的。共產黨是支配性的政治機構,透過大規模的官僚制度來監督學校、媒體、藝術與公共組織、經濟與法院等。職是之故,圖表中所有橫列的單元格遇到標記「共產黨」時就全部都是以深色覆蓋,就像是所有橫列的單元

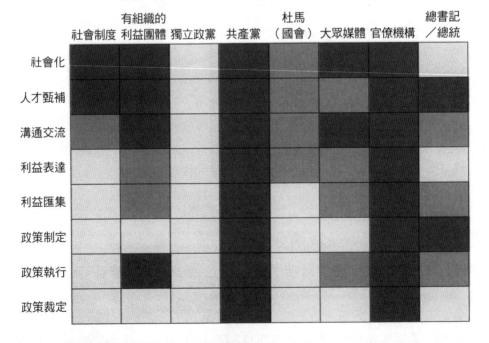

圖2.5　1985年的蘇聯政治制度

共產黨與國家政權中的官僚制度支配了蘇聯所有的功能

	社會制度	有組織的利益團體	獨立政黨	共產黨	杜馬(國會)	大眾媒體	官僚機構	總書記／總統
社會化								
人才甄補								
溝通交流								
利益表達								
利益匯集								
政策制定								
政策執行								
政策裁定								

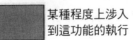 高度參與這功能的執行　　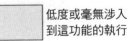 某種程度上涉入到這功能的執行　　低度或毫無涉入到這功能的執行

格遇到標記「官僚機構」也一樣。雖然社會制度——如同家庭、職場、藝術與興趣團體——都對系統層級的功能，諸如社會化、人才甄補與溝通交流，行使某些影響力，但卻是由共產黨及其國家政體中的官僚機構來控制過程層級的功能。在這樣的監控之下，大眾媒體在1985年成為共產黨政治社會化與溝通交流的主要喉舌工具。杜馬（國會）則是服從的工具，批准由共產黨與官僚機構制定出來的決策。依據法律，除了共產黨之外的其他任何政黨都不允許存在。只有那些被共產黨授權成立的利益團體才能夠組織。共產黨總書記是蘇聯全國最有權力的政治官員。

　　如同圖2.6所示，到了2000年時，政治制度經歷了徹底的改變。有更多的結構組織在政治過程中取得扮演的角色，如同可以經由大量單元格被深色覆蓋就可以一眼看出證據。特別的是，國會、獨立政黨與地區政府也都全部獲得新的重要政策制定權力。一般公民可享有自由來清晰地表達本身的利益，並能夠進一步加

圖2.6　2000年的俄羅斯政治制度

更多俄羅斯的結構組織在2000年的政策決定過程中扮演重要的角色

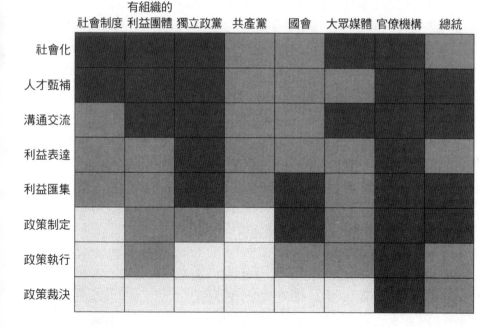

以組織與大幅擴展這些訴求。共產黨不再是官方唯一或獨占的政黨,權力也大幅減弱,並且席次減少到成為在國會遊戲中扮演反對黨的角色。圖2.6共產黨的影響力已經遽減,由共產黨那一行的顏色變得更淡可以看出。國家政權的官僚機構依舊是政治制度中很重要的元素,不過它們藉由調整至準商業形式走向,以改變本身來適應朝向市場經濟的新趨勢。

如同圖2.6所顯示,總統這職務在俄羅斯新成立後,已經變成政策制定的主導控制者。國會雖然公平地代表了全俄羅斯意見的多樣性,但卻因為龐大國家政體官僚機構的惰性、本身無法強制推動法律被遵守、與選民之間薄弱的關連性,以及總統政治權力的干預,而在政策制定與監督角色上受到了挫敗。儘管如此,仍可藉由圖2.5與2.6的比較看出,國會所扮演的角色還是比以前好得太多,尤其在彙整利益與政策制定上。

圖2.6的更新版則顯示出,在2000年之後,因為總統與官僚機構之故,使得政黨、國會與大眾媒體的影響力大為黯然失色。雖然沒有回到共產主義時代(可由圖中間的直行少數深色單元格之顯示看出),但是這樣的權力轉移卻靠攏了威權方向。本書在第十一章會更仔細討論進一步的發展情況。

這些簡明扼要的比較,說明了結構功能取向的使用方式。這樣的取向可以幫助我們檢視在不同國家中如何執行相同功能的機構,或是同一國家的兩個不同機構在經過一段時間之後的各自狀況。同樣的,我們也可以檢視相同結構組織在兩個不同時點上的功能展現,或是橫跨不同政治制度的變遷。任一國家,像是1990年代的俄羅斯,經歷了快速且戲劇化的轉型,都可以在如此的框架中顯示其在權力分配上的具體變化。

不論是進行結構分析或是功能分析,少了任何一個就不完整了。結構分析可以幫助我們識別政黨的數目或是立法機關的組織。其描述了行政部門、法院、官僚機構、大眾媒體、利益團體以及其他政治制度中的結構組織,是如何被安排以及依據哪些運作的規章與標準。功能分析則是告訴我們這些制度與組織如何互動以制定並落實政策的執行。當我們正在比較兩個差異性非常大的政治制度時,這樣的分析是特別不可或缺。

在本書的國家研究特定章節中,不會呈現像是圖2.5與2.6這樣的結構功能概述模式。但在每個章節中的核心部分都有一套論述來說明這些功能與結構的執行表現。我們可以在「國家研究」這個標題下的章節以及在本書一開頭的分析「指南」中看到這些。這些工具讓比較差異很大的政治制度之工作成為可行之事。

政策層面：執行與產出

2.5 描述在政治制度中環境、政策與產出的作用。

　　現在，來看看我們所分析的哪些政治結構與功能中之變量，是造成了不同國家政體中公民的差異因素？這個問題直接將我們的注意力引導至政治制度中的**政策層面**（policy level）上。我們將政治制度的輸出稱之為——本身的擷取、分配、管制與象徵性行為——本身的政策執行表現。我們必須在這些成果之間做一區隔，分別政府所為的事項以及這些努力所實際導致的成果。政府可能同等量花費在教育與健康或是國防上，但卻產生不同的結果。政府的效能與貪腐在政策效益上扮演了重要的角色。而其背後的文化、經濟與技術條件，也同樣會產生影響。

　　比起世界上任何地方的人民，美國人花費更多按人口平均的支出在教育上。但是，他們的小孩在某些學科上，像是數學，卻比其他實際上花費較少的國家的小孩，表現得更為落後。美國耗費龐大巨額款項與許多人命在1960年代至1970年代的越南戰爭中，如同蘇聯在1980年代對阿富汗發動戰爭一樣。然而，美國與蘇聯這兩個國家卻因為裝備精良程度，遠不及本身的武裝部隊或是游擊隊不惜一切代價的抵抗，而陷入泥沼。也因為這些代價高昂的失敗，致使美國與蘇聯各自國內都被耗弱。在之後的案例中會發現，阿富汗戰爭所造成的花費代價，直接影響了蘇聯政權的垮臺。因此，公共政策的產出從來就不是全然掌握在民眾與其領導人手中。立法機關可能會投票發動軍事衝突，但是，不論是這些投票或是政治領袖的承諾，都無法保證戰爭會勝利。國內環境的條件、更廣大的外面世界之條件與發生事件，還有光是簡單機會這件事，都有可能重挫這些最詳細規劃的事前計畫與打算。本書的各國研究內容包含了該國的執行表現之討論，描述政策及其產出結果。

結論

　　最後，我們必須甚至更進一步回到評估不同制度中的政治。評估是很複雜的，因為人們評價不同的事物，會放不同的比重在他們在意的地方。為了要評估一個政治制度之所為，我們評定在每個不同制度、過程與政策領域中的執行與結果。我們也必須要注意到這些廣泛的結果如何影響到社會中特定的個人與團體，因為如果我們只簡單地考慮到一國的平均值，就可能經常會疏忽這些特定的個人與團體。

　　評估中一個特別重要的問題，在於關注如何建立一個像今日生活的未來。貧

窮國家的人們希望能生存以及減輕今日的苦難，並希望能夠更改善自己孩子的未來。所有國家的人們，尤其是富裕的那一群，必須處理那些加諸在自己孩子身上之自然資源受到污染與被耗竭的成本，這是由過去與現在這些欠缺考慮的環境政策所導致的結果。

章後思考題

1. 一個政治制度裡面的主要環境因素如何影響到其表現的方式？
2. 為何我們無法藉由描述我們從不同國家中所發現的結構差異來簡單地比較不同的政治制度呢？
3. 在所有政治制度中會呈現出什麼樣的功能（像是政策的制定）呢？
4. 政策中的輸出與結果，兩者之間有什麼不同呢？
5. 我們如何運用理論來解釋政治事件？

重要名詞

概念框架	政策裁定
因果關係	政策執行
數據、資料	發號司令層級
分配	政策決定
擷取	政策輸出
函數、功能	政治傳播
全球化	政治甄補
政府	政治社會化
假說	政治制度
輸入	過程功能
相互依存	管制
利益匯集	結構功能取向
利益表達	結構組織
互為主體性	系統功能
單一民族國家政體	理論
產出	變項／變量
表現	

推薦閱讀

Boix, Carles, and Susan C. Stokes, eds. *Oxford Handbook of Comparative Politics*. New York: Oxford University Press, 2009.

Brady, Henry E., and David Collier. *Rethinking Social Inquiry: Diverse Tools, Shared Standards*. Lanham, MD: Rowan and Littlefield, 2004.

Collier, David. "The Comparative Method," in *Political Science: The State of the Discipline II*, ed. Ada W. Finifter, 105–119. Washington, DC: American Political Science Association, 1993.

Dogan, Mattei, and Dominique Pelassy. *How to Compare Nations: Strategies in Comparative Politics*. Chatham, NJ: Chatham House, 1990.

Dunning, Thad. *Natural Experiments in the Social Sciences: A Design-Based Approach*. New York: Cambridge University Press, 2012.

Goodin, Robert E. *The Oxford Handbook of Political Science*. New York: Oxford University Press, 2011.

King, Gary, Robert O. Keohane, and Sidney Verba. *Scientific Inference in Qualitative Research*. New York: Cambridge University Press, 1993.

Little, Daniel. *Varieties of Social Explanation: An Introduction to the Philosophy of Social Science*. Boulder, CO: Westview, 1991.

Przeworski, Adam, and Henry Teune. *The Logic of Comparative Social Inquiry*. New York: Wiley, 1970.

註釋

1. Alexis de Tocqueville to Louis de Kergolay, October 18, 1847, in *Alexis de Tocqueville: Selected Letters on Politics and Society*, ed. Roger Boesche (Berkeley: University of California Press, 1985), 191.

2. Alexis de Tocqueville to Ernest de Chabrol, October 7, 1831, in *Selected Letters*, 59.

3. For some related and alternative concepts of explanation, see Daniel Little, *Varieties of Social Explanation* (Boulder, CO: Westview, 1991).

4. Alexis de Tocqueville, *The Old Regime and the French Revolution*, trans. Stuart Gilbert (New York: Doubleday, 1955).

5. Theda Skocpol, *States and Social Revolutions* (New York: Cambridge University Press, 1979).

6. For many examples of "randomized controlled trials" in assessing antipoverty programs, see Abhijit V. Banerjee and Esther Duflo, *Poor Economics: A Radical Rethinking of the Way to Fight Global Poverty* (New York: Public Affairs, 2012).

7. More generally, see Thad Dunning, *Natural Experiments in the Social Sciences: A Design-Based Approach* (New York: Cambridge University Press, 2012).

8. Daniel N. Posner, "The Political Salience of Cultural Difference: Why Chewas and Tumbukas Are Allies in Zambia and Adversaries in Malawi," *American Political Science Review*, 98 (November 2004): 529–546.

9. Adam Przeworski, Michael E. Alvarez, Jose Antonio Cheibub, and Fernando Limongi, *Democracy and Development: Political Institutions and Well-Being in the World, 1950–1990* (New York: Cambridge University Press, 2000).

10. This body of literature has become very large, which is appropriate given both the importance and complexity of these relationships. See, for example, Daron Acemoglu, Simon Johnson, James E. Robinson, and Pierre Yared, "Income and Democracy," *American Economic Review*, 98 (June 2008): 808–842; and Carles Boix, "Democracy, Development and the International System," *American Political Science Review*, 105 (November 2011): 809–828.

11. See, for example, Carles Boix and Susan C. Stokes, "Endogenous Democratization," *World Politics*, 55 (July 2003): 515–549; Daron Acemoglu and James A. Robinson, *Economic Origins of Dictatorship and Democracy* (New York: Cambridge University Press, 2006); and Christian Houle, "Inequality and Democracy," *World Politics*, 61 (October 2009): 589–622.

12. Thomas Remington contributed to Figures 2.4 and 2.5 and the text of this section.

第二部

制度、過程與政策篇

第三章

政治文化與政治社會化

學習目標

3.1 描述政治文化的三種層次以及造成文化差異的因素。

3.2 解釋何以一個國家的文化模式可以形塑其政治制度。

3.3 討論何以文化規範與政治制度是相互關連的。

3.4 描述政治社會化的機構及其形塑政治價值觀的角色。

3.5 列舉並描述正在影響當今政治文化的三股力量。

如果你曾經到過外國旅遊，你可能會訝異於當地有許多事物與自己原本日常生活是完全不同的。食物不同、人們穿著的服飾不同、房屋建築與裝潢方式不同，以及社會關係的模式大相徑庭（舉例來說，人們是否會與陌生人交談以及是否依序排隊）。你會看到社會規範如何形塑人們吃些什麼、如何穿著、居住方式，以及甚至當他們在人行道時該靠哪一邊走。

同樣的，每個國家也有本身的政治規範來影響人們如何思考相關與回應政治的方式。要了解一國的政治傾向，首先可以從公共對政治的態度以及公民在政治體系中的角色開始──這就是我們稱之為該國的「政治文化」（political culture）。美國人對愛國主義的強烈情懷、日本人對政治菁英的順從，以及法國人對抗議行為的傾向，全都說明了文化規範如何形塑政治。政治制度運作的方式，至少部分反映出公共的態度、規範與期望。因此，英國人運用其憲政的安排來維持本身的自由，然而同樣的制度卻一度曾造成南非與北愛爾蘭壓迫的來源。

當新政權上臺時，廣受大眾支持有助於發展新的體制，而如果缺少公共支持的話，就可能會削弱新的體制。從過去30多年所發生的現象來看，政治文化的內容一直是轉型到民主過程中很重要的面向，因為新興民主國家需要在他們的公民之中，發展民主的傾向與行為。如果一個國家缺少民主人士時，則要維持民主會是很困難的一件事。

第一章指出，任何政府的首要目標之一，以及新政府會面臨的特別挑戰，就

是創造與維持一個政治社群。在某種程度上，這涉及要發展共同的結構組織與體系（像是單一經濟體）、共同的政治制度，以及共同的政治過程。對公眾來說，這會涉及到發展共同的世界觀、價值觀與期望，來共同組成一國的政治文化。而研究政治文化有助於我們理解政治社群是如何被創造與維持——或是被弄得四分五裂。

　　本章節先繪製出政治文化的重要內容。之後，我們會討論政治社會化：個人如何形塑自己的政治態度，以及後來公民如何集體地形成本身的政治文化。我們會藉由描述當今世界上一些政治文化的主要趨勢來做總結。

繪製政治文化三種層次

3.1 描述政治文化的三種層次以及造成文化差異的因素。

　　一個國家的「**政治文化**」（political culture）包含了公民在三個層次上的傾向：政治制度、政治與政策制定的過程，以及公共政策及其產出結果（參閱表3.1）。「**制度**」（system）層次涉及人們如何看待組成政治制度的價值與組織，以及人們是否認同國家並全盤接受社會制度呢？「**過程**」（process）層次包含了對政治規則與決策制定方法，以及個人與政府之關係的期望。「**政策**」（policy）層次則是處理公眾對政府的政策期待。像是政府應該設定哪些政策目標，以及這些目標如何被達成？

表3.1　政治文化

政治文化有三個層次，各自連結到不同的政治傾向

政治文化的面向	例證
制度	國家光榮感 國家認同 政府的正當性
過程	公民的角色 政治權利的認知
政策	政府的角色 政府的政策優先性

制度層次

　　政治制度的傾向態度很重要，因為這是開啟政策與國家的基本連結。如果缺乏其人民的支持，任何政治制度都很難長治久安。

　　對國家感到光榮的感覺，是一種表達對國家的情緒與情感連結。國家光榮感看起來似乎在長期強調國家認同感的國家中更強烈——美國就是一個典型的例子（參閱圖3.1）。如此共享的認同感與國家歷史經常會在艱困的政治時期中，緊緊地把人們凝聚起來。圖3.1顯示了最高層級中的光榮感，存在於政治與經濟制

度都差異很大的國家中，諸如加拿大、波蘭與土耳其[1]。這些國家的多數民眾都對自己的國家感到自豪。相比之下，國家光榮感比較低的日本與德國，這兩個國家都避免國族主義的情感，主要是對於在二次世界大戰時本身的政權及其橫行霸道行為的反應。而俄羅斯在過去10年來的復甦，比起以往在1990年代末至2000年代初的調查，大致上國家光榮感的層次已經提升了許多；摩爾多瓦（Moldova）[2]在獨立之後就一直持續在掙扎當中，其公民所發出的訊號就是對國家光榮感相當低度感受。

大眾對政府正當／**合法性**（legitimacy）的評價，是另一種是否為穩定政治制度的基礎。人民可能會因為各種不同理由而賦予合法性給某個政府。[1]在傳統國家中，正當性可能有賴於統治者所繼承的王位或是他／她對宗教習慣的承諾。在現代民主國家中，正當性可能有賴於在具有競爭性的選舉中，以投票方式選舉出菁英，以及依賴政府遵守憲政的程序。像是伊朗這樣的神權政體，則是將其正當性依附在宗教的教義基礎上。在其他的政治文化中，領導人可能會宣稱其正當性是立基於本身特殊的智慧或是意識形態，一般而言，這些都是共產主義政權或是那些剛從國家獨立運動中成立的國家。正當性預設在政治制度上獲得成為廣義形式上的政府之授權，因此這些正當性的標準有：君主制、部落制度、共產主義秩序，或是

圖3.1　光榮感

不同國家之間對國家光榮感的感受差異

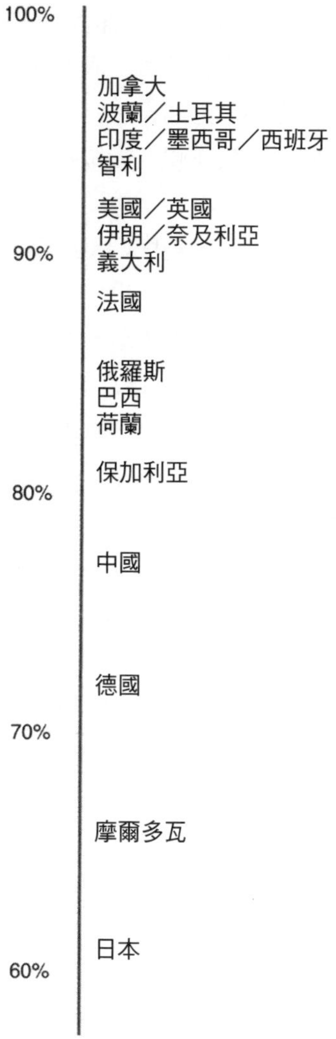

資料來源：所選取的國家包含來自2005年至2008年「世界價值觀調查」（World Values Survey），以及奈及利亞為2000年至2002年的世界價值觀調查。圖的所有內容就是以「光榮」、「非常光榮」的百分比呈現；已排除了遺漏值的百分率計算。本內容已獲得世界價值觀調查協會授權使用。

民主體制等。基於這些有差異的原則，人們在廣大不同的政治制度中，依然也可以對其政治制度表達支持，因為他們行使正當性有不同的標準。[2]

不論正當性是依據傳統、宗教、選舉或是意識形態，這些評價反映出了一種介於公民與政治權威之間的基本性理解。人們遵守法律；相應地，政府也要達到這樣正當性所設定的標準履行義務。只要政府能履行義務，人民應該就會採取適當的行動支持。但如果正當性被違反了——順位繼承排序被打斷、憲法被破壞，或是政府的政策忽視了大眾接受之意識形態——政府就可能會經歷到反抗甚至叛亂。一個具有高度正當性的政治制度與政府；一般而言，會更有效率地落實政策也更有能力克服困境與顛覆政權。

在正當性不足的制度中，人們經常會訴諸暴力或政府體制外的行動來達成其目的。當大部分公眾對政治制度的領土疆界（像是北愛爾蘭與喀什米爾）有所爭議時，就會出現缺乏正當性的狀況；反對當前用來甄選領袖與制定政策的作法（像是烏克蘭人在2004年至2005年的街頭抗議，要求舉行新的民主選舉），或是對領導人正在履行其政治妥協時失去信心（像是埃及反對者在2011年以及隨後在2013年對政府的激烈抗爭）。

蘇聯在1990年代初期瓦解了，正因為這三個正當性問題全都出現。在共產主義意識形態無法成為推動正當性的力量之後，加上缺乏共同的語言以及種族，導致國家的政治社群基礎變得很不足。同樣的，由於喪失了對共產黨作為唯一政治組織的信心，讓許多人開始要求制度改革。最後，因為食物與消費物資的短缺，導致人們也失去對政府短期政經政策的信心。當時的蘇聯總統米凱爾・戈巴契夫（Mikhail Gorbachev）致力於同時解決這三個問題，但最後還是以失敗告終。

過程層次

政治文化的第二個層次涉及哪些是政治過程中人民所期望的內容。不論你是英國人還是奈及利亞人，身為一位公民，你對本身政治體系的制度有何看法，以及有哪些期望？比較政治研究的重大突破之一就是透過輿論（public opinion）調查，相對上我們對發展中社會的政治文化知識有了擴張，而這也改變了我們在一個全球標準脈絡下對政治文化的理解。在此之前，研究者認為民主的文化基礎實質上僅限於在早已擁有民主的國家中，而這樣的預設會限制進一步民主化的前景。[3]研究者會得到這樣的結論，是因為假設了威權國家政體能夠繼續存留著，導因於人民對政府的容忍甚至支持。

然而，當輿論調查逐漸在發展中國家變得愈來愈常見時，我們的印象也出現

了改變。跨國政治文化的研究記載了即使在許多威權國家中，民主原則與規範還是廣泛受到支持的。[4]民主規範強調一些重要性，諸如自由與參與過程、多數統治與少數權利，以及政治包容的價值觀等。除此之外，隨著愈多國家變得民主化，而其他政權形式失去本身正當性時，民主的規範甚至就會擴展到更多的社會中。許多非民主的政府形式不再被廣泛地接受了。舉例來說，共產主義在中國與古巴仍強力固守著，但其已失去作為推動全球改變的進步力量之形象了。

因此，當今研究者發現對民主的支持已經廣泛普及到非洲、東亞與拉丁美洲的許多發展中國家。[5]世界價值觀調查詢問了超過60個國家的受訪者，他們表達了對民主與其他兩種非民主政權模式（軍事統治或由強勢領導人統治）的認同偏好。圖3.2揭示的比例說明哪些人偏好民主、偏好非民主政權，或混合了在本書討論到的跨國性意見。[6]在已經建立民主機制的國家中，人們表現出壓倒性的態度支持民主，但即使在這樣的環境，有些人還是會在政權形式上的偏好表現出矛盾，而且有大約十分之一的人事實上是偏好威權形式的政府。圖中所描述的發展中國家，這圖像就更加混雜了。在俄羅斯雖然只有少數一部分比例的人偏好威權勝過民主制度，但也是最多支持威權人口比例的國家（·23％）。然而，在這些發展中國家中有相當數量的人民，給予民主與威權主義差不多的評價。圖中顯示的7個發展中國家裡面，只有奈及利亞與中國在多數民眾上清晰偏好民主。舉例來說，在巴西與墨西哥對民主就不是正面訊號，因為不到一半的公眾偏好民主勝過

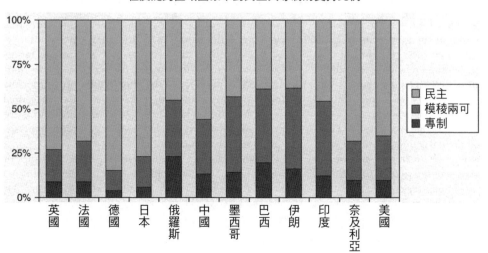

圖3.2 對民主的希冀

在廣泛跨區域國家中對民主與專制的支持比例

專制統治。雖然民主經常受到相對多數的支持，但是很清楚地，還是需要增加公眾對於民主的支持。

更進一步來說，我們應該更謹慎小心理解輿論調查所談論到對支持民主的全然表面價值觀。即使今日世界上大多數人民看起來都偏好於民主政治的過程，但是在他們對實際上民主如何運作的認知中，卻有很大的差異。舉例來說，在許多國家中的大多數公民都會全力支持民主概念中強調平等、不受限制的選舉以及自由，並以此拒絕強勢領導人的統治。但是在某些其他國家中，幾乎許多公民會將這樣的價值觀替代為他們對民主概念中的「法律與秩序」以及「經濟福利」而已。[7]回應「亞洲民主動態調查」（Asian Barometer Survey, ABS）[3]的問題——「對你個人而言，民主意味著什麼？」——顯示在社會主義的中國環境中，有相當多的人民將民主理解為就是樂善好施的政府。對很多中國式的民主，其意味著當政府在制定政策決定時，只要考慮到一般民眾的利益就可以了。這樣的觀念說明了政府採取行動時要遵照儒家傳統的「天命（惠民）」（Mandate of Heaven）思想，讓普通公民能夠利益共享，而這樣普遍的福利基礎則暗示著，能給帝國帶來存在的正當性。

此外，在口頭抽象上對自由與寬容表達支持，比起以實際行動支持將這些價值觀套用在政治對手上，要來得容易許多。文化也會使得這些原則如何應該使用，有很大的差異。在一些國家中，公眾表達本身對性別平等權的支持時，然後卻又接受伊斯蘭教規加諸於女性身上的限制。即使已經建立民主機制的國家，也會常常出現多數人對恐懼或不喜歡的團體施壓，拒絕原本允諾該給的全部民主權利[4]。現在依然如此，對民主強烈渴望的廣度，與我們對發展中國家過去的印象，是有很明顯的差異。這些模式看起來似乎再次應驗了阿馬蒂亞·沈恩所主張民主是人性基本上力求的——在幾年前許多學者都還質疑這樣的事情。[8]

政治文化的另一個面向就是個人在政治制度內的角色。社會學家一度認為在開發中國家的人們對政治毫不關心或甚至一無所知，因為他們只關心基本經濟的需求且缺乏管道來獲得政治訊息。[9]再次證明，這樣的印象在最近幾年也稍微獲得了改觀，因為研究中大量記錄了人們對政治的興趣，甚至在沒有預期的地方也如此（參閱專欄3.1）。民主的擴散以及全球通訊系統的發展，讓國內與國際政治都能連結到不斷增長的更廣大世界中。

然而，要實際參與政治往往會涉及積極公民權的資源、技能與規範，但在許多發展中國家卻相當缺乏。研究發現工業化、都市化以及改善生活水準有助於發展積極公民權的文化基礎。[10]透過工作、教育以及媒體可使個人接觸到現代性，

專欄 3.1　小小世界

即使深處窮鄉僻壤的環境，只要有一臺收音機，人們就能夠同步接收到印度孟買的炸彈爆炸案，也能追蹤俄羅斯莫斯科的政治危機問題……人們可能會對遠在自己國家邊界之外的議題選邊站。不論菲律賓獨裁統治者斐迪南‧馬可仕（Ferdinand Marcos）的老婆伊美黛‧馬可仕（Imelda Romuáldez Marcos）是否應該被起訴或是特赦；不論盧安達的種族大屠殺是否有可能被避免，這些都是能夠增添茶餘飯後閒聊興致的議題，這種討論規模之大，是非洲史上前所未有的……這樣的知識革命正在促使非洲變得不一樣，一些非洲領導人無法再讓民眾持續對本身權利保持無知蒙蔽，或是阻止他們要求並推動改變。由此，改變的戰慄，震動了整個非洲大陸。

資料來源：被布斯‧吉利撰寫內容所引用的烏干達官方資料，《統治權：國家如何贏得和失去正當性》（New York: Columbia University Press, 2009），第78頁。

除了可形塑個體的生命經驗之外，也可將其他社會相關的規範訊息傳遞出去。這會鼓勵公民參與、提升個人公平感、改善生活水準的慾望與延長預期壽命，以及以政策績效表現為基礎來判斷政府的正當性。這經常也會瓦解所熟悉的生活方式、具有正當性的傳統基礎，以及以政治安排來限制政的參與。除此之外，科學的世俗化影響力，可以改變經濟與社會體系，之後再重新塑造政治文化。當這股現代化趨勢滲入到整個社會裡面（或社會的一部分）時，就會感受到其強大的影響力。

第一章指出，這股現代化過程在全球各地的擴散並非完全均等的。近年來在東亞的經濟成長，正在改變其政治文化與政治行為。相形之下，現代化在非洲與阿拉伯國家的進展就顯得更加緩慢與不確定性。這些國家中的一些政治領導人甚至以與本身國家價值觀不一致為理由，而拒絕現代化的原則。然而，具有說服力的證據說明了接受現代化的社會與經濟環境，其改變了政治文化，並轉而強調自我表達、參與式價值觀與自主權。

政策層次

政府該扮演的適當角色是什麼？如果你請教政治理論家，你可能會得到一個範圍很廣泛的答案──從最小限度的國家政體到要求政策必須包含一切。而且如果你到其他國家去旅遊，很快就會發現人們在回答這樣的問題時，會有千奇百怪的答案。

輿論在探討哪些因素建立了好的社會以及政府扮演在獲得具有共識目標的角色時，都影響著國家的政治活動。政府是否應該管理經濟，或是應該讓個人的財

產權與市場力量來主導經濟的活動？國
家政體是否應該干預置入社會與道德議
題，或者應該使其遵循最低限度的策略
呢？民主國家對於應該選擇「大政府」
（big government）或「小政府」（small
government）持續不斷在爭論，以及在
以社會主義或以市場為基礎的經濟之間
爭議著，這些都顯示出人們對於政府的
規模存在著非常大的歧異。

　　我們可以顯示這樣的差異在政策預
期上，運用一些輿論調查的問題來詢問
以下觀點：政府應該要負責任為每個人
提供所需，亦或個人應該要負責為自己
所需而努力（參閱圖3.3）。這樣輿論顯
示的結果差異相當大；比起大約只有五
分之二的美國人、加拿大人、英國人與
法國人認為政府要負責任，卻有超過四
分之三的俄羅斯人認為這是政府應該要
負的責任。大致來說，發展中國家以及
東歐前共產主義國家的人們，大多比較
支持一個大政府的角色——這反映出他
們的社會情境以及過去的政治意識形
態。在一些西方國家中，傳統上政府就
已經涵蓋大部分的角色了。然而，一般
而言，支持政府的行動也會隨著國家富
裕程度的上升而普遍下降。[11]

　　政策的期望也會涉及到對特別議題
的需求。事實上，本書所研究的每個國
家，一開始都是討論該國面臨的政策挑
戰以及對公共議題的關注。所訂定的政
治議程是反應到位的政府所應表態的。

　　有些政策目標，諸如經濟福祉就幾

圖3.3　誰該負責？

在某種程度上是否認為政府應對個人的福祉負責，這樣的信念差異很大

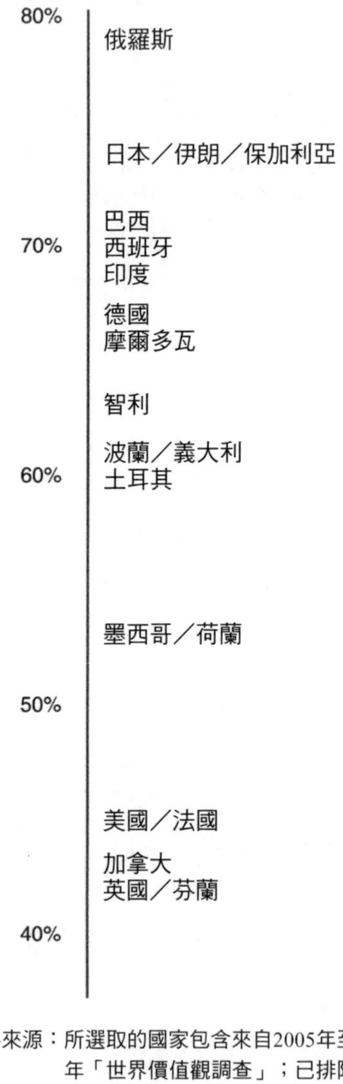

%	國家
80%	俄羅斯
	日本／伊朗／保加利亞
70%	巴西 西班牙 印度
	德國 摩爾多瓦
	智利
60%	波蘭／義大利 土耳其
	墨西哥／荷蘭
50%	
	美國／法國
	加拿大 英國／芬蘭
40%	

資料來源：所選取的國家包含來自2005年至2008年「世界價值觀調查」；已排除了遺漏值的百分率計算。本內容已獲得世界價值觀查協會授權使用。

乎被每一個人視為該重視的價值。但是提到其他的政策目標時，不同國家之間的關心程度可能差異非常大，可能是因為每個國家的情況或文化傳統所導致。發展中國家的人們更有可能去關注政府基本服務上的生活物資來確保公共福利。在先進工業化社會中，人們可能相對上會更加關心生活品質的目標，像是自然的保護以及甚至政府對藝術的支持。[12]基本測量政府表現的績效就是政府是否有意願以及能力來達到其公民所希冀的政策期望。

另一種期望則是涉及到政府的功能。有些社會放了非常多的期望在政府的政策上，像是提供福利與安全。有些社會可能還會強調這些過程如何運作，裡面涉及到像是法規與程序正義的價值問題。舉例來說，在德國人之中，法規扮演非常重要的角色；在許多發展中國家，政治關係是以個人為基礎來建立，所以較少有意願依靠法律框架來做事。

共識性或衝突性的政治文化

雖然政治文化在一國之中具有很普遍的特徵，但是國內的價值與信仰可能充滿了歧異。政治文化可能在公共政策議題上的觀點具有共識或衝突，更基礎的層面，甚至在政府與政治安排上的觀點，都可能會出現共識或衝突。在一些社會中——因為在歷史、情況與認同上具有差異——人民之間產生了嚴重分歧，往往發生在政權的正當性以及主要問題的解決方式上。[13]

當一個國家在本身政治價值及其一些不同的堅持，很深刻地被區隔一段時間後，就可能會發展出具有明顯差異性的「**政治次文化**」（political subcultures）。這些在次文化中的人們可能會持有極端的不同觀點來看待某些關鍵的政治事物，像是國家的疆界、政權的本質以及符合公認準則的意識形態。他們可能會與不同的政黨與利益團體結盟，閱讀不同的報紙，以及甚至可能有獨立的社會俱樂部與運動團隊。

在某些情況中，歷史的或是社會的事實，有時候會被具有野心的政治領導人所操弄，而產生不同的文化軌跡。舉例來說，在世界上許多地方的族群、宗教或是語言的認同，都形塑了公民帶有潛在性重要政治結果的價值觀。[14]甚至，當這樣的團體增加了本身的政治本領與自我認同時，他們可能會受到鼓舞來表達自己的認同與要求平等的對待方式。事實上，在全球化的過程中可能就會凸顯這些文化的差異。[15]那些政治次文化地方一致性呼應了族群、語言與宗教差異的地方——例如在北愛爾蘭、波士尼亞與黎巴嫩——這樣的分裂可能會一直持續下去且具有威脅性。南斯拉夫聯邦的分裂，及其朝向族群特定地區獲得自治權或是脫

離聯邦的衝動性動員（就像在蘇格蘭或非洲的分離主義運動），都反映出了語言、文化與歷史記憶這持久的力量能夠創造與維持民族感與國家認同。接觸到其他文化的價值觀時也有可能會強化或危及個人的自我形象，而這也許會升高文化的緊張程度。雖然，這樣的接觸最後可能都會出現更多的相互包容，但是卻無法擔保結果一定是如此。

為何文化很重要

3.2 解釋何以一個國家的文化模式可以形塑其政治制度。

政治文化無法解釋政治上相關的一切。即使擁有相似價值觀與技能的人們都可能會行為有所出入，更何況不同人在面對不同情境時的表現。不止政治文化很難──文化價值觀的政治意涵也很難──完全無法改變。然而一般而言，文化規則變遷很緩慢，並反映出穩定的價值觀。因此，政治文化是很重要的原因，主要因為其概述了一個社會中的歷史、傳統與價值觀。為了要理解在一個國家內的大多數人們在政治上如何思考與行動，我們可以先從了解其政治文化開始著手。政治文化可以創造具有共識的政治社群，而這也是政府所希望的目標之一。

此外；一般而言，文化模式的分布是與人們所期待或支持的政治過程之類型有所關連。這就是「一致性理論」（congruence theory）的原理。舉例來說，一個社會如果有比較多的參與式政治文化；一般而言，其支持民主制度的比例會比較高。威權主義的國家政體更有可能會持續讓民眾保持缺乏技能或是動機來參與，而且國家並不鼓勵人民參與。這些文化規範表明了政治制度中的「遊戲規則」，而當人們接受這些規則時，這制度會運作得更好。在政治結構與政治文化能相互補強的地方，就比較容易出現一個穩定的政治制度。

我們可以用介於政治文化與一國民主發展之間的關連性來闡述一致性理論的邏輯（參閱圖3.4）。圖中水平軸顯示的是公眾是否堅持「有助於解放的價值觀」來強調表達的自由、包容與個人自主性，進而將此轉化為鼓勵公民變得更民主參與。克里斯蒂‧韋爾澤主張這些價值觀反映出我們先前討論過的民主與參與式的規範。[16]垂直軸顯示的是國家的民主發展，內容依據世界銀行2011年的發言與問責能力指標，對不同國家民主程度所進行的檢測。大約有100個國家被標示於圖上，而本書中研究所提及的國家會用較大的圓圈表示[5]。雖然沒有完全一致，但是你還是可以看見公民的價值觀與民主發展有諸多重疊的部分。那些擁有較低解放價值觀的國家在其政治結構顯得相對分散，因為菁英大多維持一種威權國家政體的形式，如同中國與俄羅斯；有些國家，像是印度，則是維持比我們預

圖3.4　文化重要性

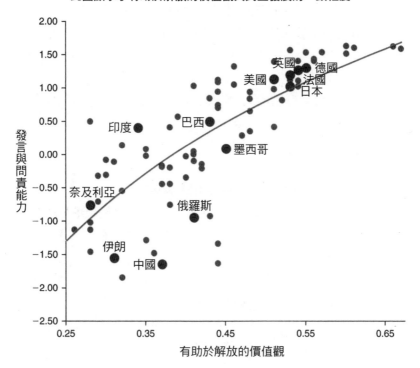

此圖顯示了有助於解放的價值觀與民主發展的一致程度

資料來源：作者設計；「有助於解放的價值觀」的測量是使用了「世界價值觀調查」在1999年至2004年與2005年至2008年之間，詢問有關支持表達自由與機會平等的問題；「發言與問責能力」的2011年指數是來自於「世界銀行」的指標數據資料。

期還要來得民主的制度。隨著愈來愈多承諾給公眾的解放價值觀，民主制度也會變得更加根深蒂固。

　　是因為民主所以創造出一群參與民主的公眾，或者這樣的政治文化導致民主政治的制度呢？兩者皆會發生。舉例來說，在二次世界大戰剛結束之際，德國人比較不支持民主，但因為政治制度與政治經驗使然，也改變了下一代的政治文化。[17]同時，在經濟大蕭條（Great Depression）與二次世界大戰期間的緊張局勢中，英國的民主也延續了下來，至少有一部分原因是英國的公眾支持了民主的過程。一個重要的結論是，在政治文化與政治結構之間，經常具有關連性。

　　除了形塑政治制度的結構之外，一個國家的政治文化同時也會影響政治風格與政策制定的內容。我們先前已強調過，一個政治文化中的政策要素可以如何影

響政策的內容。此外，研究也主張文化因素，像是社會信任與參與，會影響到政府的效率與效能。[18]

最後，文化也可能會分裂國家與世界上的不同區域。塞繆爾‧杭亭頓依照各自宗教與文化傳統的定義，將世界劃分為不同的文明區塊。[19]然後他預測這些文化差異可能會成為本世紀主要的國際衝突來源。然而，其他研究也顯示，不同文明之間最主要的差異在於與其他人共享的某些價值觀，包括對民主的支持與否。[20]雖然文化可能會有分裂的力量，但是當人們互動與學習彼此分享的價值時，文化也會具有建構共同政治社群的潛力。

政治社會化

3.3 討論何以文化規範與政治制度是相互關連的。

當人們採取本身的態度於價值觀時，政治文化就會被延續下去或是改變。**「政治社會化」**（political socialization）指的是政治價值觀如何被形塑與政治文化如何世代相傳下去的方式。大多數孩童在進入青少年時期後，獲得本身基本的政治價值觀與行為模式。[21]這些態度中的一部分將會在他們成長過程中不斷演進與改變，而有些態度則將會一直維持成為他們政治自我中的一部分。

在任一特定時間來看，一個人的政治信念都是各種感受與態度的混合體。從最深的層次來看，有著基本的認同，像是國族主義、族群或是階級的自我印象、宗教與意識形態的承諾，以及社會中權利與義務的基礎概念。從中間的層次來看，人們發展出本身對政治與政府制度的態度。最後，也就是從表面的層次來看，還有更多針對當前時事、政治、議題與人性的立即式觀點。所有的態度都可能會改變；在第一（深）層次的那些態度通常是最早被學習到的，也都是最常被強化的，並且最有可能延續下去的。但是即使如此，這些也可能在不同情境與不同領導人之下，以不同的形式連結到政治認同上。[22]

有三個關於政治社會化的觀點值得注意。首先，社會化過程可能會以不同的方式發生。**「直接社會化」**（direct socialization）涉及個人明確的受到政治在交流溝通訊息、價值觀或感受的影響。直接社會化的例證包括學校的公民課程、政府推行的公共教育計畫，以及利益團體與政黨所散發的政治宣傳運動。而共產主義政治制度也會大量運用直接教條式的洗腦計畫（參閱專欄3.2）。當政治觀點不經意的受到我們的經驗塑造時，就會出現**「間接社會化」**（indirect socialization）。舉例來說，孩童一般都會透過觀察自己的家長、教師與朋友的行為學習到重要的政治價值觀。亦或人們也可能會藉由觀察自己周遭的政治與社

會脈絡，與注意政府在做什麼以及其他公民的反應來學習政治價值觀。

　　第二，社會化是一個終身都在進行的過程。早期家庭的影響能夠建構個體一開始的價值觀，但是隨後的人生經驗——例如接受加入新的社會團體或是新的政治團體、從一個社區搬到另外一個、社會地位的爬升或下降、成為一位家長、換新工作或失業等——都可能改變一個人的政治觀點。更戲劇性的經驗——像是遷居到新的國家、遭遇經濟衰退或是戰爭——甚至可能改變原本的基本政治態度。這樣的事件似乎特別對年輕人造成重大影響，但其他不同年齡層的人也或多或少都會受到影響。

　　第三，社會化可能會有一致或不同的類型。舉例來說，政府設置公共教育系統，想要塑造單一的國家政治文化。有些事件，像是國際衝突或是某個受歡迎的公眾人物過世，都可能會造成幾乎全國的影響。相形之下，一個社會中的次文化可能會有其獨特的社會化模式。社會團體會提供給其成員屬於自己的報紙、居家附近的鄰近團體，甚至他們設置的學校有可能會建構一套獨特的次文化態度。社會化的區隔模式，可能會導致一個國家當中的成員之政治歧異化。

專欄 3.2　價值觀的社會化

　　前共產主義東德會替8年級學生舉辦一個特別的典禮[6]，以標示其將通往成人之路。典禮的核心，就是要確認以下四個問題：

· 身為德意志民主共和國的年輕公民，你是否已準備好要為社會主義偉大與高尚的目標，付出忠誠的努力與戰鬥，並榮耀人民留下來的革命遺產呢？
· 身為工人與農民主導國家政體的兒女，你是否已準備好要追求更高的教育、培養你的心智、成為你行業的領頭者、不懈怠學習，並且運用你的知識追求我們偉大的人道主義理想呢？
· 身為社會主義社群榮譽的一員，你是否已準備好要與同志攜手合作，相互尊重與支持，並且總是將你個人幸福的追求結合在對所有人的幸福追求上呢？
· 身為真正的愛國者，你是否已準備好要深化與蘇聯的友誼關係，加強我們與其他社會主義國家的兄弟情誼，為國際共產之無產階級精神奮鬥，維護和平，針對帝國主義的侵略而捍衛社會主義呢？

政治社會化的中介機構

3.4 描述政治社會化的機構及其形塑政治價值觀的角色。

我們如何學習到本身的政治態度呢？所有社會中的個人都會受到「**政治社會化的機構**」（agents of political socialization）影響：包括影響我們政治態度的個體、組織與制度。有些像是學校的公民課程，都是政治學習的直接與間接來源。其他像是幼兒園、親子活動團體以及工作團體也都是間接產生政治社會化的來源。

家庭

什麼是你最早期的政治記憶？這有可能發生在當你還是個與自己家長住在一起的小孩階段。我們大多數人第一次學習到政治是透過家長。舉例來說，家庭具有獨特的影響力形塑小孩對權威的態度。參與家庭的決策過程可以增進孩童政治才能的感受，且提供政治互動與鼓勵小孩像成人一樣在政治體系中積極參與。同樣的，毫不質疑地順從家長的決定可能會導致孩童形塑出一個更被動的政治角色。

家庭也可以藉由為小孩定義一個社會位置以塑造其未來的政治態度：諸如建立族群、語言、階級與宗教連結；確認所肯定的文化價值觀；影響工作的志願偏好等。舉例來說，在已建立的民主國家中，就像其他社會認同一樣，許多人也都會從自己的家長那裡承繼政黨的忠誠性。

社會團體與認同

我們的社會特徵也會形塑人的政治傾向，因為我們的特質反映出了不同的社會需求、經驗以及社會網絡。舉例來說，一個人的階級或職業可能會影響他的生存機會與政治傾向。如同一個景象可說明，英國的工業化創造出了居住在某一特定環境區域、在同樣的工廠上班，以及會上同樣類型酒館的「勞動階級」（working class）。這樣的勞動階級發展出一套他們自己的談話、穿著、休閒與娛樂模式及其社會組織（像是社群俱樂部、產業工會以及政黨）。除此之外，工會提供了一個組織的基礎來通知他們的會員有關現今政治的訊息。同樣的，在許多低度發展國家的鄉村農民之生命經驗，與城市居民的生命經驗，有著南轅北轍的差異。這些社會的分歧往往具有政治性的關連；將自己認同為是勞動階級或是農民的一分子，會導致與能夠代表本身利益的團體產生連帶關係，並且接受這些有所區隔的政治觀點來認知哪些是政府應該採取的行動。

　　世界上的宗教同樣也是文化與道德價值觀的承載者，而這往往也具有政治上的意涵。主要宗教的領袖也會將他們自己視為是導師，而其信徒通常也會試圖透過上學授課、傳道與進行宗教服務來形塑自己孩童的社會化。在大多數國家中，占據主流的宗教與政府之間經常有正式的連帶關係。在這些狀況中，宗教的價值觀與公共政策之間常常是重疊的。舉例來說，天主教國家往往不太有可能會擁有自由的墮胎政策，就像是伊斯蘭政府會履行絕對的道德規範一樣。宗教的附屬單位常常是政黨展現成果時的重要資源，而且也能夠指導民眾做出其他的政治選擇。

　　傳授價值觀的教堂也有可能會與具有控制力的政治制度產生不合之處，會為了社會化的爭執上而可能變得緊張。這些緊張關係也可能會在各種各樣的形式中發生：在法國教育體系中有著世俗的（secular）與宗教的角色之間的衝突；許多經常上教堂做禮拜的美國人會努力重整宗教信仰者到公立學校，或是非洲突尼西亞以及埃及的伊斯蘭基本教義派者與世俗政府之間的衝突。在這些案例中，宗教團體可能會抵制抗爭國家政權的政策，甚至是與國家政權敵對。[23]

　　除此之外，性別也會形塑社會經驗與生存機會，而且在許多國家中，還能提供人們了解相關議題利益與政治角色的線索。在許多工業化國家中，政治上的性別差異已經縮小許多，但是在低度發展國家仍然持續存在這現象。[24]當代的女權運動鼓舞了女性在政治上變得積極，且鼓勵女性如何與政治產生關連並成為改變社會的關鍵角色。性別縮小了差異，尤其在自我形象、家長角色以及經濟與政治制度中的關係，正在影響政治人才甄補、政治參與以及公共政策的模式。特別是在開發中國家，女性角色的改變可能會對社會現代化產生影響，並進而改變政治價值觀。[25]

　　社會認同往往也與具有某種族成員身分或族群團體所連結。不論是在美國的非裔美國人、居住在倫敦的巴基斯坦族人或是來自在南非的亞洲的商人，他們種族的獨特外表都會定義本身的社會與政治認同。以族群或種族為導向的團體，會為這些社群成員提供社交線索與訊息。在許多案例中，他們的認同會創造出一種互動與生命經驗的社會網絡來形塑本身的價值觀，就像是特殊團體在政治過程中表達出自我的利益，以及為政治社會化與教育提供一個網絡平臺。

學校

　　學校往往是政治社會化很重要的一個媒介。學校教導孩童有關政治及其本身在過程中所扮演的角色，並且提供小孩政治制度與所處關係的訊息。學校能夠形

塑有關政治制度、政治遊戲中的角色、公民的適當角色，以及相關政府所期待的態度。一般而言，學校會增強對政治制度的依附關係以及強化共同的符號象徵，諸如國旗與效忠宣誓，來鼓舞情感上對制度的依附連結。

當一個新的國家成立時，或是革命政體在舊有的國家政權中取得了權力，其通常會轉向學校將其當作是一種工具，以與新意識形態更加一致的價值觀或符號象徵，而取代「過時的」東西。

在一些國家中，教育系統不會提供單一的政治社會化內容，但會傳遞給不同團體幾乎完全不同的訊息。舉例來說，在一些穆斯林國家學校系統中，會將女孩與男孩區隔開來。即使教育經驗是平等設定的，但是區隔卻會造成差異的經驗與期待。甚至，教育的內容往往在男孩與女孩之間是不同的。或許最糟糕的案例發生在塔利班（Taliban）政權統治下的阿富汗，有好幾年那裡女孩都被禁止上學。這樣對待女孩的方式，很嚴重地限制了她們的生存機會，並且導致她們將來在社會與經濟環境中只能扮演被嚴格限制的角色——這就是塔利班制度所意圖的結果。當前阿富汗政府推翻了這樣的政策，而且將女孩涵蓋到教育系統內，但如此的情況卻遭到該國境內部分地區的抵制。

教育也會影響人們的政治技能與資源。受過教育的人們會比較容易意識到政府在其生活中所造成的影響，而更加關注政治。[26]受過更好教育的人們，會有更多心智上的才能來改善本身管理政治世界的能力。他們也會擁有更多關於政治過程的訊息，並參與到更廣大範圍的政治活動。

同儕團體

同儕團體包括童年時期的玩伴們、朋友圈的小團體、中小學以及大學的兄弟與姊妹聯誼會、工作小團體，以及其他成員可以分享彼此親密連結的各種團體中。這些團體五花八門，像是定期在公園碰面的俄羅斯媽媽們、巴西街頭的幫派，或是屬於同一健身中心會員的美國華爾街經理們。

同儕團體會藉由鼓勵成員分享與團體共有的態度與行為來進行他們的社會化過程。個體通常會遵從團體的集體判斷力或是採取同儕的觀點，因為本身喜歡或是尊重這些人。同樣的，一個人可能會因為親密朋友對政治的參與，而跟著就涉入其中。同儕人際網絡中的一個案例就是國際青年文化受到搖滾樂、T恤以及牛仔褲（而且往往接受更自由的政治價值觀）的符號象徵所影響。有些觀察者宣稱共產主義行政官員無法將蘇聯與東歐年輕人塑造成馬克思列寧主義理想中的「社會主義人格」，是因為這種青年文化扮演了非常重要的角色。同樣的，「光頭

黨」（skinhead）團體萌發在許多西方國家底層階級中的年輕人當中，也讓他們因為同儕互動關係的強化，而接受了這樣的政治觀點。

利益團體

利益團體、經濟集團以及其他相似的組織都可能形塑人們的政治態度。在多數工業化國家中，產業工會的興起改變了政治文化與政治事務、創立了新的政黨，並且引領了新的社會福利計畫。今日，工會基本上都會主動參與政治的過程並且試著說服他們的成員參與政治事務。其他不同職業的協會——像是農民與從事農業生產者、製造業者、批發與零售業者、醫療學會以及律師團體等——也會經常性的在現代化與經歷現代化過程的社會中來影響人們的政治態度。這些團體會以捍衛他們在經濟與專業上的利益，確保成員的忠誠度。他們也會提供有價值的政治線索給那些可能認同團體利益或政治意識形態的非成員。舉例來說，當一個不論你是否喜歡（或不喜歡）的團體公開地支持某個政策時，這樣的支持就會提供相關政策可能內容之訊息。

那些用來定義是否為公民社會的團體，往往也是社會化潛在的機構。這些團體可能會包含族群組織、兄弟與姊妹聯誼會、公民協會（像是家長——教師協會），以及政策團體（像是納稅者協會、女性團體以及環保團體等）。這樣的團體都會提供有價值的政治線索給他們的成員，並且試著強化其特定的社會與政治傾向。他們也會提供情境來學習有關如何在小團體中制定出最後能延伸至政治當中的政治選擇。

在民主國家中，我們認為利益團體能夠表達出本身成員的價值觀。但是在威權主義的國家政體中，利益團體卻可能成為幫助政府宣傳給團體成員的媒介。舉例來說，越南有個活動力很強的社會團體網絡，可以將個體社會化成共產主義政權希望的規範中，不同的是美國的公民社會團體是被視為民主建構組織來對待。

政黨

不論是民主或非民主制度中的政黨，一般在政治社會化中都會扮演重要的角色（也可參閱第四章）。在民主體制中，政黨會試著形塑議題的偏好、燃起政治冷感民眾的熱情，以及找尋新議題來動員民眾支持。政黨代表會提供公眾對於當前議題持續知悉的訊息量。政黨組織也會定期地接觸選民，直接或透過大眾媒體倡議其立場。藉由強調與倡議政治議題上不同的立場，政黨連結了大量特殊議題的內容至政治論述中，討論國家未來的政策。公民可以在與個人利益有關的一些政策上，學習到大量的內容細節，但是要任何一個人把國家可能會面臨到的具有

潛在性重要之政治決策，全部都記在腦海裡，這是不可能的——而這也會讓人際之間的互動變得很複雜。在經驗豐富的民主國家中，政治論述的形塑，可以藉由政黨將其變得簡易來傳遞給公民，便於在具有可能性的選擇路徑中，來定位彼此以及進行選舉投票。在經驗豐富的工業化民主國家中，大多數公民都可以將自己放置在一般都能理解的論述環境中，如同需要在意識形態測量尺度中將自我認同為是「左或右」派。他們一般也會同意不同政治團體所被歸類的位置。平均而言，公民、政黨支持者以及許多不同的專家觀察者，即使他們可能不完全一致同意那個位置可能是最好的，但大部分都還是會同意政黨的定位。在新興的民主國家中，如同那些在東歐與亞洲的新興國家，在政黨定位上的討論比較少具有一致性的共識。[27]除此之外，每隔幾年，選舉就可能讓政黨呈現其完成的成果以及討論國家政治的未來。選舉可以被看成像是國家的公民課程，而政黨就像是授課教師。而當政黨在建構一個可以組織與形塑公民在政策上具有偏好的論述時，投票者就可以運用選舉來形塑政策的方向。

　　黨派的社會化也可能是製造社會分裂的力量。他們努力爭取民眾的支持，政黨領導人可能會訴諸階級、語言、宗教以及族群的分裂來使得公民更加意識到這些差異。在歐洲國家有許多新興的民粹主義右翼政黨（populist right parties）會強調國家認同與歧視行為。同樣的，印度的國大黨也試著發展一個國家計畫與訴求，但是其他政黨卻強調族群與宗教的分歧。前工業化國家中的領導人往往會反對政黨的競爭，因為他們會擔心這樣的社會分裂。雖然有時候這是個很真心的擔憂，但這往往也是為了政府領導人本身的利益考量，而面對當代對多黨制度的需求，這也會愈來愈困難合法地站得住腳。

　　威權主義的政府常常會運用強力主張單一政黨的概念，來反覆洗腦國家一體性、支持政府與意識形態達成一致的共同態度。單一政黨的整合力量與控制媒體的威力是很強大的：媒體呈現出一言堂的觀點，而且政黨藉由將公民直接捲入這些活動，來強化這些觀點。在一個封閉的環境中，一黨執政的政府可能會成為一個非常強而有力的社會化機構。

大眾媒體

　　大眾媒體——包括報紙、電臺、電視與雜誌——在全球環境中，是用來積極社會化國家的態度與意見之中介。一般而言，大眾媒體是每日政治議題上的訊息之主要來源。實際上沒有任何一個地方可以遙遠到讓人們缺乏方法來獲得其他地方發生的事件之訊息來源——在富裕的國家中，公眾可以連接網路上網；伊朗的

住宅房屋也安裝了接收訊息的衛星天線；即使是在第三世界國家中那些遠離都會區以外的社區，價格不高的收音機（或者甚至有智慧型手機）也到處都可以看得到。

有一件事情可能是世界上大多數人都曾共享過的：我們坐在電視機前面來理解世界的樣子。電視利用其視聽效果來刺激觀感，可能會對廣大的收看觀眾產生具有很強的認知與情感影響力。從電視上所看到的事件——如同像是政府事務或是敘利亞內戰的傳播——會讓新聞變得很有真實感。直接這樣觀看世界，也會形塑我們的政治態度。

今日網路提供了另一個強力的來源讓人們獲取新聞。[28]網路提供了一種前所未有以全球規模為平臺的管道讓人得到資訊，尤其是在那些通常在媒體自由受到限制的發展中國家。一個人可能很難跑遍世界上所有的城市之後，還看不到任何一座網咖或是可無線上網的地方。同時，網路賦權給個人與其他人產生連結，並且能夠發展社會與政治網絡關係。這就是為什麼獨裁政府極力阻撓人民不受限制的連結網路上網（參閱專欄3.3）。

當今世界上，獲取資訊的管道儼然已成為一種重要的政治商品。即使人們時常抱怨媒體的相關報導，但是西方民主國家還是給予媒體自由相當高的評價。在許多歐洲國家中，政府依然負責管理一些電視與廣播頻道，因為他們將媒體視為是一種公共服務。一般而言，獨裁政府會試圖控制媒體以及哪些是可以報導的內容，同時也控制大眾取得資訊的管道。在埃及，社交媒體的平臺提供了一種方法給反政府的抗議者來相互聯繫與組織，後來其政府就很迅速地關閉了網路上的連

專欄 3.3　中國的萬里長城防火牆

中華人民共和國比起世界上任何國家，其擁有最多使用網際網路的人口數，而這也是該政府官員所擔心的。中國「網民」（netizens）發現他們瀏覽在一個全世界最精密的網路言論審查機制之陰影下。規模龐大的網路警力監控著各個網站與電子郵件。從技術層面來看，將中國連接到全球網際網路的閘道，會過濾進出中國的流量。即使是網咖現在也都被高度管制，必須獲得國家執照，而且所有網咖都配備著標準監控系統。谷歌（Google）是西方國家的一間公司，一開始就提供「關鍵字阻擋」（keyword-blocking）技術來預防人們進入冒犯中國政府的網站去。色情內容被阻擋，而一些像是「民主」（democracy）、「天安門廣場」（Tiananmen Square）等關鍵詞的搜索也被擋。在掙扎於言論審查機制一段時間後，谷歌透過香港的伺服器來重新定向中國大陸的使用者。但中國持續透過中國境內的搜尋引擎來限制網路管道。

結管道。在當今充滿網路與衛星天線的世界裡，政府要控制資訊的擴散是很困難的。

直接與政府接觸

在現代社會中，政府活動的範圍很廣，使得民眾很容易經常接觸各種的官僚機構。針對美國人的調查發現，大約有三分之一的人在上一年度曾經接觸過政府官員，而網路上與政府互動的現象更是驚人的大幅成長。[29]公民會接觸到範圍很廣泛的各種政府官員，從聯邦政府官員到州與地方的政府，與學校董事會以及警察。除此之外，政府也會用多到數不清的其他方式來接觸我們的生活，從經營公立學校到以支票形式發放退休金等方式來提供社會服務。就好像在政治制度的功能以及政府在社會中所扮演的角色一樣，政府介入民眾每日生活的程度，以及因為需求而使得人民必須接觸政府，在不同國家之間大異其趣。

這些個人的經驗都像是一種有力的社會化機構，可能會被其他機構的呈現強化或減弱其印象。政府是否準時發放退休金支票呢？市府官員是否對公民的抱怨內容有所回應呢？學校教導孩童是否有成效呢？失業救濟辦公室是否協助人們找到工作了呢？高速公路是否養護良好呢？這些都是非常直接的資訊來源，來告訴我們政府的功能是否運作良好。不論人們在孩童時期已經學習到對政治制度如何正面的觀點，公民在日常生活中面對不同的真實事件後，都有可能改變本身的觀點。的確，介於意識形態與真實世界之間的矛盾，已經證明是東歐前共產主義制度的弱點之一。

本書中的特定國家章節介紹內容，都會分析造成政治社會化不同模式的幾種原因。政治社會化的來源，往往決定了在關於政治上該學些什麼內容。如果人們從教會那裡的朋友知悉到新的事件時，他們可能會與其他仰賴工作場合或是電視來獲取資訊的朋友那邊，聽到不一樣的內容。這些不同社會化機構所扮演的角色，以及他們傳遞的政治訊息內容，在不同國家之間也會出現制度性的差異。除此之外，國家有能力在世代傳承上成功地重建本身的政治文化，是政治制度能否產生永垂不朽的重要因素。最後，當新的元素被加入到政治學習的過程中時，文化就會產生變遷。因此，社會化能夠提供反饋機制，讓政治文化能夠延續下去或是產生改變。

形塑當代政治文化的趨勢

3.5 列舉並描述正在影響當今政治文化的三股力量。

　　政治文化存在屬於本身的某一特定時空背景中。公民的態度會由自己的經驗與政治社會化的機構加以形塑。然而在任何一歷史時期，都可能在許多國家中出現改變其文化的趨勢。我們年代的這股主要社會趨勢，同時反映出一般社會的發展與特定歷史的事件。

　　在過去這30年來，民主的主要新發展趨勢在關注東歐、東亞以及其他部分的發展中國家，這股「民主化」（democratization）趨勢除了反映出長期以來對現代化的回應之外，同時也是對當前現況的一種立即反應。當公民的技能與政治資源不斷發展時，提出要求擁有更多政策制定的參與（至少非直接參與）會變得更有可能，而現代化就會逐漸地削弱非民主意識形態的正當性。最近，許多國家的民主化看起來似乎受到了威權主義力量的影響，而顯示了或甚至經歷了倒退現象。具有諷刺意味的是，當民主已經開始要在新興民主國家中扎根時，許多西方民主國家的公民卻愈來愈對本身的政治人物（政客）與政治制度產生質疑。在1964年，有四分之三的美國人表明自己對政府信任；到了2012年，只有不到五分之一的人會這樣公開說——而這樣潛在的不滿意識在西歐與日本也不斷在擴散中。[30]在此同時，在多數西方民主國家中，公開對民主規範與價值觀表示支持的聲音也與日俱增。因此，當政治人物或政黨未能滿足這些民主理想時，大眾便會批判討伐他們。雖然這樣憤世嫉俗的犬儒主義（cynicism）會對民主國家的政治人物造成壓力，但是卻也可以迫使民主持續地改善與調整，而這最終正是民主最強大的力量。

　　另一個主要影響許多政治文化的趨勢就是朝向「市場化」（marketization）的轉變——亦即是，大眾愈來愈接受自由市場與私人利益的誘因機制，而不是政府管制的經濟。早期顯示在許多西歐國家以及美國，於1980年代開始吹起這樣的轉向發展，因為當時他們的經濟正面臨嚴重的效率不彰等一連串問題，而導致經濟成長停滯。英國的瑪格麗特‧柴契爾（Margaret Thatcher）夫人與美國的羅納德‧雷根（Ronald Reagan）總統[7]，都因主張縮小政府規模，而受到廣大公眾的支持並取得政權。輿論調查顯示，在這些國家中的許多人民覺得政府不應該為個人福祉承擔起最終的責任（再次參閱圖3.3）。

　　就像當西歐開始質疑政府在經濟中所扮演的角色時，東歐與甚至是中國發生的政治變遷，卻開始強化了朝向市場化的趨勢[8]。因為共產主義可以指揮經濟，將其幾乎獨占性地控制在國營企業與政府機構中。政府同時決定工資與商品價

格，並主導經濟活動。但由於這些經濟制度的崩潰或是替代，因此給了公眾全新動力來支持市場化。

「**全球化**」（globalization）是另一種影響許多國家政治文化的趨勢。不斷增長的國際貿易與國際交流有助於將整體國際體系的價值觀擴散出去。因此，隨著國家變得更參與到全球經濟與全球國際體系時，某些規範的發展——像是人權、性別平權與民主價值觀——也會跟著增進。[31]人們也會知悉有更多廣博的機會存在於其他國家中，這像經濟改變一樣，也能激發文化的變遷。同時，全球化在許多國家已經變成一個高度分歧的政治議題，就像新的（有時候可能是舊的）政黨呼籲對移民設立門檻並且對會威脅到傳統職業的國際貿易採取保護主義。英國公民希望能抵制全球化這樣的基礎，而導致2016年公投決定脫離歐盟。然而「皮尤全球態度調查」（Pew Global Attitudes Surveys）持續在遍及全球的公民中為全球化尋求廣大的支持——尤其是在那些看起來全球化可以幫助提升生活水準與生存機會的發展中國家。[32]

結論

很明顯地，政治文化不是一種靜態的現象，所以我們對於政治文化的理解必須是動態的。這樣的理解必須包含政治社會化的機構如何與歷史事件以及傳統價值觀進行溝通交流與解釋。必須將這些因素放置一起，讓公民與領導人接觸如此新的經驗與想法。然而理解一個國家的政治文化是有其必要性，因為這些文化因素會影響公民如何行動，政治過程如何產生功能，以及政府應該追求怎樣的政策目標。

章後思考題

1. 政治文化的三個主要因素是什麼？
2. 為何政治文化如此重要？
3. 為何政治社會化的過程會是重要的？
4. 政治社會化的主要機構有哪些？請列出一些可能的社會化機構，然後任意跨選兩個在本書所涵蓋的不同國家，來比較其相對重要性。
5. 在當今世界上，文化變遷主要的趨勢是什麼？

重要名詞

政治社會化的機構

一致性理論

民主化

直接社會化

全球化

間接社會化

正當／合法性

市場化

政治文化

政治社會化

政治次文化

推薦閱讀

Almond, Gabriel A., and Sidney Verba. *The Civic Culture.* Princeton, NJ: Princeton University Press, 1963.

———, eds. *The Civic Culture Revisited.* Boston: Little, Brown, 1980.

Booth, John, and Mitchell A. Seligson. *The Legitimacy Puzzle in Latin America: Political Support and Democracy in Eight Nations.* New York: Cambridge University Press, 2009.

Bratton, Michael, Robert Mattes, and E. Gyimah-Boadi. *Public Opinion, Democracy, and Market Reform in Africa.* Cambridge: Cambridge University Press, 2004.

Dalton, Russell, and Christian Welzel, eds. *The Civic Culture Transformed: From Allegiant to Assertive Citizens.* Cambridge: Cambridge University Press, 2014.

Gilley, Bruce. *The Right to Rule: How States Win and Lose Legitimacy.* New York: Columbia University Press, 2009.

Horowitz, Donald. *Ethnic Groups in Conflict.* Berkeley: University of California Press, 2000.

Inglehart, Ronald, and Pippa Norris. *Sacred and Secular: Religion and Politics Worldwide.* 2nd ed. Cambridge: Cambridge University Press, 2011.

Inglehart, Ronald, and Christian Welzel. *Modernization, Cultural Change, and Democracy: The Human Development Sequence.* New York: Cambridge University Press, 2005.

Inkeles, Alex, and David H. Smith. *Becoming Modern.* Cambridge, MA: Harvard University Press, 1974.

Jennings, M. Kent. "Political Socialization," in *Oxford Handbook of Political Behavior*, ed. Russell Dalton and Hans-Dieter Klingemann, 29–44. Oxford: Oxford University Press, 2007.

Klingemann, Hans Dieter, Dieter Fuchs, and Jan Zielonka, eds. *Democracy and Political Culture in Eastern Europe.* London: Routledge, 2006.

Norris, Pippa, ed. *Critical Citizens: Global Support for Democratic Government.* Oxford: Oxford University Press, 1999.

Norris, Pippa, and Ronald Inglehart. *Rising Tide: Gender Equality and Cultural Change around the World.* New York: Cambridge University Press, 2003.

———. *Cosmopolitan Communications: Cultural Diversity in a Globalized World.* New York: Cambridge University Press, 2009.

Putnam, Robert. *The Beliefs of Politicians.* New Haven, CT: Yale University Press, 1973.

———. *Making Democracy Work: Civic Traditions in Modern Italy.* Princeton, NJ: Princeton University Press, 1993.

Rose, Richard, Christian Haerpfer, and William Mishler. *Testing the Churchill Hypothesis: Democracy and Its Alternatives in Post-Communist Societies.* Baltimore, MD: Johns Hopkins University Press, 2000.

Welzel, Christian. *Freedom Rising: Human Empowerment and the Quest for Emancipation.* Cambridge: Cambridge University Press, 2013.

註釋

1. This concept of legitimacy and its bases in different societies draws on the work of Max Weber. See, for example, Max Weber, *Basic Concepts in Sociology*, trans. H. P. Secher (New York: Citadel Press, 1964), Chapters 5–7.

2. Bruce Gilley, *The Right to Rule: How States Win and Lose Legitimacy* (New York: Columbia University Press, 2009).

3. Samuel Huntington, "Will More Countries Become Democratic?" *Political Science Quarterly* 99 (Summer 1984): 193–218.

4. Christian Welzel, *Freedom Rising: Human Empowerment and the Quest for Emancipation* (Cambridge: Cambridge University Press, 2013); and Russell Dalton and Christian Welzel, eds., *The Civic Culture Transformed: From Allegiant to Assertive Citizens* (Cambridge: Cambridge University Press, 2014).

5. Ronald Inglehart and Christian Welzel, *Modernization, Cultural Change, and Democracy* (Cambridge: Cambridge University Press, 2005); Russell Dalton and Doh Chull Shin, eds., *Citizens, Democracy, and Markets around the Pacific Rim* (Oxford: Oxford University Press, 2006); and Michael Bratton, Robert Mattes, and E. Gyimah-Boadi, *Public Opinion, Democracy, and Market Reform in Africa* (Cambridge: Cambridge University Press, 2004).

6. For the list of nations in the World Values Survey, see the project website: http://www.worldvaluessurvey.org.

7. C. Welzel and A. M. Alvarez, "Enlightening People," in Dalton and Welzel, 62–71.

8. Amartya Sen, *Development as Freedom* (New York: Knopf, 1999).

9. In prior editions, we discussed the differences between parochial, subject, and participatory roles, and the concentration of parochial roles in less developed nations. Current research leads us to consider this categorization as too stark, as technological and communications changes have spread political information and interest on a broad global scale.

10. Welzel, *Freedom Rising*.

11. Ronald Inglehart, *Modernization and Postmodernization* (Princeton, NJ: Princeton University Press, 1997), Chapters 6 and 7.

12. Ronald Inglehart, *Culture Shift in Advanced Industrial Societies* (Princeton, NJ: Princeton University Press, 1990).

13. Even within established Western democracies, there are internal differences in the appropriate role of government, the role of the citizen, and the perceived goals of government. See Ole Borre and Elinor Scarbrough, eds., *The Scope of Government* (Oxford: Oxford University Press, 1995).

14. W. Kymlicka and N. Wayne, eds., *Citizenship in Divided Societies* (Oxford: Oxford University Press, 2000); and Donald Horowitz, *Ethnic Groups in Conflict* (Berkeley: University of California Press, 2000).

15. Amy Chua, *World on Fire: How Exporting Free Market Democracy Breeds Ethnic Hatred and Global Instability* (New York: Doubleday, 2003).

16. See Welzel, *Freedom Rising*.

17. Kendall Baker, Russell Dalton, and Kai Hildebrandt, *Germany Transformed* (Cambridge, MA: Harvard University Press, 1981).

18. Robert Putnam, *Making Democracy Work: Civic Traditions in Modern Italy* (Princeton, NJ: Princeton University Press, 1993); and Robert Putnam, *Bowling Alone: The Collapse and Revival of American Community* (New York: Simon & Schuster, 2000).

19. Samuel P. Huntington, *The Clash of Civilizations and the Remaking of World Order* (New York: Simon & Schuster, 1996).

20. Pippa Norris and Ronald Inglehard, "Islamic Culture and Democracy: Testing the 'Clash of Civilizations' thesis." *Comparative Sociology* 1 (2002): 235–264.

21. See Gabriel A. Almond and Sidney Verba, *The Civic Culture* (Princeton, NJ: Princeton University Press, 1963), Chapter 12; and M. Kent Jennings, Klaus R. Allerbeck, and Leopold Rosenmayr, "Generations and Families," in Samuel H. Barnes, et al., *Political Action* (Beverly Hills, CA: Sage, 1979), 485–522.

22. See, for example, Daniel Posner's analysis of the different political activation of the same tribal identities across the borders of Malawi and Zambia, "The Political Salience of Cultural Difference: Why Chewas and Tumbukas Are Allies in Zambia and Adversaries in Malawi," *American Political Science Review* 98 (2004): 529–546. More generally, see Kanchan Chandra, ed., *Constructivist Theories of Ethnic Politics* (New York: Oxford University Press, 2012).

23. Such fundamentalism is often a defensive reaction against the spread of scientific views of nature and human behavior, and the libertarian values and attitudes that accompany these views. The influence of fundamentalism has been most visible not only in Muslim countries but also in Christian countries. Broadly speaking, fundamentalism seeks to raise conservative social, moral, and religious issues to the top of the contemporary policy agenda.

24. Pippa Norris and Ronald Inglehart, *Rising Tide: Gender Equality and Cultural Change around the World* (New York: Cambridge University Press, 2003).

25. Martha Nussbaum and Jonathan Glover, eds., *Women, Culture, and Development* (New York: Oxford University Press, 1995).

26. For example, see Sidney Verba, Norman H. Nie, and Jae-on Kim, *Participation and Political Equality* (New York: Cambridge University Press, 1978); and Pippa Norris, *Democratic Phoenix: Reinventing Political Activism* (New York: Cambridge University Press, 2003).

27. See Russell J. Dalton, David M. Farrell, and Ian McAllister, *Political Parties and Democratic Linkage: How Parties Organize Democracy* (New York, Oxford University Press, 2011), especially Chapters 4 and 5.

28. Pippa Norris and Ronald Inglehart, *Cosmopolitan Communications: Cultural Diversity in a Globalized World* (New York: Cambridge University Press, 2009).

29. Aaron Smith, Kay Lehman Schlozman, Sidney Verba, and Henry Brady, "The Internet and Civic Engagement," Pew Internet and American Life Project (Washington, DC: Pew Research Center, September 2009) (http://www.pewinternet.org).

30. Pippa Norris, *Critical Citizens: Global Support for Democratic Government* (Oxford: Oxford University Press, 1999); and Russell Dalton, *Democratic Challenges, Democratic Choices: The Erosion of Political Support in Advanced Industrial Democracies* (Oxford: Oxford University Press, 2004).

31. Wayne Sandholtz and Mark Gray, "International Integration and National Corruption," *International Organization* 57 (Autumn 2003): 761–800; and Mark Gray, Miki Kittilson, and Wayne Sandholtz, "Women and Globalization: A Study of 180 Countries, 1975–2000," *International Organization* 60 (Spring 2006): 293–333.

32. Pew Research Center, Global Attitudes and Trends, "Faith and Skepticism about Trade, Foreign Investment," September 14, 2014.

譯者註

[1] 原著第40頁文字所撰寫國家包括了「越南」，但因與原圖3.1內容有出入，因此本譯著未將其展示在文本中。

[2] 摩爾多瓦是東歐一個內陸國家，領土與羅馬尼亞以及烏克蘭接壤。

[3] 「亞洲民主動態調查」也常被譯為「亞洲晴雨表調查」，總部設在臺灣的臺北，為國立臺灣大學社會科學院「胡佛東亞民主研究中心」（Hu Fu Center for East Asia Democratic Studies）主要的調查研究。

[4] 就像是托克維爾所謂的「多數暴力」（violence of majority），以優勢群體的姿態行使對少數群體的平等人權之迫害。

[5] 原著版本在第45頁顯示為以「紅色圓圈」來標記，但由於翻譯版本並非彩印，因此改以不同方式表達，但表意內容與原著一致。

[6] 本著作為美國版本，因此以美國8年級來推估，大約是臺灣的國中3年級階段，年齡則與國中2年級相似。

[7] 柴契爾夫人與雷根總統其經濟政策的導向，後來常被歸為屬於「新（古典）自由主義」（Neoliberalism）學派。

[8] 中國2018年3月在政治上轉為非民主方向趨勢，經濟上因為衝擊與增長減緩而開始出現回歸國營替代民營的現象，因此朝向真正市場化方向仍有諸多距離。

第四章

利益代表、利益團體與政黨

學習目標

4.1 定義利益表達的意思，以及提供例證說明不同社會中的利益表達方式。

4.2 解釋三種個人可以參與政治制度中的方法。

4.3 列舉四種利益團體的類型並提出案例說明。

4.4 描述一個公民社會的特質與益處。

4.5 識別並描述利益團體系統中的三種主要類型，並提供案例說明普遍存在於不同國家中的每一種類型之案例。

4.6 比較並對比具有實質競爭性與威權式政黨制度的差異，及其在利益匯集中所扮演的角色。

4.7 討論選舉制度的類型及其與選舉競爭模式的關連性。

4.8 描述不同具有實質競爭意義的政黨制度之特色。

4.9 比較並對比排他性與包容性威權式政黨制度的不同。

4.10 描述利益代表如何影響政治的穩定性。

　　政治統治者會從社會中與他們相關的每一個角落來蒐集輸入的訊息，以處理他們所要面對的決策。民主政治特別有賴於參與式的公眾以及需要管道與論壇讓個人與團體可以表達本身的偏好與利益。因此，擁有一個積極的社會與政治生活是民主發展重要的基本標準。公民必須有一些管道向自己的政府表達本身的需要與請求，而且也必須要有管道讓這些利益可以轉換為政策意見。這就是「**政治表現**」（political representation）的過程，而如同在第二章所述，這可以被拆解為兩個過程功能。第一個就是「**利益表達**」（interest articulation），這是個人、團體與機構如何構思與表達需要、所求以及政策偏好。假設政府已正在準備要通過一項不正義或不公平的法規時——你能夠如何表達自己的不滿感受並且嘗試制止這樣的立法過程呢？或者假設你想要鼓動市議會對某項可能會影響到自己社區環境的議題採取行動——你可以怎麼做呢？這些都是我們身為公民常常會面臨的

問題。解決的方案可能會有很多且多樣，但都取決處於哪種情境之下。舉例來說，某人可能會聯繫市議員，然而在更多傳統的社會中，可能會與村長或是部落頭目見面。也許這個人會寫封請願書、參與示威遊行、在社交媒體上張貼文章，或是投書給某個支持他／她動機與理由的團體。

　　當社會變得更複雜而政府行動範圍的規模增加許多時，表達公共利益的各種方法就會按比例地成長許多。人們非正式地聚在一起合作解決地方或全國的需求。社會運動會以議題方式來喚起公眾，內容從亞瑪遜原住民的維權到核能的運用與否都有。社交媒體的平臺提供了另一個可以公開討論並表達意見的論壇。正式的協會發展成為勞工、農民、企業、年長者以及其他社會利益來發聲的代表。我們應該要探討兩種涉及利益代表的團體或組織：「利益團體」與「政黨」。利益團體是會找尋影響政治決策，但不會推出本身候選人來角逐政務官的團體或是組織。大致上，在已建構的政治制度中，正式的利益團體是促進政治利益的主要推手。眾多有影響力的利益團體會在一國的首都運作，像是英國倫敦、美國華盛頓特區以及日本東京等。政黨是會嘗試在政務官職務中推出隸屬於本黨色彩候選人的組織。一般而言，在民主國家中會透過選舉來完成。政黨也會表達利益，但更具特殊重要性在於其利益匯集，稍後我們會探討。

　　政治表現的第二個功能或階段就是「**利益匯集**」（interest aggregation），這就是一種過程，而藉此讓政治資源可以被集中至政治議題或是計畫裡面。為了使政治理想與表現能夠轉化為政策，不同的利益與資源必須融入以及提議要成套包裝進可供選擇的觀點或是計畫中，而能夠吸引廣大的支持。利益是如何被匯集的，有助於決定哪些利益是首要的以及哪些人被允許參與其中。舉例來說，當政治人物制定經濟政策時，他們往往必須要在農民對於較高農作物價格的希冀、消費者對於較低價格與稅率的偏好，以及環境保護主義者對於相關水污染與殺蟲劑的關注之中做一平衡。利益匯集可以用來協助創造一個較為平穩的政府計畫來取代競爭式的政策目標，但是這也有可能導致產生一堆妥協的結果而取悅不了任何人。誰能夠在這些平衡過的法案中占上風，在某一部分上必須取決於政治機構，這在第五章會專門討論。但是利益匯集是否會成功，還是取決於政治技巧與資源，諸如選票、競選經費、政務官、媒體管道，或者甚至是武力等。而最終他們在利益匯集上的成功可以幫助確定本身將可能成為怎樣穩定且有效率的政府。

　　利益匯集可以由很多方式來發生。個人政治領袖可能會有相當大的個人影響力。在某些社會中，族群或是宗教團體扮演了很重要的角色，而在某些國家中，則是由武裝團隊來展現這樣的功能。像是政府機構與「恩庇——侍從網絡」

（patron-client networks）這樣的制度，也有可能匯集到利益。然而，諸多國家政體通常會發展出更特定化的組織來進行利益匯集。政黨就是這樣的組織，在民主國家中他們會把利益匯集，而在非民主國家中也是差不多如此。每一個政黨（或是其候選人）會提出一系列的政策，並且嘗試加以建構支持這些計畫。在民主國家中，兩個或更多的政黨競爭以獲取民眾對他們各自的政策計畫之支持。在威權國家中，執政黨可能會嘗試動員公民來支持其政策，但是這個過程經常會是隱蔽的、受控制的，以及由上而下而非由下而上的。換句話說，在威權國家中，政黨調動利益來支持政府，而非對公民的需求負責任。

　　政黨可能會呈現許多利益匯集以外的功能。舉例來說，政黨經常會以其操作的方式來形塑政治文化。政黨會為公職來甄補選民或訓練候選人。他們表達本身的利益。在某些國家中，政黨還會發行雜誌或報紙、擁有電視臺，或經營企業、俱樂部，或者為了要徒步爬山或蒐集郵票這樣的活動來進行社會組織。執政黨也會涉入到公共政策的制定並且監督其成效與裁斷。然而，政黨是利益匯集中很重要的結構組織，而我們也因此將會更加賦予這角色特別的關注。

公民行動

4.1 定義利益表達的意思，以及提供例證說明不同社會中的利益表達方式。

　　身為一個公民，利益表達取決於你究竟能做些什麼。在一個像是北韓這樣缺乏言論自由的社會中，利益表達有可能會是把你的性命推向危險境界的冒險。然而在大多數社會中，人們可以用各式各樣的途徑對政策提出請求與需要（表4.1）。[1]公民參與的最基本形式就是在選舉中去投票。當選舉成為免費、具有意義並且容易接觸的時候，這就能促使人們表達本身的利益並且對現任的政府及其未來政策，進行集體性的選擇。然而，選舉往往只是一種粗糙的工具，因為投票者的選擇經常是立基於各種不同的議題，而且他們或許只能在所有都不認同的候選人中選出一個來。甚至，在兩次選舉間隔的時間，政府官員的執政可能會偏離選民的偏好。而且即使投票是政治參與的一種常見的形式，但並非所有人都可以投票。舉例來說，在大多數國家中非公民的居住者是沒有資格投票。就像是在許多國家中成長的移民人口，都可能已經比他們附近的鄰居要來得富裕或沉穩，而使得公民身分的可獲得性與義務，已經變成一個重要的議題了。

　　除了投票之外，人們可以與自己社區的其他人一起合作展現共同的需求，就好像是家長努力付出讓當地學校變得更好或是居民表達本身對於當地交通的憂慮

表4.1　我們如何起作用？

人們參與各式各樣的政治活動（宣稱參與到每一個活動中的調查對象之比例）

參與形式	英國	巴西	中國	法國	德國	印度	伊朗	日本	墨西哥	奈及利亞	俄羅斯	美國
在最近一場國家選舉中的投票出席結果	66.1	80.6	--	55.4	71.5	66.4	60.1	52.7	47.7	43.7	47.9	55.4
對政治感興趣	44	37	46	38	62	61	46	66	30	57	33	59
屬於環保團體的成員	16	4	2	15	7	47	10	3	15	23	1	18
連署請願書	68	44	5	67	43	21	--	28	18	8	11	60
參與聯合抵制	17	5	3	14	13	19	--	1	3	6	2	16
參與法律許可的遊行示威抗議	17	16	2	38	21	23	--	4	10	25	12	14

資料來源：選舉結果產生的資料數據是以投票年齡的百分比公開在大多數近來國家的合法選舉上，可從國際機構負責選舉與民主研究下載，網址www.idea.org；其餘相關統計數據可參考2010年至2014年的世界價值觀調查。英國、法國與伊朗不在2010年至2014年的世界價值觀調查中，所以所採用的是2005年至2009年的世界價值觀調查數據資料。有些關於參與的問題沒有在每一個調查中被詢問到，而這些遺漏的項目內容會在表中以--表示。在中國的欄位中沒有辦法獲得投票結果，因為中國公民無法直接選舉其總統（國家主席）或國家立法者（全國人大代表）。

一樣。雖然威權國家可能會限制表達這些需求的方法，以避免公開地衝擊到威權政府，但是一般而言，不論是在民主或是威權制度中，這些行動都還是非常受到政策關注的。

　　有些利益表達，像是寫信或是傳電子郵件到選務辦公室或是公共機構中，這些都涵蓋到直接與政府接觸範疇之中（參閱專欄4.1）。直接接觸可能包括了個人的議題，諸如當一位退伍老兵寫信給立法的議員尋求幫助以獲得能夠將福利通過時；或者是當一位屋主詢問議會委員是否能夠為他／她的鄰近街坊道路進行整修時。這些個人接觸的形式通常都必須經過政治制度，包括威權國家也是如此。其他直接的接觸涉及更廣泛的政治議題，主要是發生在民主國家當中，像是以競選活動支持或是阻止新的立法。然而，即使在威權國家中，公眾往往還是會找出辦法來向政府遞交相關政策問題見解的請願書。[2]

　　利益的表達也可能會涉及到「**抗議**」（protests）或其他引發爭論行動的形

專欄 4.1 中國上訪制度

在1949年，中國共產黨政府創建了「上訪」（Shangfang）制度，允許個人能正式向政府請願，要求政府介入他們遇到的紛爭。這個制度的用意在於像是一個安全匣道來允許不滿的群眾可以抒發其委屈，並且也可當作是一種讓國家政權可以動員群眾表達支持的方法。請願者典型上是表達個人或地方所關心的事件，而這個制度允許他們能夠跳過不予理睬的地方官員，而直接到北京的中國中央政府那邊請願。有時候，這些人甚至親自跑到首都去請願。上訪頻繁程度隨著時間潮起潮落，但這說明了一件事：即使是威權主義的政府，也會想從他們的公民那裡尋求一些輸入制度的聲音。專家估計北京的中國中央政府應該收到過超過1,000萬份以上的請願書，範圍之廣可能從驅逐通知，到抗議三峽大壩相關拆遷的影響都有。然而，可能只有這些請願中非常不重要的極少部分，會得到政府的回應，而有時候地方官員甚至會報復這些請願者，而不是去協助他們調解問題。

式，像是公共空間的占據或是導致交通中斷。一群高喊「黑人的命也是命（所有的生命都是命）」（Black lives matter）[1]的抗議者針對警察的暴力行為；1989年以公共示威方式推翻了東歐的共產主義政府，以及「綠色和平」（Greenpeace）組織以行動擾亂與阻礙污染製造者與捕鯨者等，這些都是帶有爭議表達行為的例證。

「政治消費主義」（political consumerism）——以某種政治理由購買或是聯合抵制某一商品——至少在民主國家中，這會是另一種公民行動的方式。如此的參與允許個人抗議他們相信某家具有污染性、宣傳歧視性廣告，或是不公平的勞動行為之企業。舉例來說，組織進行聯合抵制童工行為，已經影響了許多服飾製造生產商的銷售與公眾形象。歸納起來，人們可以通過許多途徑表達其的利益，而這些途徑中的每一個都會有特殊的影響力。

公民如何參與

4.2 說明三種個人可以參與政治制度中的方法。

公民政治參與的規模，會因為活動的類型與政治制度等因素，而有很大的差異。表4.1顯示出一些例證說明本書所檢視的國家之參與的常見形式。最常見的形式基本上就是繞著選舉打轉。在競選活動期間，人們說出本身想法到底關注哪些當下的議題、出席造勢活動現場、捐款給候選人、在民意調查上表達本身觀點、試著說服其他人，最後就是投票表決。因為選舉的參與是這樣的常見，但這也是利益表達非常重要的一種形式。同時，選舉有助於匯集政治利益、甄補政治

菁英，以及社會化政治價值觀與透過競選活動的過程來呈現結果（參閱第二、三章）。

在全國選舉投票的參與度上，美國人民一直是低度參與的層次：包括西歐國家與幾個新的民主國家的投票率都比美國來得高。然而，在表4.1顯示了，美國低度的選舉投票率不僅是簡單反映出冷漠而已。許多國家的高投票率只是藉由自動選民登記（一般而言，透過此方式必須依賴於準確的全國人口普查），或是甚至要求人們去投票並處罰不去參與投票的人。巴西和一些其他的國家一樣，具有強制性的投票要求，而參與率達到八成以上。美國人相對上也是對政治感興趣的，但是會以選舉以外的其他方式反映政治參與。美國人也比大多數其他國家的公民，擁有更多選舉活動的機會。在美國一些州，可能會在同一年中舉行好幾次的選舉活動，然而瑞典則是會把所有的選舉在同一時間舉行完，基本上每4年舉行一次。

公眾努力表達政治利益與影響公共政策會延伸至選舉之外。透過「草根性」（grassroots）政治——聚在一起協力點出共同的問題——讓公民可以尋求直接表達政治利益並影響政策。亞歷克西‧托克維爾認為這樣的社群團體及其參與方式，是奠定美國民主的基礎。表4.1所顯示的環保團體裡面之成員，就是公共利益團體行動的一個例證。在美國、英國與法國，大約有六分之一的公眾是屬於某環保團體的成員，而在許多比較貧窮的國家以及新興民主國家中，這樣的成員比例則相對低很多。但是，這些團體的活動卻幾乎遍及所有的國家。印度村民聚在一起協力發展農村的電力設備，以及原住民保護自己的土地使用權，這些都是社區行動的例證。

也許大部分可以被看得見的公民行動模式，都涉及到有爭議的活動，諸如加入聯合抵制或是參與示威抗議。舉例來說，許多環保人士會採取直接的行動——舉起環保大字標語站在不斷冒煙污染的大煙囪前、在國會外頭舉行群眾示威，或是聯合抵制污染製造者——藉由他們引發的公共利益事件讓媒體產生關注效應。在許多社會中，看起來最無害的直接行動方式就是簽署請願書，但是由於請願書是一種公開表達對政府政策的反對方式，因此在新興的民主國家以及威權國家政體中確實是比較少見的（參閱表4.1）。在大多數西方民主國家中的多數公眾都宣稱自己曾經簽署過請願書。

大約有六分之一的西方國家公民表示自己曾經參加聯合抵制或是參與法律許可的示威抗議。示威活動在某些中等收入國家中發生的機率幾乎一樣頻繁，諸如墨西哥與巴西。政治示威抗議常因為不同的理由而出現。一方面，示威抗議與直

接行動，往往都是因為個人或是團體缺乏管道來建立政治溝通渠道而採用的方式。1980年代末期的東歐群眾示威性、阿拉伯之春的群眾示威抗議，以及美國許多城市示威抗議警察開槍射擊事件，都顯示了弱勢族群（the disadvantaged）與被剝奪者（the disenfranchised）可以運用這樣的策略，尤其是當他們意識到有可能會因此改變的契機時。另一方面，在西方民主國家中，示威抗議也變得愈來愈常被年輕以及受過良好教育的公民使用，就好像是在「所謂一般的」政治組成架構中另闢蹊徑。然而，示威抗議可能會充滿危險性，如同在中國以及許多其他國家公開大唱反調者所經歷到的結果一樣。舉例來說，在總統普丁治理下的俄羅斯政府，正不斷升高壓制意見紛歧者，並且把示威抗議者關進監獄裡（參閱第十一章）。事實上，示威抗議一般都會與民主化相輔相成，當政府對持相反意見者變得比較寬容時，就會愈傾向於保障這些異議者的權利。[3]

在法國，示威抗議已經變成是政治傳統的一部分。在1960年代時，當時因為大學生群起示威抗議政府的結果，而使得法國政府幾乎要垮臺了。2010年提高退休年齡至62歲的政策導致了群眾的示威抗議，包括卡車司機在「蝸牛行動」（Project Escargot）中，故意在高速公路以緩慢速度行駛來表示抗議。在很典型的一年中，巴黎就可能經歷了學生、商店老闆、農民、家庭主婦、公務員、環保人士、女性團體以及其他很多團體的示威抗議。示威抗議幾乎已經是法國的全民政治運動了。表4.1顯示了在法國有更多的公民曾經參與過法律許可的遊行示威抗議活動（38%），遠超過本書所討論到的任何一個其他國家。

公民參與反映出了政治的脈絡，包括政治制度以及文化。在具有行動力之政黨與實質競爭之選舉的國家中，許多民眾會去投票。在一些這樣的活動都會受到限制的國家中，人們可能會轉而以團體為基礎的活動或是示威抗議作為表達本身偏好的方式，但大多都比較以政治上不活躍的行為來進行。如同我們在第三章所附註的，一個參與型的政治文化往往都是隨著政治現代化而來的副產品。

對大多數行動以及在多數國家之中而言，擁有良好教育與較高社會地位的個人會更有可能參與政治。這些個人傾向於發展出培養參與感的態度，諸如效能感與公民義務感等。[4]他們也會掌握一些個人在政治上使用得到的資源與技能。技巧與信心在要求行動上顯得特別重要，像是組織新的團體或成為組織中的領導人。在比較簡單的活動中所行使的參與，較少有不公平的現象發生，像是投票、示威抗議活動，以及資源分配比年輕人少的問題等。這趨勢就是有證據顯示在社會中如果政黨的組織能力薄弱，以及勞動階級團體（例如：工會）也沒什麼影響力的話，富裕人士就會更加積極地參與政治性活動（就像美國的狀況）。在有比

較強大的勞動階級政黨與工會的國家中，比較不富裕與資源豐富的公民同時都會有相對增加的政治參與。

　　參與模式也因為幾種不同的原因而顯得重要。對公民而言，想要影響政府決策，他們首先需要表達本身的利益。有比較多的方法可以被選擇時，可能會增加公民表達本身利益能被聽見的能力。甚至，不同的人們在政治行動上的層次，以及他們自己希望參與的方式都是有所差異的。這些在參與結果上的差別，都可能會得到政府在不同程度上的反應。換句話說，那些比較會積極表達本身利益的人們，因此有可能會得到政策制定者較多關注其重視之處，而這往往是犧牲較少涉入者的利益為代價而獲得好處。

利益團體

4.3 列舉四種利益團體的類型並提出案例說明。

　　利益表達可以透過個人的參與而發生，但通常有更多是透過**利益團體**（interest groups）的行動來實現，這些團體或組織是以不推出自己所屬團體色彩的候選人參與政務官選舉之方式，來尋求政治決策的影響力。利益團體的代表可以參與政治過程，在政府諮詢機構中服務，以及在議會聽證會上作證。換句話說，雖然在大多數國家中，利益團體最重要的功能是利益表達，但是他們還是可以如表達利益般來匯集利益，而且他們也可以參與政策制定的過程。利益團體在結構組織、風格、募款能力，以及支持群眾的基礎上所呈現的差異很大。我們藉由定義四種利益團體的類型來開始：脫序型的、非結社性的、制度化的，以及結社性的。這些利益團體的類型會因為本身的正式組織程度，以及其主要的目標而有差異。

脫序型團體

　　「脫序型團體」（anomic groups）就是那些突然成形的團體，尤其當許多個人很自發地對某一事件產生像是挫折感、失望感、滿足感，或其他強烈的情緒反應時。這些事件的發生就像是快閃族一樣，突然地出現然後就又馬上消失。缺少先前的組織或計畫，感到受挫或是興奮的民眾可能會突然占領街頭來吸引新聞報導以宣洩本身的情緒，或是對政府的某一行動或引人注意的事件謠言。特別是在沒有組織的團體或是先前失敗的團體中，一個戲劇性的事件或是崛起了一個新領導人和發言人時，可能就會激起悶燒已久的不滿，然後可能會以意想不到與無法控制的方式爆發。儘管不是必然的，但脫序型的示威抗議確實可能會導致暴力

的發生。

　　包括在已開發與開發中國家內的某些政治制度，都經歷過頻繁性暴力與無預期性的脫序型行為。[5]對政府的政策表達憤怒、備受愛戴的政治領導人之死亡或受到騷擾，以及悲慘結局的事件都有可能刺激公眾怒氣的爆發。舉例來說，當政府採取懷有敵意的行動，以及軍人或公民被殺害時，常會看到公眾自發性的示威活動發生。工人自發性地突然罷工（Wildcat strike）（由當地勞工組成的自發性罷工行為，但經常未受到本身的全國工會所期待），是英國勞資關係在歷史上常發生的特性，也會發生在其他的一些歐洲國家中，以及已經開始出現在中國境內。

　　有時候，脫序型團體是從一個更大型的社會團體中衍生出來的，例如來自於某個種族或族群團體。舉例來說，在2014年，美國密蘇里州佛格森市的少數群體社區居民——後來延伸到各類型城市中——發生示威抗議與暴動事件，起因於一個年輕的非裔美國人被一個白人警察認為是嫌疑犯而開槍射殺。同樣的，在2005年至2006年期間，在一家丹麥報紙上以卡通描繪出對穆罕默德不敬的內容，導致許多穆斯林國家的示威抗議，而造成死亡與群眾暴力事件。這些都是脫序型的團體行動，因為事件中沒有發現結構組織或是策劃者，且在示威抗議結束之後，參與的人們也都鳥獸散了。手機與社交網絡使得這樣的事件更容易發生，使個人在短時間內臨時通知就能發起並整合如此的示威抗議。在之後2011年所激起的阿拉伯之春及其發生的示威抗議，科技確實扮演了一個重要的角色。

　　然而，我們必須謹慎理解有關召集這樣一個脫序型的利益團體，當時其背後可能反映出有組織的激進主義分子所進行的細節計畫。舉例來說，對2001年在義大利熱內亞舉辦的「八國集團高峰會議」（G8 summit）之示威遊行，以及隨後而來「停止八國集團高峰會議」（Stop G8）的示威抗議，包括2013年在英國倫敦舉辦的「反資本主義嘉年華會」（Carnival Against Capitalism），更歸因於憤怒，而非一種自發性行為（參閱專欄4.2）。

非結社性團體

　　不像脫序型團體一樣，「非結社性團體」（non-associational groups）是立基於存在已久的共同利益與臨近街坊、族裔、地域、宗教、職業或是親屬關係的認同上。因為有這些連帶關係，即使非結社性團體沒有一個正式的組織或會員身分，但他們比起脫序型團體，還是有更多的連貫性。也因此，非結社性團體很少有良好的組織，而且他們的行動也都比較鬆散。在一個比較大型非結社性團體內

專欄 4.2 對全球化的抨擊

2001年7月，數萬名示威抗議者抵達了義大利的熱內亞，抗議在當地舉行的八國集團高峰會議。數百個不同團體前來抗議，以及好幾個更加激進的團體甚至加入與警方發生衝突的行列。許多最嚴重的暴力衝突都與「黑衫軍」（Black Block）有關，這是由幾個鬆散組織的無政府主義者（anarchist）與激進團體所組成，會穿著標誌性的黑色衣服、黑色頭套以及防毒面具。與警方對峙的戲碼似乎好像事先都排練過一樣，利用手機來調動，而站在同一陣線的其他激進主義者則負責拍攝錄影——接下來就透過社群媒體將所有內容散播出去。許多在熱內亞的其他抗議團體擔心黑衫軍的激進暴力行為，會把他們關注於全球化議題的抗爭轉移了焦點。其他類似的暴力行為在2007年德國、2009年瑞士以及2013年英國倫敦與位於北愛爾蘭的貝爾法斯特，所舉辦的八國集團高峰會議期間也發生了。這些在高峰會議所犯下的暴力罪行，讓各國選舉產生的政治領袖的政策成就，以及非暴力團體的政策目標都蒙上了陰影。

的次團體（如同一個少數族群團體）可能行動起來會像是脫序型團體一樣，就像是2014年美國密蘇里州佛格森市的暴動事件，2005年發生在巴黎的移民暴動事件，以及後來2006年發生在中東對穆罕默德卡通事件的示威抗議。全世界任何一個地方，就像職業一樣，族裔與宗教是很強大的一種認同，可以刺激集體行動的產生。

有兩種類型的非結社性團體特別的重要。其一就是尚未具有正式組織的大型族群、宗教或是職業團體，雖然其本身的成員也可能已經意識到共同的利益了。要組織這樣的團體可能會很困難，因為那些可能會因此獲得好處的人，也都沒有太多意願來組織與貢獻。這是因為他們個人付出的成本會遠高過於預期的利益。這就是大眾都認知到的所謂**「集體行動困境」**（collective action problem）。[6]如果某個團體成功地獲得重要的集體利益時——舉例來說，終結歧視性的法規或是清除水源污染——這些好處是被所有人共享的，即使那些沒有參與以及貢獻，而被稱為「搭便車者」（free riders）也都能享受到。而且，既然個人的參與是很難在成功與失敗之間產生效果時，團體中大多數的成員就可能會袖手旁觀而且希望其他人去付出所需要的努力。這是我們之前在第一章討論過的公共財轉化而來之問題。團體變得更大，而每一個體所分到的利益變小，這樣的集體行動就愈有可能會失敗。這就是為什麼在大多數的市場中，生產者（那些容易發展成少數且有實質利益者）相對會比消費者（那些容易發展成多數且個人分配利益稀少者）更有效率來組織運作。理解了集體行動的問題之後，能夠有助於我們看清楚為何

有些團體變得具有組織性，而有些則無法如此。

　　其二是非結社性團體就像一個小型的社群團體或是族群次團體，而本身成員私底下也都互相認識。一個小型、面對面的團體會具有某種重要的有利條件，而且可能會在像是當地這樣的政治情境中，表現出高度效率來。非結社性團體可能會採取一些行動，諸如要求增加學校資金、警方保護所屬的臨近街坊，或是要求收稅員給予本身成員優惠待遇等。小型的非結社性團體往往都是以藉助團體或是個人的連帶關係來運作。

制度化團體

　　「制度化團體」（institutional groups）以正式組織為基礎，而且還有其他關鍵的政治與社會功能。舉例來說，企業、軍隊、政府機關以及教堂等，一般而言都具有比本身認為影響公共政策更重要的目標。然而，如此的組織往往都有被指定的組織或辦公處，且有特定的責任來回應本身的政治利益。像是次團體也可能透過在這些團體中自我選擇後而產生（舉例來說，公務員的派系或神職人員內的小團體）。舉例來說，一般而言電腦軟體公司會更感興趣於如何從公共政策中獲得利益，勝過於如何影響公共政策。但是某些政治議題——諸如對他們本身產品的智慧財產權保護或是一些政府徵收以將他們的產品摒除在某些國家之外的關稅制度——都可能會使他們非常感興趣。制度化團體的另一個特徵就是一般個人很少是因為想要參與政治而加入這些組織。因此，像是只有少數人會是因為政治因素而加入天主教會或其他宗教組織。然而，教會可能會對某些其支持者在意的議題採取強硬的立場，諸如教育、婚姻法、墮胎、人口販賣或全球貧窮等。

　　制度化團體的影響力通常來自其主要的組織基礎優勢——舉例來說，他們的經濟來源或是本身的技巧能力。政府機構中的官員有直接聯繫政策制定者的管道並且能夠利用其管道與訊息影響政策。企業擁有特權管道得到的利益也能用類似的方法來行動。在美國，農業遊說團體與美國農業部往往會結合力量共同倡議農業的支持。在許多國家當中，政府的官僚體系不只是簡單地回應來自外界的壓力而已；他們也能夠行使像是利益表達的獨立力量。

　　非政府制度化團體也可以運用重要的方法來參與政治的過程。舉例來說，在義大利的羅馬天主教會具有長期對政治的關鍵影響力。在選舉政治中，教會可能會要求天主教徒投票表示反對共產黨員，並轉而支持基督教民主黨。在不過分的狀況下，神職人員可能會打電話給官員表達教會對一些關注事項的意見。在伊斯蘭國家中，神職人員也扮演相似的角色，規定哪些道德上的公共政策應該遵守，

並且很主動地遊說政府官員，而有時候也會參與政府的過程之中。

在威權政體環境中，政治團體是被禁止或至少明顯被控制著，而制度化團體卻依然可以扮演大部分的角色。共產主義政權中的教育官員、法律專家、工廠經理、軍官以及政府單位經理人都已經在利益表達上扮演了重要的角色。在前工業化社會中，通常比較少有「結社性團體」（associational groups）（僅有少數的人支持）、企業、政黨派系、官僚人員，而特別在於軍事團體往往扮演了非常重要的政治角色。

擁有強力資源的利益團體可以很輕易的成為利益匯集之處，同時也能夠產製利益表達。特別是制度化團體，諸如官僚機構與軍方派系，都可能成為重要的利益表達者。事實上，在大多數國家中，官僚體系都展現出這樣的功能。雖然都已經建立用來執行公共政策，但是官僚體系可以和其他利益團體談判，或者甚至與利益團體組成同盟來為政策倡議。政府機關甚至可能會被利益團體「綁架」（captured），並利用來滿足其要求。官僚人員也經常會結交委託人來形成支持網絡，以擴張本身的組織或強化其權力。

軍隊與利益代表

軍隊組織具有本身體能上的控制，而能夠成為一個特殊有權力的制度化利益團體。大多數國家都有各種類型的安全防衛軍隊。除了少數幾個基本上在和平鄰近地區的小型國家政體之外，諸如冰島與哥斯大黎加，所有的國家政體都有武裝軍隊，像是陸軍、空軍，有時候也會外加海軍。許多國家也會擁有其他的安全防衛軍隊，像是國家警察或是祕密安全部隊。俄羅斯的聯邦安全局（FSB），其前身為蘇聯國家安全委員會（KGB），就是這樣的安全防衛軍隊，在共產主義時代以及再次在先前就是這組織領導的普丁總統治理之下，扮演了很重要的政治角色。軍隊很容易就能夠取得武力，通常是一個有效率的團體，而且在很多情況之下，具有很先進的技術能力。換句話說，他們很容易就會有方法在政治上獲得權力，而且在許多國家政體中，他們也會涉入利益表達與匯集，而有時候也會直接進行政府般統治。

在大多數穩定的民主國家中，軍隊是在文官的控制之下，而且其也僅扮演非常有限的政治角色。然而，他們可能就像是制度化團體一樣來表達利益。舉例來說，像是在美國的國防部與國防工業會聯合在一起對軍隊進行資金上的支持。而在安全上比較緊迫關注的國家中，諸如以色列與南韓，軍隊所扮演的政治角色可能就會特別重要。例如在蘇聯與中國，軍隊在共產黨的革命上扮演了重要的角

色，而且在革命之後依舊在政治上具有重要的影響力。而且在許多發展中國家，軍隊扮演了主要的政治角色。在獨立之後，大多數第三世界的國家至少採用了形式上是民主的政府。但是在很多國家當中，這些文官政府缺乏有效性與權威性，而往往會造成他們的垮臺以及被「**軍政府**」（military governments）所取代。在缺乏一個強健的文官統治制度傳統時，軍隊就會是一個起作用的權力競爭者。許多拉丁美洲國家在20世紀的許多時間就斷斷續續一直有軍政府的執政，而非洲國家，像是1960年代奈及利亞在本身去殖民化之後，就曾經歷過一波的「軍事政變」（military coups）。即使是在文官統治之下，軍隊往往也具有實質性的影響力，並且能夠組成具有顯著權力的競爭者。舉例來說，即使是在1964年政變之前的文官政府統治之下，軍隊在巴西的利益匯集上一直都扮演了非常關鍵的角色。在這樣的干涉之下，其控制了接下來20年的政治走向。在許多其他國家中，諸如土耳其與埃及，軍隊長期以來一直都是一股重要的政治力量。

　　軍隊在具有強制力資源上的實質性壟斷，賦予其非常大的潛在性權力。因此，當在民主與威權國家政黨制度中失去利益匯集的功能時，軍隊就會冒出來，好像是能維持有秩序政府的唯一力量。軍隊也可能出於更多其利益的理由來進行干預，像是保障本身的自主性或是避免財政預算受到干預，因此在很多國家中，包括奈及利亞，軍政府會扮演成作為民族政治的載體。即使找不到可以證明軍隊直接奪取了權力，干預的可能性往往都會迫使文官政府更關注於軍隊的需求。

　　世界上大約有五分之二的國家在某個時期中都經歷過軍事政變的衝擊，而且在這些國家中有三分之一，政變至少某一部分成功地更換了領導人或政策（參閱專欄4.3）。然而，有不到一半的政變所造成的衝擊，主要都是因為一般政治議題或公共政策所引發的。大多數的政變看起來都像是由於軍隊在職業上的利益所激發（諸如擔心軍隊支出被砍或是人員縮減所造成的反應）。

　　軍隊干預後所造成的影響可能有很大不同。軍人可能會支持人民總統的個人專政或是一個具有支配性的政黨。或者，軍隊可能會追求制度上或是意識形態上的目標。軍隊領導人可能會試著去創造出一種威權式統合主義的形式，讓軍隊能夠連結到有組織的團體與國家政權的官僚體系，而成為最後的主宰者。他們也許會承諾「具有自衛性的」現代化來和商業團體結盟，或是甚至著手執行更偏激的現代化。大多數拉丁美洲的威權式統合主義，都必須依賴一個強大的軍隊來組成，而不是一個具有支配性的政黨。

　　軍隊也許就因此能夠展現許多政治的功能，包括利益匯集。而其在利益匯集所受到的限制就是，這功能原本就不是設計來適用於軍隊的。軍隊首要是組織以

產生高效的指揮結構。軍隊不是設計來調解國家內部的差異、建立妥協機制、動員群眾支持，或者甚至與處於軍隊命令層次結構之外的社會組織來進行交流溝通。軍事政權也不會具有如選舉結果所提供，而被國際社群所認定的正當性。因此，軍隊領導人缺乏許多由選舉產生之政治人物所擁有的優勢條件。而軍隊如果能夠對以往不受歡迎的政治人物權力濫用的問題進行回應的話，這些內部的限制可能就比較沒有那麼嚴重。然而，當軍政府需要確定自己的路線與動員群眾支持時，同樣的限制也就有可能會變成首要的問題。綜觀這些原因，軍政府常常會表現出不穩定，並且往往會強迫與文官分享權力或簡單的要他們退出政治。

調查顯示，在世界上任何地方，僅有極為少數的人口會支持軍政府。也許是因為大多民眾不認為威權統治具有合法性，當今全世界的軍隊就更有可能躲在幕後，而非透過直接統治來支配一個國家。像是阿根廷、巴西、智利與烏拉圭等這

專欄 4.3　回到軍營處境？

奈及利亞在許多方面都還是一個軍人干政且影響到諸多發展的國家。在1960年獲得獨立之後，奈及利亞經歷過了1960年代以及再次於1970年代末期的民主統治短暫時期。有兩個例子可以看到軍隊快速地介入，然後取得許多年的統治權力。在1990年代初期，軍政府提出改革來形塑一個總統選舉，但是卻很嚴密控制選舉的過程，並且只給選民兩個都是由政府創建的政黨做選擇。選民的投票率非常低，因為許多奈及利亞人都相當質疑這樣的過程。後來當政府在選舉正要結束前就宣稱選舉結果無效時，他們的疑慮也受到的證實，因為很顯然地那個「不正確的」候選人即將有可能當選。薩尼・阿巴查（Sani Abacha）將軍隨後就發動另一場政變，並且禁止所有的選舉活動。在1998年，阿巴查總統突然過世，這個改革過程才又重新開始。在1999年的一場總統選舉中，前任將軍與總統（1976-1979）奧盧塞貢・奧巴桑喬（Olus gun basanj）獲得勝選，他也持續進行落實民主改革。後來他在4年後繼續連任成功，然後在2007年下臺退休。2015年的選舉是第一次有現任總統候選人競選失敗，古拉克・強納森（Goodluck Jonathan）被勝選的前任總統（1983-1985）穆罕默杜・布哈裡（Muhammadu Buhari）所取代。因此，在1960年到1999年期間，雖然軍人干政的原因不太一樣，但奈及利亞總共大約有四分之三的時間是在軍政府統治之下度過。第一場政變的原因是對伊波族（Igbo）人口進行壓迫與歧視所引發，然而在1983年的這場政變中，最後卻演變成對文官政府貪污腐敗與無效率產生的反動。阿巴查在1993年引起的政變，看起來好像主要是被貪婪與個人野心所激起。相比之下，奈及利亞自從1999年以來就體驗了有史以來時間最長的文官政府統治，經歷了四任來自於非同一政黨的不同總統。但是持續不斷的族群與宗教暴力、貪污腐敗以及濫權，還是讓奈及利亞的民主依舊相當脆弱（詳見第十七章）。

些拉丁美洲國家，軍事政權都已經被具有競爭機制的政黨政治制度來取代了。同樣的事情也發生在非洲的許多國家中，包括奈及利亞（參閱第十七章）。

結社性團體

「結社性團體」（associational groups）是正式成立的自願性的協會，代表某特定族群的利益。相關例證包括工會、商會、製造商協會、公民自由團體以及各種族群協會等。這些組織對規劃利益與需求都有一明確的程序，而且他們通常都會設置總部、高級職員以及全職的專業員工，往往也包含了僱用「說客」（lobbyists）。他們往往都非常積極表達其成員在政治過程中的利益。舉例來說，在美國相關醫療照護的反覆辯論中，有龐大的壓力團體與說客動員活動——從「美國醫療協會」（American Medical Association, AMA）與健康保險組織到消費者團體與「美國退休人員協會」（American Association of Retired Persons）——嘗試影響立法的結果。

結社性利益團體有組織的基礎，給予他們優勢超越非結社性團體，而且其成員身分與技巧能力，往往也會讓他們擁有一定的正當性。舉例來說，工會通常都是核心的政治行動者，因為他們代表了為數廣大的勞工；同樣的，商會往往也會為重要的商業利益發言。專業人士的協會，像是英國、美國與奈及利亞的的醫療協會，或是奈及利亞記者工會，經常會有專門知識與洞察力促使政策制定者在影響他們個別專業上的議題，聆聽他們的意見。

由公民所組成的結社性團體中，有一種特別的次級團體，他們不是藉由某個共享的經濟個人利益，而是出於某個共享的一套政治原則或是政策目標之共同信念團結起來。我們將他們稱之為「**宣傳性**」（promotional）或是「**議題**」（issue）團體。環境保護運動、生命權（right-to-life）團體、國際特赦組織（Amnesty International）以及槍枝權利組織等，都象徵了這類型的結社性團體。在奈及利亞，轉型監測團體（Transition Monitoring Group）對選舉改革進行施壓，並且在奈及利亞轉型為民主國家的過程中，防止選舉上的舞弊。在一些這類議題團體中，諸如綠色和平（Greenpeace）、國際特赦組織或是美國的國家步槍協會，其成員可能很少有直接的互動，並且可能也沒有分享到太多彼此的社會特性（像是所屬職業或是族裔），但是可能會因為彼此支持某種共享的動機，而使得他們串連在一起。某些議題團體，諸如兒童福利團體或是動物權利組織，都會嘗試替那些無法在政治上表達本身利益的群體來行動。我們稱這樣的組織為「**利他性**」（altruistic）團體。

　　許多結社性團體都具有流動性與動態的組織，通常在領導身分與成員身分上的流動率也很高。在戰術上，他們會運用比較廣泛的方法，往往會減少傳統的遊說，而偏好支持非傳統的抗議與直接行動。公民協會可能會採取其他的方法，來為公民表達本身的政策偏好。這樣的團體在先進工業化民主國家中，早已經長期增加許多，而且現在也正處於擴展到發展中國家的過程。表4.1顯示出許多對某些最重要經濟生產者團體的各種支持團體，換句話說，他們就是「工會」。

　　總而言之，社會利益能夠藉由許多不同的團體彰顯效果。我們可以運用不同團體的案例顯示這樣的觀點，以下就是可能會採取政治行動來造福勞動階級的成員：

　　脫序型團體：一群自發性的勞工正前往罷工或上街頭示威遊行，以反對工資縮減或是裁員。

　　非結社性團體：一群勞動階級的個人居住在相同的街坊鄰里中，正對當地小型企業連署請願書，希望有更好的勞動條件。

　　制度化團體：政府裡面的勞動部正在起草更嚴謹的工作安全法規。

　　結社性團體：一個自願性協會的工會，諸如在美國，由卡車司機組成的「卡車駕駛」（Teamster）工會或是「美國勞工聯合會——產業工會聯合會」（American Federation of Labor and Congress of Industrial Organizations, AFL-CIO），正在協商爭取較高的工資或更好的退休計畫。

　　在這幾種團體類型之間做出區別有其重要性，因為一般而言，一個團體的性質會反映出它能夠動員的資源有多少。最重要的資源之一，就是制度性結構組織，看其是否能夠維持政治上的努力直到政府給予回應。團體的性質也會影響到本身運用來獲取政治管道的戰術。最後，在某一特定的社會中最有行動力的團體特質，就是會提供建議給政治系統，說明哪些利益最有可能被聽見，而又有哪些利益不會被充分反映。

公民社會

4.4 描述一個公民社會的特質與益處。

　　為了讓利益表達能夠順利呈現，利益團體在社會中的網絡能否創造出「公民社會」（civil society），則是重要關鍵——這是一個人們所融入的社會，那裡的社會與政治互動關係很自由且沒有國家政權的控制與管制。這意味著存在自主性的社群團體、自願性的協會，以及具有信念的社群——就像是透過大眾與社群媒

體所呈現的溝通交流與資訊的自由。參與公民社會的團體可以將有價值的政治技巧與合作關係藉由社會化傳遞給個人。人們會學習到如何組織、表達本身的關切，並且與他人共同努力達到具有共識性的成果。他們也會學習到如何熟練與懷抱希望欣賞政治本身的過程。因此，一個積極的結社性團體制度，可以減少脫序型或是非結社性活動的出現機率，並且能夠提供肥沃土壤來滋養民主政治的發展。

　　公民社會的力量可以藉由現代化、全球化以及民主化產生影響。一般而言，現代化會涉及教育、都市化、公共傳播的快速成長，以及生活中物質條件的改善。由此，現代化會產生分布廣泛的信念，使得生活條件可以通過人類活動而獲得改變。這往往有助於提升政治的意識、政治參與以及政治才能的感受，這些都能依次促進更多元以及以公民為基礎的利益表達。同時，現代化提升了生活條件與職場上的多元性——這過程可導致形成最多數量特殊利益的結構。提供更多的媒體曝光，以及促進一個更大、更具有抱負的政府讓政治利益變得多樣性，這些都可以藉由利益團體加以組織。因此，一般而言，現代化可以激起利益團體及其行動變得更多元化。然而，這樣的過程可能不會永遠這麼直接了當。在某些案例中，現代化可能會造成傳統利益表達的途徑變得窄化（像是透過當地領袖或網絡等），但是之後會因為受到約束的社會態度，而使得更多現代化的結社性團體（像是女性協會等）可能會因此而衰退。

　　全球化正在跨越國界進行公民社會的整合。舉例來說，西方民主國家的環保團體會協助發展中國家的環保團體，取得相關專門知識技能以及組織的資源。在國際研討會與政策論壇中與其他國家團體交流以及建立社會關係的網絡，同時進行社群媒體的連結，在全球不斷增長。[7] 全球化也增加了國內團體與國際行動者之間許多的互動。[8]

　　成功的民主發展也會培養出具有良好功能的公民社會。然而，這樣的過程絕不會是自動產生的。社群媒體以及手機的普及有助於這樣的協調發展。但是要為集體行動來組織龐大團體的問題，仍然還是難以解決。結社性活動在不同社會中有很大的差異。社會信任的發展層次是影響社會團體參與的重要關鍵因素。[9] 資源與社會支持則是另一個是否可讓集體行動成形的原因。在其他案例中，威權國家的政黨與官僚制度可能會控制結社性團體而且會阻礙政治過程。正在進行民主化的國家所面臨的問題，就是如何培養結社性團體在社會中生存，而這些正是政府以前鎮壓與控制的組織團體。[10] 大約在半個世紀以前，東歐的共產黨政府就鎮壓過自主性的利益團體。因此要創建新的、獨立的結社性團體之過程，是需要一

些時間的。中國今日則是投入更大量的精力來控制網路的使用（參閱第十二章）。如果民主化能夠在這些國家成功展現，則創建一個擁有自主性結社性團體的公民社會，是有其重要性。

利益團體系統

4.5 識別並描述利益團體系統中的三種主要類型，並提供案例說明普遍存在於不同國家中的每一種類型之案例。

介於利益團體與政府政策制定機構之間的關係，是政治過程中另一個重要的特徵。特別是經濟生產團體常常希望能與政府有更親近的管道，而政府官員往往也想要與他們有合作的關係。因此，他們彼此通常能夠發展出定義明確的互動網絡，也就是我們將此稱為的「利益團體系統」（interest group systems）。不同的連結類型會創造出不一樣的利益團體系統。利益團體系統也被歸類成三種主要的團體類別：「多元模式」（pluralist）、「民主統合模式」（democratic corporatist）以及「被控模式」（controlled）。[11]

多元模式利益團體系統

「多元模式利益團體系統」（pluralist interest group systems）有幾個特徵涉及以下兩者，其一為利益是如何被組織，尤其是針對經濟生產團體；其二為他們如何在政治過程中參與：

- 團體成員是自願的且人數有限的。
- 單一的社會利益可能會由多個團體一起來表達。
- 團體通常是一個鬆散或是去中心化的組織結構。
- 在利益團體與政府之間有一個明確的區別。

多元模式系統傾向於與政府以及私人利益之間畫出清楚的界線，使得政府能對組織利益採取中立且超然的立場，並防止政府對私人利益進行調控或控制的行為。因此，可能會有許多不同的利益團體呼籲要求受到關注以及希望政府在任何已經明確的政策範圍中採取行動。舉例來說，不只是許多不同的社會領域（諸如勞工、商業與專業的利益）有不同的團體，許多這些領域內的工會或商業協會也會參與其中。這些團體在其內部就會競爭會員身分與影響力，同時也會向政府施壓本身的需求。美國與法國就是具有強勢多元模式利益團體系統的很好例證。加拿大與紐西蘭也是屬於這一類型的國家。在多元模式利益團體系統中，勞工運動

可能會被區隔且通常沒有太大的力量。圖4.1顯示了比例不高的工會成員數平均值，大約只有占全體員工的10％。儘管英國本身擁有為數眾多的工會成員（參閱圖4.1），以及某種程度上在經濟組之間的協調更為密切，但是英國通常還是會被歸類為多元模式這一邊，尤其是在柴契爾夫人（1979-1990）執政領導之後。日本的模式是比較混合型的系統，用一種比較溫和的角色來組織勞工。

民主統合模式利益團體系統

　　「民主統合模式利益團體系統」（democratic corporatist interest group systems）是由更多組織化與制度化的利益表達來形塑其特性：

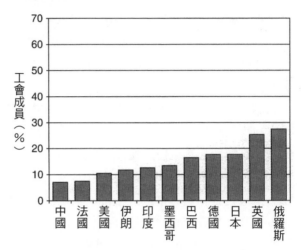

圖4.1　工會成員

不同國家之間的工會成員密度差異很大，然而工會角色的差異卻是更大

中國：2010年至2014年的世界價值觀調查，V28：工會＝不活躍的＋活躍的成員

伊朗：2005年至2009年的世界價值觀調查，V27：工會＝不活躍的＋活躍的成員

資料來源：國際勞工組織（International Labour Organization, ILO），ILOSTAT資料庫 ，http://www.ilo.org/ilostat。本圖擷取資料以受雇人口百分比形式來呈現工會成員數。針對中國與伊朗，國際勞工組織的資料庫是沒有記載的，而本圖顯示調查對象的比例，是那些在世界價值觀調查中，宣稱已經是工會成員的人（伊朗：2005年至2009年；中國：2010年至2014年）。

- 在頂尖協會中的成員身分往往具有強制性且是接近普世性的。
- 單一頂尖的協會通常都只會表達本身社會的利益而已。
- 頂尖的協會通常都有一個中央組織並以此引導本身成員的行動。
- 團體通常會系統性涉入政策的制定與執行中。

　　統合模式利益團體系統賦權給勞工與商業團體使其變得更積極參與制定經濟政策過程中。他們會試著模糊化介於公共與私人組織之間的界線，促使利益團體參與政策制定過程，以及敦促政府對特殊利益團體進行識別與管制。這些系統的

特徵持續在有組織的勞工、商業利益、政黨以及政府代表之間，進行政治上討價還價的行為。如此統合模式系統讓組織彼此相互連結，但在其他政治體制中，則是扮演了非常不同的角色，其往往是對立性的關係。舉例來說，在民主統合模式系統中，裡面可能會出現一個單獨的頂尖協會來替所有主要的工業進行利益表達，然而在多元模式系統中，可能會出現幾個不同的商業團體同時在行動。在民主統合模式系統中，頂尖的協會也都具有中央性組織，而在多元模式系統中，一般而言，團體是去中心化的組織結構。

奧地利、芬蘭、挪威與瑞典都擁有最為徹底的統合模式利益團體系統。北歐國家的特色是由非常高度層次的工會成員所形塑，其中大約包含了65％的勞動人口，成員數量基本上是比圖4.1的呈現高過兩倍以上。甚至這些國家，像是奧地利，都具有高度中央化與團結一致的勞工運動。不論工會成員數的平均層級到哪，德國也是一個非常接近符合民主統合模式的樣本（參閱第九章）。舉例來說，德國工會都有正式的成員隸屬於許多政府的委員會中，有特殊管道進行政策管理，而透過非正式的管道也是相當具有影響力。在這些系統中，像是工會與商業協會這樣的利益團體，往往會常態性地與政府機構以及／或是政黨進行合作，尤其是規劃經濟政策時。

墨西哥與巴西的特徵形塑了另一種的統合主義模式之政治。在墨西哥的工會成員比例是最接近中間值的，而在巴西則是比較高的比例（再次參閱圖4.1）。然而，在這兩個國家中的工會與農民協會都是國家政體處於專制的政權期間所組織，而且依然與政黨或宗教利益團體維持很緊密的關係。通常這些團體會幫助能夠支配他們的政黨或是社會機構來動員支持群眾，而且當他們支持的政黨獲得權力時，他們也會與國家政權有比較親密的連結關係。這系統在墨西哥與巴西也都正在經歷著轉變過程，就像是民主化與發展鼓勵工會在政治上變得更加獨立且具有影響力（參閱第十三、十四章）。

在高度發展的國家中，比起多數以多元模式為主的國家，擁有民主統合模式利益團體的國家政體都會有比較低的失業率、較高的產業勞動工資以及較高的政府支出。許多民主統合模式也證明了對於執行像是環境保護這樣的政策時，特別有效果。[12]然而，自從這些國家也開始變得比較富裕且社會衝突的層面也降低之後，就不太容易清楚知道哪些不同程度的結果是由於統合模式本身所導致的，以及民主的統合模式是否能夠成功地推廣。因此，就像當介紹到1960年代至1970年代的英國時，民主統合模式就不是成功的象徵。

在許多先進工業化社會中，工會成員的數量都已經降低了，而且商討模式也

變得更加減少中心化。相形之下，幾個東歐國家正在嘗試發展更加民主的統合模式結構來培養出利益團體政治，但是自主性利益團體在這樣的系統下依然沒有什麼發展。從發展中國家對於民主統合模式之模型的經驗來看，其變得更加形形色色。[13]在印度的工會成員數目一直都停留在很低的比例，顯示出了在許多發展中國家中的一種共同模型。利益團體，諸如工會，往往都沒有很好的被發展而使得成員數目一直受到限制。他們缺乏像是在已開發的西方民主國家中，不論是多元模式或是統合模式的模型中那樣的影響力。

被控模式利益團體系統

最後，以下就是「**被控模式利益團體系統**」（controlled interest group systems）的一些不同特徵：

- 每個社會部門中都會有一個單一的團體。
- 成員身分往往具有強制性。
- 每一個團體通常都會以官僚層級式的方法來組織。
- 團體是被政府或本身的機構所控制，主要是為了來動員群眾支持政府的政策。

最後一點最為重要：團體存在之目的是為了要幫助政府控制社會。最適合解釋的例證就是傳統的共產主義制度，在這樣的制度中政黨滲透到社會所有的層面，並且控制所有的結社性團體，之後才允許這些團體運作。舉例來說，中國成年公民中只有不到10%的比例隸屬於某個工會。中國的工會以及其他利益協會都要服從於共產黨之下，而且只有在他們不挑戰共產黨領導人的狀況下，他們才有機會被允許表達其成員的利益。俄羅斯一度也奉行這樣的共產主義模型，而由於這一經驗使然，使得工會仍然擁有大量的會員資格。第十一章會討論在普丁總統統治下的工會是如何從國家政體掙扎來獲得自主性，以及有效為其成員表達利益。他們只有得到極為有限的進展，而俄羅斯政府卻已經更進一步地控制了自主性利益的表達。這些國家政體限制了利益表達的權利給可靠的親政府領導人。制度化利益團體，包括官僚制度與武裝軍隊，往往在這些社會裡的利益團體系統中，扮演了一個非常重要的角色。

接觸的管道

為了更有效果，利益團體必須透過各種的**政治接觸管道**（channels of political access）來聯繫關鍵的政策制定者。我們將此區分為「**憲政的**」

（constitutional），一般而言，也就是合法的接觸管道（就像是大眾媒體、政黨、立法機構以及法院），以及**「強迫的」**（coercive），往往指的是非法的接觸管道。透過憲政的途徑，我們指的是人們與政策制定者認為在提供他們生活基準以及與法律準則能兼容的政治體制中，那些合宜的非正式與正式之管道。憲政的接觸管道可以採取不同的形式，而這些往往在民主與非民主的體制中都存在著。強迫的管道有賴於武力以及其他策略的使用，而這與法律的準則是背道而馳的。

「個人關係」（personal connections）——運用家庭、學校、在地或其他社會連帶關係——是一種在所有社會中能聯繫政治菁英的重要方法。英國菁英圈中的訊息網絡通常立基在緣起於如同依頓（Eton）與哈羅（Harrow）歷史久遠的公學[2]，或其他的「公立」學校，以及在像是牛津或劍橋這樣的大學。同樣的，許多東京大學法學院的校友也都占據了日本政治與官僚體系中的頂尖位置，並且能夠因此建構個人的關係。美國總統通常都會有一個私人信任的小圈子，稱之為「智囊團」（brain trust）或是「參謀團」（kitchen cabinet），藉由意識形態與政策傾向，同樣也存在友誼成分，來與領袖群建立關係。所有國家都存在像這樣的網絡群體，他們可能會在利益表達與匯集上扮演很重要的角色。然而，個人網絡關係在比較貧窮的國家中更是一種特別重要的接觸管道，這往往是因為缺乏其他管道所導致的。許多這樣的網絡被定義為**「恩庇主義」**（clientelism）式的關係（參閱介紹政黨這部分的內容）。雖然個人關係一般都只會由非結社性團體運用在表達家庭或地區利益上，當然他們也會以此來為其他團體服務。

「大眾與社群媒體」（mass and social media）在民主國家的社會中，是很重要的接觸管道。這些大眾媒體可以為利益團體的努力來動員支持、引發時間與金錢的捐助，以及鼓舞同感者來支持團體。許多利益團體僱用公共關係專家、購買廣告直播，以及尋求認同本身的大眾媒體之關注。當東歐共產黨政府在1980年代末期放鬆對媒體的控制後，就可看到大眾媒體所展現的權力是很顯著的。透過報導共產黨政府政策的失敗，以及與西歐形成明顯對比的生活模式之後，這行動引發了大量的民主運動。當問及是什麼原因造成1990年代波蘭的民主革命時，波蘭前總統萊赫‧華勒沙（Lech Walesa）指著電視，然後說：「就是這造成的」。

「政黨」（political parties）是另一個重要的切入管道。民主國家的政黨往往會依賴利益團體來取得財務與選票上的支持，而其行動就像是這些利益團體的政府內部代表一樣。然而，有些利益團體會花費比較多的專注力在跨越不同黨派上，其他的則只會與某些政黨保持緊密的連帶關係。舉例來說，在英國勞工黨內

部的工會政治力量，傳統歷史上都是依賴於本身的能力來發展具有連慣性且分明的政策立場以及動員本身的成員（一般而言，這些也都是屬於政黨成員）來支持這些立場。在一些案例中，某些因素會限制政黨的角色承擔利益表達的任務。舉例來說，高度意識形態的政黨，諸如多數的共產黨，比較有可能直接去控制從屬的利益團體，而不是與利益團體對其需求進行溝通交流。以及像是那些在美國去中心化的政黨組織，可能就會比個體立法者在提供管道上較為使不上力。

「立法機關」（legislatures）是利益團體活動中很常見的一個鎖定目標（參閱專欄4.4）。標準化的遊說策略包含在立法委員會召開前先露面，並且提供資料訊息給個別的立法者。在美國，黨紀鬆散與去中心化的立法制度的結合，使得國會中的每位獨立委員都可能成為利益團體使力的主要目標。「政治行動委員會」（political action committees, PACs）會替個別的國會議員募集競選捐款，而這樣的交換條件通常是議員需要回報一些政治關注。在德國，政黨代表遍布在各種的議會委員會當中，而成為以權力方式傳遞需求給內閣以及政黨的重要的管道。然而在國會制度中，強而有力的黨紀已經在個別的「國會議員」（members of Parliament, MPs）中降低其重要性，而只是一種接觸的管道而已。[14]

「政府機構（官僚體制）」（government agencies / bureaucracies）是另一個主要的接觸重點，這些機構可能會變得特別的重要，尤其是當他們擁有制定政策的權力，或是其利益影響範圍被縮小且直接涉及到少數的公民時。一個抱持

專欄 4.4 政治幕後的遊說

英國啤酒公司運用各式各樣的方法來支持他們的產業。舉例來說，產業會捐款給最近正要為是否延長英國酒吧營業時間來投票的工黨國會議員。他們也會提供那些對產業表示友善的國會議員旅遊資助。一群支持這產業的國會議員，組成了「國會跨黨派啤酒團體」（All-Party Parliamentary Beer Group, APBG）。這團體宣稱其目標為「倡導啤酒是有益健康且充滿樂趣，以及酒吧在英國社會所占的獨特角色」。這個國會啤酒黨派團體推動降低啤酒稅、發起聽證會討論政府是否過度管制英國酒吧，並且支持延長酒吧的營業時間。該團體在西敏寺附近發起一連串的聚會活動，幫助產業領袖有機會直接與其他國會議員們碰面並且展示其產品。國會啤酒黨派團體也選出一位「年度啤酒暢飲客」在他們的一年一度的晚宴中頒獎。國會啤酒黨派團體直接從啤酒釀造廠那裡得到財務上的贊助，而該團體中支援工作的人則會由酒精工業來支付其薪資。

資料來源：數據資料來於英國「國會跨黨派啤酒團體」的網站，http://www.publications. parliament.uk/pa/cm/cmallparty/register/beer.htm。

正面態度的行政官員也許會試著透過行使行政裁量權來回覆利益團體的需求，或是給予利益團體某種公開的考慮方式，來獲取政策制定者同感而召開聽證會。在非民主國家的體制內，官僚體制可能更是一種特別重要的接觸重點，因為缺乏其他憲政上公民可接觸的管道。

「**抗議**」（protests）示威遊行、罷工，以及其他容易引發注意與直接施壓的形式，究竟會被視為憲政的或是強迫的方式，就要取決於本身政治體系的本質與規範。在民主國家的社會中，示威遊行往往能夠動員民眾的支持——或是引發大眾媒體對團體目的之關注。在非民主國家的社會中，示威遊行是具有危險性的。抗議可以算是其他的一種補充管道，特別是在獲得大眾媒體的關注上。因此，在印度新德里的醫師、日本的農民以及德國的「年長者（灰豹）組織」（gray panthers）[3]都會運用這樣過去大多限定在貧窮與少數團體中的策略。[15]

更加公開性之強迫的管道包括動亂與暴力的使用。在泰德‧羅伯‧葛爾（Ted Robert Gurr）對公民衝突的研究中，他主張「相對剝奪感」（feelings of relative deprivation）會刺激民眾更有動機產生攻擊性行為。[16]這些感覺會激發起挫折、不滿以及憤怒——這些都可能會導之後暴力的產生。如果人們相信其擁有正當理由而政府是不具正當性，並且暴力將有可能會導致成功的話，他們也許會轉而行使暴力。但在這些暴力的政治行動中，還是有很多不同的差異。舉例來說，一場自發的暴動可能會展現出集體的憤怒與不滿（有些人也許會因為好玩或者是當秩序瓦解時會受益而加入）。近來的研究已經顯示，暴動者他們的動機、行為與社會背景，有很大的差異。[17]相對剝奪感似乎是引發暴動的主要原因，但是挫折感也不是像以往的假設那樣並非漫無目標地釋放。舉例來說，發生在2005年法國巴黎的暴動，乃是由兩名青少年意外死亡所觸發，其點燃了已經不太穩定的現況。少數族群青少年組成的幫派燒毀了上千輛的汽車、破壞商家並且攻擊警察。法國政府宣布國家政體進入緊急狀態。即使這樣的騷動看起來更像是很糟糕的被引導，但這凸顯了很急切強烈的關注需求。來自移民家庭的青少年有很高比例都是失業的，而導致他們覺得社會與經濟的歧視是限制他們生活發展機會的原因。

雖然，剝奪感可能會推波助瀾激起不滿的情緒，但一般而言，罷工與造成阻礙則是由良好組織的結社性或制度化團體所引發的。在傳統歷史上，工會會運用全國性的罷工行為在根本性議題上來施壓政府或雇主。近來，更多一連串抵制全球化的暴力抗議都已經涉入了由激進團體精心策劃的高度組織行動（再次參閱專欄4.2）。罷工的影響以及所造成的阻礙有很大的不同。在東歐1989年到1990年

的罷工、造成阻礙以及示威遊行，就好像是過去發生在菲律賓早期的人民力量運動一樣，大大成功的抵制了失去其正當性的國家政權。一場發生在烏克蘭2004年選舉弊案後的全國性罷工，演變成國家轉型為一個新的民主政府，但是南韓在1980年代時，由學生所響應的聯合抵制行動卻只造成極有限的影響。

最後，激進團體有時候也會運用「**政治恐怖手段**」（political terror tactics）——包括蓄意的暗殺、武裝攻擊其他團體成員或是政府官員，以及血洗大眾等方式。在北愛爾蘭發生的暗殺與爆炸案、在以色列由巴勒斯坦人所進行的自殺式炸彈攻擊，以及伊斯蘭教聖戰士所造成的恐怖攻擊，遍布在紐約、馬德里、倫敦、峇里島、布魯塞爾、巴黎、柏林等城市以及其他顯示有運用這些手法的地點。一般而言，恐怖主義反映出了想要改變政治規則或是毀掉政治制度的慾望，而非僅僅是獲得政治管道而已。大規模極端的暴力可能會摧毀民主制度，而導致公民權利的縮減或甚至軍人的介入干政。舉例來說，秘魯在1992年以及印度在1975年（參閱第十六章），以民主式選舉出來的政府合理化了本身壓制民主制度的行為，來作為對恐怖主義的反制因應。當小規模團體的恐怖主義面對的是聯合起來之民主國家的領導力量時，通常會終告失敗。[18]在西方世界與伊斯蘭教聖戰士恐怖分子之間的當前衝突，已經重新將爭論點擺放在民主國家的政府應該如何在對安全的需求，以及保障公民自由之間尋求一平衡點。

利益團體在他們接觸管道的選擇上會有所不同。團體策略有一部分會由政策制定的結構組織來形塑，而另一部分則是由團體本身的價值觀與偏好所形塑。擁有實際資源之團體——金錢、成員或社會地位——一般而言，會喜歡透過合法的憲政式管道來接觸。而擁有受限的資源或正當性之團體，可能會覺得他們必須透過強迫式的管道來行動。在民主國家中，傾向於朝向憲政式的管道，因為這個制度允許一個更廣泛的範圍給團體行動。相形之下，一般而言，非民主國家體制就限制了憲政式管道的接觸，而可能就會激起強迫式行動的發生。

比較政黨制度與利益代表

4.6 比較並對比具有實質競爭性與威權式政黨制度的差異，及其在利益匯集中所扮演的角色。

成功的公共政策也需要依賴有效率的利益匯集。利益匯集可以將政策範圍縮小，使得公民的期望與需求能夠轉變成為一些政策的選擇。許多可能的政策會在這過程中被排除掉。那些能夠留下來的政策，一般而言，其背後都有重要的社會部門在支撐。如同先前討論過的內容，在不同的社會中會有各式各樣廣泛的結構

組織來匯集利益。表4.2呈現出本書所探討國家的一些概況。在民主國家中，具有實質競爭性的政黨制度扮演了一個主要的角色來對政策呈現進行範圍的縮小與結合。透過選舉，選民站在這些政黨背後投出了他們對其中部分的支持，而因此形塑了政黨在立法機關中的代表性。選舉之後，勝選的代表們會在立法機關內碰面開會，進一步在此鞏固與建立聯盟。然而，在某些時刻中，大多數的政策選項都會在仔細考慮之後被排除——要不是因為這些政策背後沒有政黨支持，不然就是因為支持這些政策的政黨在表決選舉上的得票率很低。在不具有實質競爭性的政黨制度、軍政府以及君主制度國家中，利益匯集的工作會很不一樣，但是其類似的效果就是要縮小政策的範圍。在某些議題中，匯集結果後實際上能夠決定政策的走向，就像是軍政府或是威權國家政黨中的某個派系一樣，可以決定政府的計畫。在其他案例中，立法議會、軍事委員會或是共產黨政治局的內部可能都會包含了幾個不同派系，而必須對政策加以協商。

　　在當今許多的政治制度中，政黨是利益匯集的主要結構組織。他們也可以成為利益表達很重要的傳播媒介。政黨就是替具有相同立場符號的人在重要官職中

表4.2　在已選擇之當代國家中所展現利益匯集的結構組織

政黨並非唯一的利益匯集者*

不同角色進行利益匯集的廣度				
國家	恩庇– 侍從網絡	結社性團體	具有實質 競爭性政黨	威權式政黨	軍事勢力
巴西	中等	中等	中等	–	低
英國	低	高	高	–	低
中國	中等	低	–	高	中等
法國	低	中等	高	–	低
德國	低	高	高	–	低
印度	高	中等	中等	–	低
伊朗	高	中等	低	–	中等
日本	中等	高	高	–	低
墨西哥	中等	中等	中等	–	低
奈及利亞	高	低	中等	–	中等
俄羅斯	中等	低	低	–	中等
美國	低	中等	高	–	低

*利益匯集的廣度等級定為低、中等或高。排序等級指涉到在不同時間上且較為廣泛層次的議題領域。
　空缺符號（–）則是意味著這樣的角色並不存在。依據本書各章節中的作者看法來加以評估。

找尋可安插位置的團體或組織。在現存的任何社會中，可能會有1個、2個或多到10個、20個以上的政黨。我們所提及的政黨數目，以及政黨在這之間的關係，如同是論及**政黨**（party systems）制度的特色。在介於政黨主要試著來建構選舉支持的**「具有實質競爭性政黨制度」**（competitive party systems）以及執政黨握有選舉但尋求避免權力更迭的**「威權式政黨制度」**（authoritarian party systems）之間，存在著一個明顯的區別。這樣的區別並非依靠選舉的勝利或是政黨的數量形成差異。反而是依賴於政黨是否有能力自由組成以及以競爭方式取得公民的支持，而是否為公民支持來產生競爭關係以獲得政府的控制，這就是關鍵的差別。因此，即使只有一個政黨令人矚目地贏得了選舉或是支配了幾個連續的選舉，只要其他政黨能夠自由地挑戰其選舉投票之優勢地位的話，這也可以被稱為是一個具有競爭性的政黨制度。

　　具有實質競爭性政黨在利益匯集中的角色不僅是有賴於個別的政黨，也需要依賴於政黨的結構組織、選民、選舉法規，以及政策制定的機構。一般而言，在一個具有實質競爭性政黨制度中，利益匯集會在幾個階段中發生：在政黨內部，當政黨選擇參與者與採用某政策提案時；透過選舉的競爭過程時；以及選舉之後，在立法與行政部門，透過協商以及與其他政黨組成同盟時。

　　當選舉與代表大會開始存在的時候，就差不多有政黨出現了，但是當代的民主政黨是在19世紀中葉時，才開始在歐洲與美洲發展起來。在此之後，政黨就開始在所有的社會中萌發，也已經採用自由且公平的選舉，以及民主的政府制度。政黨會因為本身的目標與組織而有所差異。有些具有相當精心製作的政策綱領，而另一些只比雄心勃勃的政治人物當選（或是創造本身財富）的宣傳工具更多一些而已。有些政黨是高度結構化的大規模組織，而其他淪為被其領導人所支配的「個人扈從」（personalistic）團體而已（參閱專欄4.5）。

　　政黨通常依據他們能夠提供支持者什麼，被區分為兩種類型。**「綱領性的」**（programmatic）政黨需要在政治平臺的基礎上來競爭政治支持，而能夠提供基礎廣泛的政策，其政策往往也涵蓋了思慮過後的公共財性質。**「恩庇式的」**（clientelistic）政黨反而是提供他們的支持者更多的特殊利益，常常會以工作、個人喜好或是有利於當地的好處等形式出現。像這樣的政黨工作，有很大部分是透過個人關係進行。在恩庇式的網絡中，一位中央官員、威權人士或是贊助者，向當事人提供利益（贊助），以換取他們的忠誠與支持。恩庇主義也因此被這樣的交換關係來形塑，往往於法所不容，且一般而言，是充滿許多看不見的祕密以及處於社會官僚體制中，其中也存在著所謂的主子與奴才。在紐約或芝加哥的機

械化的政黨，都會藉由贊助與忠誠連結在一起。當今論述「恩庇——侍從」關係的研究，在亞洲政治的研究上具有其開創性，而這樣的網絡關係在菲律賓、日本以及印度都是很常見的。但同樣在世界上大多數的地區中也同時存在著。恩庇主義一般都是與貧窮的社會所連結，但是比較新的研究卻指出，恩庇主義事實上可能大多盛行於經濟發展處於中等程度的國家中。[19]

專欄 4.5　個人扈從黨

　　政黨典型上是正式的組織，具有統領者、成員、規章以及正式的政策計畫。然而，有時候政黨可能會建立在圍繞著某個政治領導人或是一個小型的領導團體打轉，且非常鬆散的個人扈從運動。在新興的國家中，個人扈從黨尤為常見。舉例來說，在俄羅斯，總統佛拉德米爾・普丁（2000-2008以及2012-）有能力發起一個政黨（團結俄羅斯黨），並吸引了許多個人追隨者。即使在印度與法國，也都高度擁有各種個人扈從黨。在印度，國大黨已經被多數重要的創建人之家族所主導，甘地（Gandhi）與尼赫魯（Nehru）。在法國，大多數的總統都是出身於戴高樂主義（Gaullist）運動，雖然這個源於反納粹德國占領的運動有很多不同的名稱，但都是由戴高樂總統及其追隨者所主導而開始。個人扈從黨一般也比較沒有非常明確的政策計畫。他們往往是恩庇式的，而且有時候會轉變為純粹是個人野心與尋租行為的宣傳工具。

　　許末爾・富拉托——夏隆（Shmuel Flatto-Sharon），一位出生於波蘭但居住在法國的商人，就呈現出一個非常極端的案例。在1977年，他逃往以色列，因為挪用公款而導致法國當局要起訴他。為了避免被起訴以及防止被引渡，他成立了一人政黨並且參與以色列國會議員（Knesset）的選舉。富拉托——夏隆拒絕將自己定位為左派、右派或是中間立場，但呼籲以色列不應該讓他被引渡至法國。他也承諾要給以色列每一家戶都有一臺免費的電視機（這是在電視機尚未變得普及便宜的時候），並且以公寓津貼方式補助給年輕配偶。而且他還承諾要付錢給投票支持他的人，因為這些人是他的「競選勞動者」。即使如此，富拉托——夏隆還居然贏得了兩席的國會議員，但是他的政黨只有自己本身一位候選人，所以無法補滿第二個席次。然而，後來他因為行賄而被以色列的法院宣判有罪，主要是因為他圖謀選舉買票，不過他倒是從未被引渡到法國。

　　有些個人扈從黨看起來似乎沒有特別目的，除了揶揄嘲笑政治與政客之外。在丹麥，喜劇演員雅各・豪加德（Jacob Haugaard）幾度以候選人身分代表「避免刻意勞動者協會」（Association of Deliberate Work Avoiders）參與競選公職。在1994年，他贏得勝選成為丹麥的國會議員。他的競選政見包括：為缺乏幽默感的人爭取身心障礙津貼的需求；在所有丹麥腳踏車道製造順風行駛；更大方贈與的聖誕禮物；在宜家家居（IKEA）推出更多文藝復興風格的家具等。豪加德還承諾提供免費的啤酒給支持他的選民，而他利用從丹麥政府那裡獲得補助給自己政黨的公共經費，在選舉結束後購買啤酒與熱狗招待他的支持者。

　　一般而言，最早期的政黨都是從內部產生的；它們的創辦人是那些已經在國民議會擁有席次或是身分為政務官的政治人物。這些政黨往往要忠誠於更廣大的憲政原則（諸如共和制政體、國家獨立、全民普選權或是政教分離），然而在別的方面，政黨卻常只有鬆散的政見以及在國會之外鮮少有組織。他們通常都有五花八門的響亮名號，但是卻與本身政策觀點毫無關連性，像是英國的輝格黨（Whigs）與托利黨（Tories）；在許多拉丁美洲國家中的白黨（Blancos）與紅黨（Colorados）；瑞典的帽子黨（Hats and Caps），或與此有關的美國民主黨（Democrats）與共和黨（Republicans）。

　　在19世紀末至20世紀初這段期間，許多國家正在進行工業化與都市化，以及愈來愈多的成年人獲得投票權，出現了其他類型的政黨。工業化所帶來勞工階級人數的增長，導致社會主義、社會民主、共產主義，以及其他勞工政黨的形成。農耕的利益透過促進農業利益的政黨獲得代表，也有其他政黨出現來代表宗教社群（如同天主教徒或印度教徒）或是少數族裔以及少數民族語言的群體。在還沒獨立的國家中，強調國家獨立的政黨往往會變成一股優勢的力量。一般而言，所有這些政黨都是「**從體制外所創立的**」（externally created）——他們一開始都是從政府與立法機關**之外**來組織。比起老舊的競爭者，他們通常擁有更穩固的大眾成員組織，而且他們往往與特殊利益團體之間有（而且持續擁有）比較親密的連結關係。因此，社會民主黨員與共產黨員傾向於與工會擁有比較堅定的連結關係，就像促進農業利益政黨之於農民的組織，以及許多基督教民主黨（至少天主教民主黨會如此）之於梵蒂岡與其他宗教組織。

　　這些政黨大多數都還是存在著並已經加入比較穩定的**政黨家族**，像是社會民主黨派、保守派、基督教民主黨派、自由派、國家主義派，以及其他不同派別，這些通常都會在國家的範圍內維持著親密的互動關係。大多數已建立的民主國家政黨制度都顯現了高度的穩定，而且許多已經存在100年以上的主流政黨，到今日還是有其重要性。然而，有兩種重要的政黨新形態過去這幾10年來已經逐漸出現，尤其是在先進的工業化國家中。1960年代至1970年代期間，「新左派」或是「綠色環保」政黨在許多國家中出現了，來捍衛國際和平與解除武裝對立、環境保護、性別平等，以及少數團體的權利。他們也往往更加支持多元可選擇的生活風格，而歸類為非傳統上左派的勞動階級政黨（像是社會民主黨派）。其他重要的新政黨類型就是強調「民粹主義的權利」，像是義大利的「義大利前進黨」（Forza Italia）以及法國的「國民陣線」（National Front）。這些政黨傾向於批判那些被他們認為是菁英主義、貪污腐敗或是遠離群眾之現存的政黨及其政治領

袖。他們很關注犯罪以及贊成嚴格的法律和秩序政策，但是卻在其他政策領域中批判他們視為是「政治正確」的政府干預主義。他們不喜歡福利國家有時候所創造出來的扭曲現象，像是讓人不想去工作且輕鬆依靠社會福利，就能過活的政策。而且一般而言，他們也會捍衛國家主權與公民權利，並且抵制大規模的移民與國際整合。

　　大多數民主國家的政黨制度都顯示了各式各樣政黨家族的一種混合特色。但是世界上沒有任何兩個政治體制是完全一樣的，而且並非在所有國家中都會出現所有的政黨家族。政黨制度的差異性也反映出了國家人口結構、經濟發展與政治歷史的不同。政黨制度也會因為不同的選舉制度而有所差異，這我們之後會加以討論。

選舉

4.7 討論選舉制度的類型及其與選舉競爭模式的關連性。

　　在民主國家中，政黨的存亡取決於他們在選舉上的表現結果。因此，像投票這個簡單的行為，就成為了最重要的政治參與形式之一。而選舉就成了幾種方法之一的模式，且讓多元的利益可以透過選舉平等的展現。然而很不幸的，選舉無法總是很公平的來匯集利益。舉例來說，雖然給予每一位公民一張票，但是無法計算出不同人們可能會持有的輿論觀點而呈現不同的利益。甚至，經濟學家與政治科學家都已經證實了如果在任何決定中，有三個或以上的選擇時，就可能不會存在公平的方式來匯集投票以選擇出單一最佳的結果（這問題通常被稱為「阿羅的悖論」（Arrow's Paradox）[4]）。[20]

　　像是投票這樣簡單的行為，也可能具有非常深遠的意涵。選舉的結果會直接或間接決定由誰來管理政府的事務以及制定公共政策，而當政黨獲得了政府的治理權時，他們通常也會履行其選舉的承諾。[21]當最左派政府得到權力時，他們會傾向於擴張政府的規模與追求目標；保守派的政黨通常則是顯示政府計畫的成長與促進私人企業的壯大。希望比較劇烈改變或是目前不在執政的政黨，往往會發現當他們最後重新掌握權力時，要落實原先的計畫是有困難度的。舉例來說，當德國綠黨在1998年獲得權力而成為聯合政府中的一部分時，他們必須修改其原本承諾要立即關閉德國的核能發電廠的計畫。替代的是，他們協商出在許多年之後要逐步淘汰的計畫。甚至他們也要接受德國軍隊涉入科索沃（Kosovo）的內戰當中，即使他們原先的計畫中是批判這樣的軍隊介入事件。但是大體而言，政黨還是會試著努力兌現其計畫，而且藉由選票，公民可以因此影響政策的制定。

　　然而，當他們在制定政策時，政黨的領袖往往會陷入其黨內激進分子與選民之間的考量中。黨內激進分子往往會比大多數選民希望政策更加徹底制定，而且一般來說，激進分子也會堅持政黨的計畫應該要執行，而一般的選民則會因為當政府妥協且加以聆聽在自己政黨以外的輿論聲音時，而感到高興。關於需要到怎樣程度的民主，會開始要求政黨內部具有民主機制，一直都存在更廣泛且正在持續進行的爭論（參閱專欄4.6）。參與式民主的倡議者大力支持這樣的觀點，就像是歐洲的綠黨也持同樣立場。相形之下，著名的奧地利經濟學家約喬瑟夫・熊彼得（Joseph A. Schumpeter）主張政黨之間充滿活力的競爭，對健康民主的發展至關重要，而政黨內部是否民主則無關緊要，甚至是有害的。[22]

　　選舉通常還具有其他的功能。獨裁統治者經常會操縱選舉，以使其政府取得合法性。直到1990年，蘇聯的選民都還只有一位候選人可選擇，而這位人選也一直由共產黨所提名。選民參與度很高的原因，是因為政府會施壓民眾參與，而不是因為選舉實際上會有決定任何結果的神奇力量。選舉在社會化與形塑公民的態度上扮演了重要的角色，但是對於利益表達與匯集上卻鮮少有所影響。[23]

　　在大多數的民主國家中，公民可以自由選擇是否投票。投票的選擇反映出各種動機。[24]許多公民會試著檢視政黨的政策承諾。但對其他人而言，選舉可能只

專欄 4.6　寡頭政治的鐵律

　　如果政黨不以民主形式來治理，其是否可以成為民主代表的主要媒介呢？長久以來，這問題一直都是學生對於當代政黨議題主要的關注點。在1911年，德國社會學家羅伯・米歇爾斯（Robert Michels）出版了對於德國社會黨的研究，在其中他構思出了「寡頭政治的鐵律」（iron law of oligarchy），其論述到所有的組織都會傾向於寡頭（被少數統治）而非民主。米歇爾斯著名的觀察後所言：「誰要是談論組織，誰就是在談論寡頭政治」。他指出有幾個力量在推動政黨這樣的組織朝向寡頭方向發展。其中之一的原因就是存在於所有大型、現代的組織中，對於特殊化的需求。第二個形成寡頭的原因就是基於這樣的事實，大多數一般的黨員除了缺乏時間與資源來要求其領導人負起責任之外，往往也期待一個強大領袖的出現。第三個原因就是政黨會培養出「凌駕」於政治之上，而非「奉獻」給政治的領導人。他們會利用本身的領袖地位來遂行個人謀取利益或是權力，但這往往會傷害到本身的追隨者。（在當代的專業詞語中，我們將此追求自利的行為，稱之為「尋租」。）米歇爾斯的研究確實也特別造成他的困惑，因為他發現尤其在自己所支持的德國社會黨之中，也具有這些傾向，但卻還特別堅定地要推動民主理念。

資料來源：根據羅伯・米歇爾斯所撰寫的《政黨》（*Political Parties*）（New York: Free Press, 1962）。

是一種對政府表現的簡單公投而已。如果時機很差的話，他們就會投票讓無賴滾蛋下臺；如果時機轉好時，也有可能讓他們重新上臺。在其他案例中，選舉可能會被強勢領袖的魅力或是不稱職的弱勢領導人所主導。然而，在每個案例中，選舉都能夠匯集這些多元的關注內容，形成一個集體的決定。

選舉制度

　　選舉所採用的規則是影響政黨最重要的結構之一。我們將這些規則稱之為**「選舉制度」**（electoral system）。這些規則決定誰可以投票，如何投票，以及票數如何計算。決定票數如何轉換為席次的投票規則，尤其顯得重要。美國、英國以及許多受到英國影響的國家（像是印度與加拿大）都被劃分為許多不同的選區。在每一個選區中，得票數超過任何其他候選人——相對多數決（plurality）——贏得選舉。這個簡單的**「單一選區相對多數選舉制」**（single-member district plurality (SMDP) election rule）往往以賽馬術語方式被稱為「得票多者當選制（第一個衝過終點標杆）」（first past the post），因為勝利者只需要比其他候選人拿到相對更多票就可以，而不需要贏得過半數的多數票。對美國人來說，這制度看起來似乎相當易懂且自然，但是在歐洲大陸與拉丁美洲卻很少使用。另外一種單一選區的選舉，則是使用在法國與俄羅斯的總統選舉，以及美國的一些州，採用**「多數決」**（majority runoff）或**「兩輪投票」**（double-ballot）制度。在這制度之下，投票分為兩階段，通常中間會間隔幾週。在第一輪投票中，需要取得所有票數中的多數決（50％以上）才能獲勝。之後，為了要獲勝，候選人不僅要獲得比其他人更多的票數，而且票數必須比所有其他候選人的票數加總起來還要多。如果在第一輪沒有出現相對多數的勝利者，那麼就會有少數的候選人（通常取其前兩名）進入到第二輪；在這一輪中，不論是誰只要取得比較多的票數（相對多數決），誰就當選。

　　相對於單一選區選舉制，大多數歐洲與拉丁美洲的民主國家採用**「比例代表制」**（proportional representation, PR）。在比例代表制下，國家劃分為幾個大選區，每個選取產生幾席不同的議員。這些選區通常以組成國家的州或省來劃分，像德國有16個邦，而一般而言，每個行政區的席次數量是取決於其人口數的比例。政黨通常會根據每個行政區的當選席次來決定提名多少候選人。政黨能獲選的議員席次取決於該黨可獲得的全部票數比例。一個能夠獲得10％票數的政黨，大概能夠得到10％的立法席次，然而沒有任何一個制度是完全成比例的呈現。有時候，政黨必須獲得達到基本門檻的最低票數，通常需要在全國達到3％

至5％的比例，才能夠拿到任何的席次。如果有許多政黨同時競爭，而使得多數都沒有達到這個門檻時，很多選民就會面臨沒有代表的後果，就像發生在1995年的俄羅斯，當時有43個政黨出現在投票名單上，但之中只有4個政黨明顯地超過這個門檻。事實上，有49.5％的選民投票給了無法超過得票門檻比例的政黨。

　　為了有效競爭，政黨必須規劃出令人心動的政策計畫以及選擇有吸引力的候選人來參選。政黨也必須預料與嘗試對付競爭對手所推出的政策計畫與候選人。除了正式採納計畫與選擇候選人之外，政黨也需要試著宣傳其政策與候選人，並且透過街頭集會、媒體廣告、挨家挨戶登門拉票、社群媒體以及其他活動來動員選舉支持。政黨用以發展本身計畫的步驟程序，在不同國家與不同政黨之間都有很大的差異。在美國，每次總統大選前召開的全國政黨大會，採取一個平臺演講辯論方式，然後以此形式化來定調政黨的立場。在其他國家中，政黨會召開更正式的代表大會，且由黨中央組織發布該黨的計畫（**也被稱做政見綱領或是競選宣言**）。**25**

　　政黨也必須推出候選人競選公職。在美國，選民可直接透過「**初選**」（primary elections）來選擇候選人。但是初選並不是一個很正式的公開形式對候選人進行選擇。在其他多數國家會採用「**單一選區**」（single-member district, SMD）制度，由黨職人員選出候選人，不論是地方或是全國性的候選人皆是如此。在比例代表制的選舉中，政黨會針對每個選區提出候選人名單。相形之下，在「封閉式名單比例代表制」（closed-list PR systems）中，只需按降序方式，然後將被選舉的代表從列表的頂部開始往下排就可以，而一般的選民對哪些候選人可當選，沒有置喙的餘地[5]。在「開放式名單比例代表制」（open-list PR systems）中，相形之下，選民能夠將選票投給所屬意的個別候選人，而這些選票能夠決定有哪些候選人能夠代表該選區的政黨。

選舉競爭的模式

　　在民主國家的政黨制度中，選舉制度是選舉競爭模式的主要決定因素。有兩個著名的政治科學理論可以幫助我們了解這些關連性：杜瓦傑定律與唐斯的中間選民理論。「**杜瓦傑定律**」（Duverger's Law）是以法國政治科學家莫瑞斯・杜瓦傑（Maurice Duverger）來命名，是政治科學中最著名的理論之一。**26**這個理論指出，在選舉制度與政黨制度之間存在著系統的關係，因此單一選區相對多數選舉制度傾向於在國會形成「**兩黨制**」（two-party systems），而比例代表選舉制度則容易產生「**多黨制**」（multiparty systems）。杜瓦傑確認了導致這種規律性

的兩種機制。他將此稱之為**「機械效應」**（mechanical effect）與**「心理效應」**（psychological effect）。**「機械效應」**（mechanical effect）是一個直接的方法推論結果，說明不同的選舉制度會如何將選票轉換為席次。在單一選區制度中，除非某個政黨能夠至少在一個選區最後的結果上是領先的，不然該政黨可能就無法取得任何代表席次。因此，較小的政黨如果在許多不同的選區中都只得到第二、第三或是第四名的話，可能就只能獲得很少數的席次或是全軍覆沒。舉例來說，在英國2015年的選舉中，「英國獨立黨」（United Kingdom Independence Party, UKIP）拿到了所有選票中的12.9％，但卻只有在「下議院」（House of Commons）取得1個席次而已（總共有650個席次）。

　　「心理效應」（psychological effect）則是基於一個事實，認為選民與候選人會事先預期到機械效應的結果。因此，選民不會將選票支持「毫無希望的」政黨以及候選人。相反的，他們可能會支持心理面的次佳（或甚至第三順位）選擇，以避免他們強烈討厭的政黨當選。而知道選民將不會支持他們之後，小黨的候選人也就沒有太多意願參與選舉，而導致捐助者再三思考是否要支持這些候選人。將你的支持給予非首選的政黨或是候選人，主要是為了避免更糟的結果出現，這也被稱為**「策略性投票」**（strategic voting）。杜瓦傑主張這樣的策略性投票會傾向有利於已經存在的大黨，而不利於小黨。在美國的選舉，第三大黨的候選人往往在民意調查中取得相當不錯的聲望，直到愈接近選舉投票日，那時選民就會意識到這些候選人可能無法勝選。然後他們的支持通常就會急速下滑。

　　安東尼·唐斯（Anthony Downs）則是檢視政黨數目如何影響其所處的政策立場。他指出當兩個政黨競爭在單一的偏左派——右派（或是其他立場）之政策面向中，政黨會傾向於鎖定最中間的選民或在此「聚焦」。唐斯假設政黨只想贏得選舉，而每個選民將會選擇立場最接近於自己政策偏好的政黨。在這樣的條件之下，政黨就會採取溫和的政策來試著在選舉中獲得中間選民的支持（這些是在選民分布上站在中間點位置的人，相對於許多其他偏左或是偏右的選民而言）。唐斯的理論貢獻一般被稱為**「中間選民結果」**（median voter result），而這適用於兩黨選舉。在這情況下，政黨必須試著去贏得主要選民的支持，而因此會鎖定選舉的「中間」偏好。然而，比例代表制則是傾向於發生在許多政黨競爭當中，因為一般而言，他們大多數都無法有太多機會獲得主要選民的支持。但是，政黨可以因為許多少數選民的支持而存活下來。因此，在多黨制度中，沒有出現相同於兩黨制的中間立場靠攏狀況，且政黨反而會散落在政策光譜上不同的位置。[27]這樣的好處就是即使選民不是站在「中間路線」（middle-of-the-road）上，

也可以找到政黨替自己關切的事務發聲。而負面的結果就是會有更多抱持極端主義的政黨，可以對政策穩定性產生影響。

圖4.2提供了各個民主國家中的政黨與選民的比較「快拍」。它顯示了在每個國家中的政黨支持者在最近的選舉調查中如何在十等分位由左至右的尺度中設定政黨的位置，其中靠近0是顯示極左派（或在美國，其代表自由派），而10是顯示極右派（在美國，其代表保守派）。請注意：左派、右派以及中間派的定義可能會因為國家的不同而有差異。在刻度上的列高顯示的是，支持每個政黨的選民百分比。排在最前面的兩個國家：美國與英國，是採用單一選區相對多數選舉制（SMDP）的國家，而法國是採用單一選區相對多數兩輪決選制，墨西哥與日本採用混合制，而德國與巴西則是採用比例代表制。根據杜瓦傑的見解，美國與英國應該會出現只有兩大黨以及許多小黨的狀況。順著唐斯的觀點，我們應該可以預期兩黨制會變得採取溫和中間主義並在政策空間上有所聚集，而多黨制則會導致政策更分散。

大致上來說，圖4.2支持了杜瓦傑與唐斯雙方的觀點。最上方的兩個國家：美國與英國，採用單一選區相對多數選舉制而且只有兩大政黨，但是英國也有許多小型與中型的政黨。而且，美國的政黨相當接近政策光譜的中間位置。普通政黨支持者之間的左右「差距」，雖然比20年前要大，但是相形之下仍然很小。在最近的選舉之前，英國看起來和美國很像，但是比過去10多年來，政黨之間的距離愈拉愈大。法國，採用單一選區相對多數兩輪決選制（SMDP），擁有許多政黨而且介於最左派政黨（共產黨）與最右派政黨（國民陣線）之間的政策距離也非常遙遠，即使是兩大政黨（社會黨與人民運動聯盟）之間的距離也很遙遠。有兩個國家很有效率整合了單一選區相對多數選舉制（SMDP）與比例代表制（PR）。日本的特色是兩大主流政黨在彼此的政策見解空間上表現得相當接近。墨西哥有三個主要的政黨，但是在政黨之間的政策距離相差很大。最後，德國與巴西兩個國家中，選舉相當有效率的在比例代表制下競爭（雖然德國也具有某些單一選區相對多數選舉制的特色）。如同杜瓦傑的預測一樣，也如圖中顯示，德國與巴西這兩個國家比起其他國家而言，都有比較多的政黨數目。德國也擁有比較多極端的政黨，尤其是左翼政黨，而這我們也從唐斯那裡得到可應證的觀點。然而，在某部分來說，這可能也許是東德所遺留下來的事實根據，其經歷過共產黨的統治，而在1990年之後，左翼的意識形態持續受到來自原本這些人口的支持。巴西相當吻合我們的預期，在這樣的狀況中國家擁有許多政黨數目。（許多小型的政黨並沒有顯示在圖4.2中，因為我們的調查並未詢問他們。）但

圖4.2　政黨在左右派的位置，及其選民在選舉中的支持傾向

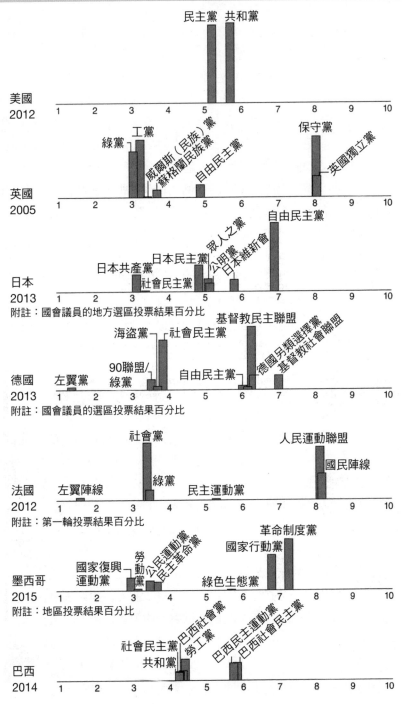

附註：下議院的比例結構。政黨位置是選民平均數從0到10的測量尺度上所標記的，0的位置就是屬於極左派，而10的位置則是屬於極右派。

資料來源：選舉系統的比較研究（http://www.cses.org），選舉系統的比較研究單元二，第4頁。英國的資料數據可參閱提姆·貝爾（Tim Bale）與保羅·衛博（Paul Webb）所撰寫的〈保守派：他們最甜蜜的勝利〉，收錄在安德魯·蓋德斯（Andrew Geddes）與強納森·湯奇（Jonathan Tonge）主編的《英國二〇一五年投票》（Britain Votes 2015）（Oxford: Oxford University Press, 2015），第50頁。本書作者們感謝英國選舉研究的主編提供數據資料於文章中使用。

是巴西的政黨幾乎都是非常溫和的中間派，也因此顯示了即使在比例代表制下的選舉中，其趨同現象或政策適中性都是可能發生的。

表4.3呈現出在本書所討論到的12個國家之選舉與政黨制度的新增訊息。它揭露了每個國家「**有效政黨數**」（effective number of parties）的數據資料。這樣的測量既要考慮所有政黨的總數，也把他們相對在國會中分享的選票或席次多寡都計算進來。舉例來說，如果有兩個政黨，而他們的規模大小差不多，其有效政黨數就是2.0。然而，如果某一政黨擁有80％的選票而其餘的只有20％的時候，其有效政黨數就會低於1.5。[28]不論是運用選票或是席次，有效政黨數都是可以被計算出的，如同我們在表4.3所完成的計算內容。如果杜瓦傑定律是正確的，有效政黨數在施行單一選區相對多數選舉制（SMDP）的國家就會低於其他實施不同制度（尤其是比例代表制（PR））的國家。表4.3顯示這樣的說法大致上是符合事實的，就像有四分之三實行單一選區相對多數選舉制（SMDP）的國家，其有效政黨數值是最低的。同時，印度卻是個例外，雖然本身採用單一選區相對多數選舉制（SMDP），但其卻還擁有廣大的政黨數目。但是進一步仔細觀察印度，即使國家整體而言有許多的政黨數目，但是大多數選區仍然是以只有兩個重要政黨競爭為特色。[29]因此，印度有助於讓我們理解杜瓦傑定律之中的一個侷限，儘管採用單一選區相對多數選舉制（SMDP）會傾向於在各選區造成只有兩個主要政黨的存在，但不表示全國各地都是同樣的這兩個政黨。

表4.3也給了我們杜瓦傑定律之中「機械效應」的測量方式，也就是計票方式本身會帶來的結果。藉由比較選票（得票占有率）當中的有效政黨數，以及在國民議會中政黨有效席次（席次占有率），我們可以發現選舉制度是如何對大黨有所助益，而對小黨多麼不利。這樣的偏頗狀況存在於所有的國家與選舉制度當中，如同在表4.3的席次占有率這一欄的數值中，幾乎總是始終低於那些得票占有率一欄中的數值。杜瓦傑定律主張這樣的差距在「得票多者當選（第一個衝過終點標杆）」之單一選區相對多數選舉制（SMDP）當中，應該會大於其他的選舉制度。我們的數據資料顯示，在較小型的政黨得以倖存，但代表人數嚴重不足

表4.3　選舉以及有效政黨數（立法機構的下議院）

規則決定一切

國家	選舉制度	有效政黨數——得票占有率	有效政黨數——席次占有率	個別候選人如何被選出？
巴西	比例代表制（PR）開放式名單	9.8	8.69	候選人偏好投票
英國	單一選區（SMD）相對多數	3.93	2.54	由地方選區協會提名
中國	無競爭式選舉	無競爭式選舉	無競爭式選舉	無競爭式選舉
法國	單一選區（SMD）相對多數兩輪決選	5.27	2.83	由地方選區協會提名
德國	混合制：單一選區（SMD）相對多數＋比例代表制（PR）封閉式名單	4.81[ab]	3.51[ab]	全國政黨以及州政黨會議
印度	單一選區（SMD）相對多數	6.82	3.45	由地方選區協會提名
伊朗	複數選區（MMD）相對多數兩輪決選	無資料	無資料	必須由護衛者委員會批准
日本	混合制：單一選區（SMD）相對多數＋比例代表制（PR）封閉式名單	4.12[b]	2.42[b]	全國政黨
墨西哥	混合制：單一選區（SMD）相對多數＋比例代表制（PR）封閉式名單	3.16[b]	2.80[b]	由地方選區協會以及全國政黨提名
奈及利亞	單一選區（SMD）相對多數	2.62	2.34	由地方選區協會提名
俄羅斯	比例代表制（PR）封閉式名單	3.10	2.80	全國政黨
美國	單一選區（SMD）相對多數	2.14	1.96	初選

附註：資料來自各國最新的全國選舉，像是在2016年11月。PR：比例代表制；MMD：複數選區；SMD：單一選區。

[a]要將「基督教民主聯盟」（CDU）與「巴伐利亞基督教社會聯盟」（CSU）視為分別的政黨來計算（參閱第九章）。

[b]根據所有的得票數與席次。

資料來源：艾倫‧李帕特撰寫的《民主的模式：三十六個國家的政府形式與表現》（New Haven, CT: Yale University Press, 1999）；麥可‧加勒格（Michael Gallagher）撰寫的〈選舉資料庫索引〉，2015年，http://tcd.ie/Political_Science/staff/michael_gallagher/EISystems/index.php；http://www.ElectionGuide.org；http://www.Wikipedia.org。

的英國和印度，情況確實如此。相形之下，在奈及利亞與美國，排名「第三」的
政黨在一開始起步時，就面臨到艱難的發展時刻。

角逐政府的競爭性政黨

　　如果某個競爭性政黨贏得了立法與行政機構的主控權時，該黨（如果一致的
話）將能夠通過並執行其政策。有時候，這樣的主控權是直接來自於選舉過程，
如同單一的政黨贏得了主要的多數選票。但是在許多國家，選舉法規是用來幫助
最大政黨取得執政權，即使它並未獲得多數選民的支持。因此，出現不到50%之
得票卻能夠轉化為超過50%之立法席次的結果。在一些像是英國這種施行單一選
區相對多數選舉制（SMDP）的國家中，如此產生「人為的」或是「人造的」立
法多數已成慣例。

　　舉例來說，從1979年到2010年，以及再到2015年，不論是保守黨或是工黨都
能夠持續贏得英國下議院主要多數的席次，即使兩個政黨皆未在任何一次選舉中
獲得主要多數選民的支持。例如，在2005年，工黨以35%的選票贏得了國會的主
要多數，而在2015年，保守黨以39%的選票支持率，在下議院獲得了些微的主要
多數。在所有的這些選舉中，有25%至35%的選民會支持英國較小型的政黨，但
是他們在國會席次當中，卻僅能拿下10%或更少的席次。

　　在其他國家中，多黨的選舉不會產生單一政黨成為主要多數，但是在選舉前
形成的政黨聯盟可能會持續提供選民對未來政府的選擇。在選舉之前，一群政黨
可能團結起來使力，同意協調彼此的競選活動，或是如果他們的結盟贏得了國會
主要的多數時，也同意來共同治理。當這樣的聯盟形成之後，如同在法國與德國
在許多（但是並非所有）選舉中所採用的方式，使其幾乎就像是一種兩黨制的系
統。選民能夠清楚地確認出有可能會勝出的政府，如果他們以此來作為選擇方
式，就能夠成為獎勵或是懲罰現任政府的一種手段。然後他們可透過對於政黨的
選擇，就有機會選擇政府政策的走向。

　　當選舉無法決定主要多數的政黨而也沒有所謂的選前政黨聯盟時，政黨及其
領袖則必須在選舉結束後，協商組成新政府。這在許多的多黨國會制度中是很常
見的，就像是荷蘭與比利時一樣。[30]在這些國家之中，利益無法透過選舉加以匯
集，因為選舉不會直接決定誰將來可以執政。利益匯集反而是發生在不同政黨之
間對於行政權掌控的協商中，通常大部分是在選舉之後出現，但有時候也有可能
出現在既有的聯盟分裂的時候（可參閱第五章）。

　　在行政部門而非在選舉層面上進行利益匯集，可能會同時引起正反面效益。

一方面來說，當由菁英政黨聯盟決定政府的政策時，選民可能會感覺政府對他們不太負責任，且因為利益匯集是發生在政治菁英之中，不同的菁英聯盟可能會形成不同的議題偏好。這可能會造選民（以及甚至是有知識與見解之觀察者）的困惑。選民可能也很難去清楚判斷政府政策的責任歸屬，甚至選舉失利者有時候還能夠進入決策層中，這可能會顯得不甚公平。這樣的情況，大大降低了以選票作為形塑未來政策或是懲罰政黨要為過去錯誤政策選擇來負責的價值。

另一方面，這對少數群體利益可能會有好處。因為當所有政黨，不只是選舉獲勝者，都能夠參與政策制定時，所有的公民都有可能會在某些議題上選擇支持少數意見，甚至有些人在許多議題上都選擇站在少數群體那邊。如果即使少數代表在兩次選舉期間可以影響到政策的話，他們可能就會覺得自己在政治上有更多的保障。最後，即使政府是由贏得主要多數選票來組成；一般而言，還是無法在其所有的政策提案上，都獲得主要多數的支持。所以這或許對國家整體來說是一件好事，因為即使是贏家也還是需要將其方案中的不同部分進行協商。如此的協議過程也有可能會反映出不同多數群體在各種議題上的觀點，而增進政策更周延的可能性。當政黨需要組成聯合政府時，他們所提案的政策也因此更有可能與選民的期待一致。然而，這可能會造成相同選民更難選擇他們所希望的議員代表或是「把所謂的壞蛋趕出去」。[31]

競爭式政黨制度中的合作與衝突

4.8 描述不同具有實質競爭意義的政黨制度之特色。

競爭式政黨制度能夠依照政黨的數目，以及政黨之間競爭或合作的類型加以歸類。「**多數式兩黨制度**」（majoritarian two-party systems）不僅是被兩個政黨控制，如美國；不然就是有兩個優勢政黨，加上一部通常可創造兩大黨之一成為國會主要多數的選舉法規，如英國。在「**多數黨派聯盟制度**」（majority-coalition systems）中，政黨建立了選前聯盟，因此選民會知道哪些政黨將有可能試圖結合在一起形成聯合政府。在大多數的選舉中，德國與法國都屬於這類。至於純粹的「**多黨制度**」（multiparty systems）具有選舉法規與政黨制度，實際上確保沒有任何單一政黨能夠贏得國會的主要多數，而且也沒有政黨在選前結成聯盟的傳統。利益匯集則取決於選舉結束後政黨的結盟協商並取得共識。

不同政黨之間的對立情緒或是兩極分化的程度，是政黨制度中所呈現的另一種特色。在「**共識型政黨制度**」（consensual party systems）中，掌握大多數立法席次的政黨，彼此之間的政策歧異不大，而且在彼此間及在政治體系中，也存有

合理的信任程度。一般而言，這些政黨制度就像是圖4.2最上方顯示的一樣。政黨協商的氣氛可能相當激烈，但是很少會陷入衝突。在一個**「衝突型政黨制度」**（conflictual party systems）中，立法機構是被那些對議題有很大歧異性，或是對不同政黨彼此之間以及政治體制都有對立情緒的政黨所支配，就像是1990年代俄羅斯的政黨制度。嚴重對峙的風險有可能會因此變得更大。

　　某些政黨制度會同時存在共識型與衝突型的特徵。在**「協合式」**或「調和式」（consociational（or accommodative）party systems）的政黨制度中，政黨領袖會尋求透過權力分享、大聯合政府，以及將敏感的決策權力下放至各個社會團體中，藉此幫緊張的社會分歧搭起橋樑。[32]協合式制度以此方式，可以有助於一個已經高度分歧的國家，找出一條通往和平的民主發展道路。在二次世界大戰後的奧地利與黎巴嫩，相互懷疑且充滿敵意的團體——在奧地利的社會主義者與天主教派，以及在黎巴嫩的基督徒與穆斯林——都發展出這樣的協合式約定方式。奧地利的「協合主義」（consociationalism）是相當成功的，但是黎巴嫩人的試驗就沒有那樣順利了。在1975年之後，黎巴嫩這國家成為內戰的受害者。在1990年代，南非也嘗試採取協合式的實際行動於轉型為民主國家的過程中，代表少數白人群體與多數黑人群體中不同派系的政黨領袖，共同協商出一個轉型期的權力分享協議。「臨時憲法」（Interim Constitution）確保內閣開放給所有得票率獲得超過5％的政黨來參與。之後，隨著民主變得愈加穩定，南非人已經廢除了這樣的權力分享機制。

　　因此，協合式的實際行動提供給高度分歧的民主國家一個希望，但是卻無法保證是否能維持長期的穩定。如同奧地利與南非給我們的啟示，在經歷過激烈的衝突或動亂之後，協合主義也許會特別適合當作是暫時的解決方案。但是，協合主義也意味著政治人物的小團體會在密室協商中做出許多重要的決策。如果這些政治人物能夠更有建設性地合作，而不只是顧及個別的支持者時，協合主義可能就會是個美好的解決方案。然而，如果政治人物不肯妥協讓步或是自私自利，協合主義就可能會失敗。

　　政黨的數目並不總是告訴我們他們的對抗程度。美國與英國相對是比較屬於共識型多數式的政黨制度，他們不是純粹的兩黨制，因為在這兩個國家中都存在許多的小黨，尤其是英國。在美國，共識程度會在一次又一次的選舉中產生變化，因為總統候選人的政見一直在改變。此外，美國政黨的凝聚力減弱以及政府分裂的頻率時常發生，導致選舉後需要大量協商，這就類似於**「共識型多數式政黨制度」**（consensual multiparty systems）。但是並非所有多數式政黨制度都

會產生一致同意的情況。1918年至1934年的奧地利就是屬於「**衝突型多數式政黨制度**」（conflictual majoritarian party systems）。1930年代中期，介於社會主義黨與其他政黨與之間的敵對狀態是如此地劇烈，而引發短暫的內戰。近年，烏克蘭就是衝突型多數式政黨制度的另一個例子。

　　多數式政黨制度傾向於在不同政黨之間具有更大的政策差異，但是這樣的制度並不總是充滿衝突性的。舉例來說，位於斯堪地那維亞的北歐以及荷蘭就是屬於具有共識型多數式政黨制度的好例證。相形之下，法國（1946-1958）、義大利（1945-1992），以及威瑪德國（1919-1933）都提供了衝突型多數式政黨制度的歷史案例，其中左派存在著非常強而有力的共產黨，而右派則有保守派或法西斯主義運動，內閣成員必須由中間溫和派政黨組成，因而使得其在許多議題上有各種分歧。這樣的結果，就會導致不穩定、政府效能低落，並且使得公民對民主失去信心。這些因素都是造成法國第四共和在1958年垮臺；義大利在1990年代政府更替頻繁、公民與政治產生疏離，以及德國在1930年代納粹推翻了民主。新興的民主國家，特別是那些因為語言或是種族而分裂出來的國家，有時候也會遭遇到相似的挑戰。有些在中東歐的新型政黨制度，像是匈牙利，就陷入成為衝突型多數式政黨競爭的模式中，但是其他的國家，像是愛沙尼亞與捷克的政黨制度，則是經歷了由傳統走向民主的良好過程。

　　因此，雖然政黨的數目會影響政治的穩定，但是存在於政黨之間的對抗程度則更是關鍵。兩黨制是比較穩定且具有效率，但是如果社會處於過度分歧的狀況，則可能會導致危險。由相對溫和的政黨所組成的多黨制度，通常可以提供穩定性與相當有效率的表現，特別是各政黨有意願在選前承諾組成聯盟的話。多黨制要是沒有考慮在選前組成聯盟，則會更容易出現效率不彰，但還是有些國家的例證說明這樣長期運作依然良好的狀況。然而，不論政黨數為何，在一些社會團體與政黨存在高度對立的地方，就會始終存在著政府垮臺與內戰的可能性。當危機不斷發展時，一般而言最關鍵的因素就是各個政黨領袖如何能給予承諾共同支持民主體制。[33]

威權政黨制度

4.9 比較並對比排他性與包容性威權式政黨制度的不同。

　　「**威權式政黨制度**」（authoritarian party systems）也能夠匯集利益。他們會提出政策方案，並動員支持，但是他們會用一種完全不同於具有實質競爭性政黨制度的方法來做這些事情。在威權式政黨制度中，利益匯集是在黨內進行，或

是透過與商業團體、工會、地主，以及與官僚體制內的制度化團體或是軍方互動來匯集利益。雖然這些國家也會舉行選舉，但是一般而言，統治者會在選舉規則上動手腳，而導致反對派面臨長期的賠率。

威權式政黨制度在黨內由上而下的控制程度，以及該黨對社會上其他團體的控制有很大的差異。**「排他性執政黨」**（exclusive governing party）是一個極端，它不承認在該政黨之外的團體具有正當性來匯集利益。不允許任何自由的活動，因而使得從利益團體、公民或是其他政府機構而來的反對聲浪會少得多。在此之中就是最極端的**「極權主義」**（totalitarian）形式，其政黨會試著透過由高層所發展的政策控制整個社會。它的政策是基於意識形態來制定，就像是共產黨或是國家社會主義（納粹主義），他們會宣稱政黨本身能夠代表所有公民真正的利益，完全不管公民到底相不相信這一套說詞。[34]**「包容性執政黨」**（inclusive governing party）則是在天平的另一端，至少會承認且接納一些其他團體與組織，但可能還是會壓迫那些他們認為看起來嚴重威脅到其控制權的團體或組織。

排他性執政黨

在一個純粹極權國家的社會中，只會有一個政黨完全由上而下地控制社會，而且也不會存在任何具有自主性的反對黨或利益團體。「極權主義單一政黨制度」（totalitarian single-party systems）可以成為在政治動員上驚人的工具。清晰的意識形態提供了正當性與凝聚力，而且政黨會以意識形態為名義對社會進行滲透與組織。在歷史上，大多數的極權主義執政黨都是共產黨或是法西斯主義，但是也有更多的例子指向國族主義政黨，像是伊拉克薩達姆·海珊的「復興黨（巴斯黨）」（Baath Party）。但是，極權主義很難一直維持下去。雖然共產黨政權曾經出現在1985年以前的蘇聯、1989年以前的東歐國家，以及今天的北韓、越南和古巴，但極少有政黨可以長期維持這樣的絕對控制。而中國是個有意思的混合型例子。雖然中國政府已經退出許多在經濟上的直接管理，但還是不容許任何站在反對其立場的團體存在。執政黨允許個人在一定範圍內表達利益，但是不能夠動員大眾反對政府的政策。[35]

排他性執政黨可能會比一般認知狀況中，經歷更多內部的異議聲音。在其黨內，團體可能會圍繞著本身的區域或是認同，或是站在不同政策派系領人的背後而產生團結關係。在所謂的統一戰線下，權力鬥爭卻可能會在發生危機的時間點爆發。關於承繼權位的危機特別有可能引發這樣的權力鬥爭，就像是在蘇聯的史達林與中國的毛澤東死後都出現這樣的狀況。有好幾次，中國共產黨都必須仰

賴軍隊，甚至動用不同地區軍隊指揮官的聯盟來維護其政權。

並非所有的排他性執政黨都是極權主義者。許多領袖也承諾會引導廣大的社會變遷——舉例來說，從殖民主義走向國家獨立——就是透過排他性執政黨來當作是一種工具而促成群眾的動員。但是要將排他性執政黨建構成專門為社會轉型努力的推動者，則是相當困難。在不具有實質競爭性的民主政治監督機制下，權力的誘惑通常會造成尋租或其他對權力濫用的行為。舉例來說，在非洲一些排他性執政黨的國家政體中，控制社會的能力也是有限的。更進一步來說，由於失去對馬克思——列寧意識形態以及蘇聯模式的信心，導致所有8個曾經一度採用這種制度的非洲政權，最後都在1990年代初期就放棄向此靠攏。

在排他性執政黨的統治時代中，許多執政黨都會進入一個新的階段，以確保本身權力的掌控，但是很少會強調動員。有些國家，像是北韓，執政黨可能就會退化成個人統治以及被統治者家族與信奉支持者剝削的工具。[36]最後，如同在前蘇聯與東歐國家共產黨垮臺的顯示，如果當政黨領袖失去其一統的意識形態時，要維持政黨的凝聚力就會變得很困難。

包容性執政黨

在前工業化國家中，特別是在那些族群與部落都很明顯被劃分的地方，比較成功的威權式政黨往往採取「**包容性的**」（inclusive）態度。這些制度承認社會、文化與經濟團體的自主性，並且會試著將這些團體整合或是與他們進行協商，而不是將其控制，然後把他們貼上標籤。非洲比較成功的一黨制國家中，像是肯亞與坦尚尼亞，就允許在去政黨中心化中的個人屬從、派系，以及族群團體進行利益匯集。

包容性政黨制度，像是墨西哥，有時候也會被貼上「**威權主義統合模式制度**」（authoritarian corporatist systems）。就像是民主國家的統合模式制度，一些威權主義統合模式制度會促使大型、有組織的利益團體能夠在彼此之間或與國家政權進行協商模式的形成。然而，不同於民主國家的統合模式制度，這些威權主義體制並沒有直接將權力賦予至人民手上。威權主義統合模式制度會壓制獨立的異議人士與政黨在官方允許的管道之外進行活動。政黨的領袖只會允許給執政黨內部不同層級以及與執政黨有所關連的團體一些有限的自主性需求。

包容性政黨制度可能會允許一些潛在性自主性利益的匯集。一般而言，執政黨通常會試著在該黨的大傘下整合各式各樣的社會團體，並且與外界的團體以及機構進行協商。有些包容性政黨也會嘗試推動比較激進的社會變革。其他的則可

能主要是進行利益匯集的競技場。只要這些反對派的候選人沒有真正具有勝選的機會時，許多包容性政黨的政府甚至會承諾給予其他政黨提名候選人參與選舉。事實上，自1980年代以來，隨著自由民主國家的數目不斷地增加，就出現了一個政治上有意思的特徵，就是**「選舉式威權主義」**（electoral authoritarianism）的發展。這是一種假民主制度所提供的「一些空間給政治反對派、獨立媒體，以及社會組織，但沒有任何嚴厲對政權進行批判或挑戰」的環境。[37]墨西哥的革命制度黨（PRI）就是一個具有選舉式威權主義特徵的包容性執政黨長期成功之案例（參閱專欄4.7）。

　　事實上，某些包容性威權主義政黨的壽命持久的令人訝異，但這並不必然意味著他們是很有力或是成功的。在許多國家之中，這些政黨能同時並存，是因為與軍方武裝力量或與文官的科層體制之間有著不自在且不穩定的聯盟關係。在一些國家之中，這些政黨就變成是為軍政府或暴政個人提供的門面。這些政黨鮮少能夠解決其國家中所面對的經濟或族群問題。

　　包容性政黨往往是在一個與殖民主義對抗的情況下所創建，而在殖民主義不

專欄 4.7　墨西哥的革命制度黨

　　最古老，也是最具包容性的威權式政黨之一就是墨西哥的「革命制度黨」（PartidoRevolucionario Institucional, PRI），在總統拉薩羅・加爾德納斯（Lázaro Cárdenas）在1930年代將其轉型為「大帳棚」聯盟之後，革命制度黨就一直獲得統治地位。革命制度黨吸納了許多的社會團體與不同政府部門合作，顧及到勞工、農業以及中產階級的利益。革命制度黨一直主導著墨西哥的政治超過50年以上，而讓其他政黨完全沒有實際獲得勝選的機會。這政黨也很小心翼翼地控制著選舉投票的票數計算，並且以各種仔細設計過的方法來對付其競爭對手。一些政治異議人士可能會受到騷擾與壓迫，但更多的其他人則是被精心設計慫恿加入政黨。各式各樣墨西哥領導人在革命制度黨內動員本身派系的人馬，以及動員非直接隸屬於革命制度黨的其他重要團體，像是大企業利益團體等。自從墨西哥憲法規定限制總統任期僅能一任時，當政黨開始要選擇新的總統被提名人時，這每6年一次的協商就會變得格外重要。因為這樣的機制會保證輪替掉某些政治菁英。

　　由於有精心設計的治理計畫，直到1990年代，革命制度黨完全不用擔心選舉競爭者的挑戰。然而，不滿情緒的不斷升高開始威脅到這政黨的統治。那些沒有分享到墨西哥成長好處的都市與鄉村貧窮人口，跟隨了改革者要求一個更民主的制度。在1994年初，農民游擊隊的武裝叛亂，震撼了整個政治體制並引發改革。1997年的國會選舉比以往的競爭更加開放，而且也終止了革命制度黨70年的統治，然後在2000年的總統大選還輸給了「國家行動黨」（National Action Party, PAN）。然而，在2012年，革命制度黨卻重新奪回了總統席位（參閱第十三章）。

斷遠離之後，他們也可能會跟著消逝。隨著獨立抗爭的記憶逐漸被淡忘，以及政治領袖過世或退休，那個原本維持政黨團結在一起的意識形態，以及經驗的連結關係就會變得微弱。這些發展的結果都在許多國家中，引發單一政黨模式失去其存在的正當性。在某些案例中（諸如在坦尚尼亞），政治領袖會藉由允許真正的政黨競爭來調整其路線。但是更常見的是，他們會玩弄選舉式威權主義變換不同的操弄程度，提供一種國內與國際上看似具有正當性的樣版。在一些更加離譜的案例中，他們甚至演變成一場赤裸裸的鎮壓行動。

利益代表的特徵

4.10 描述利益代表如何影響政治的穩定性。

　　成功的利益代表最終將如何影響政府是否能夠適應和生存。但是，我們如何評價這些過程究竟是成功或失敗呢？我們可能會藉由評估系統，就其的包容性而言，以檢視公民代表的範圍廣度：人口中有多少比例在全國等級的政治上，有多少程度被代表了呢？種族隔離政策下的南非，顯示出了一個極端的案例，多數群體被公然地禁止成立任何結社性團體。第三世界國家中，在首都城市中競爭的利益，鮮少會涉及到鄉村農民的利益；農民組織有時候也會被粗暴地鎮壓，而都市中產與上層階級團體則是受到青睞的獲利者。然而，即使假設社會團體會根據本身的人數規模獲得代表權，但並沒有存在一種對其利益會善加保障的保證。共產黨的立法機關，如同今日的中國，一般而言在表面是具有描述性的代表特徵所組成，來對國族中的少數群體、勞動人口以及其他類別進行配額。但是這樣的「代表性」不必然會讓這些群體的利益在中國的人民大會中表達出來。

　　有組織利益團體的發展，不應引導我們得到結論認為每個團體都有平等的代表權。在美國以及其他大多數的國家中，利益表達通常會被誤導成將有更好的走向，或是組織得更好。「美國退休人員協會」（American Association of Retired Persons, AARP）經常被描述成是一個具有高效率的團體，但是沒有藉由任何一個「青年賦稅者團體」來平衡這樣的聲稱，而這在傳統上屬於勞動——管理的競爭形態，也凸顯了對消費者代表性的不足。小型團體也發現本身要組織代表自己的目標是相對容易的。涵蓋在團體中的誤解也出現相當巨大的差異，尤其在收入與教育上的差距是非常廣泛的。如同先前所述，推到極致來講，那些在過程中被排除的團體，可能會以脫序型行動來展現訴求或採取暴力行為。[38]即使在比較不極端的案例中，存在著政治上不同層次的認知，其意味著每一個利益團體系統在某種程度上都被偏差地認知。民主化涉及的不僅是提供具有實質競爭性的選舉，

也包括減少利益代表性上的偏差。

另一個挑戰就是在先進工業化民主國家中要面對的利益表達與代表性。看起來在美國以及有可能在其他已長期建立民主制度的國家中，對於是否加入結社性團體是趨於減少的狀況。[39]舉例來說，在大多數西方民主國家中的這幾10年來看，工會與正式參與教會的會員人數也都很穩定地走下坡。這樣的趨勢可能象徵著在已開發國家中不斷成長的社會疏離現象，如人們會為了一張令人感到舒適的椅子以及一齣期待的電視節目而拋棄對社會與政治的參與。但是我們也可能見證了公民如何組織與表達本身利益的變遷過程，像是透過鬆散的人際網絡以及社群媒體。即使像是在印度與中國這樣的國家中，數以百萬的人現在也開始有政治意識地使用著社群媒體。

結論

利益代表在最後能夠影響到政府是否適應和生存。極權主義式的利益匯集傾向於創建出無法反映出大眾輿論之政治的權力結構組織。在高度分歧與充滿衝突的社會中，統治者可能會把這種缺乏代表性的現象描述成是一種優點。發動軍事政變的領導人往往會藉由宣稱將治理去政治化，並且協助國家擺脫本身無法再負荷下去的衝突狀態，用以辯解他們推翻其執政黨的事實。同樣的，極權主義的領導人會聲稱，他們的國家必須將其所有的精力與資源都專注於共同的目標上，而政黨競爭可能會導致過度極化的結果。

相形之下，大多數民主國家中利益代表的支持者會相信要為利益衝突解套的最好方法，就是施行自由與公平的選舉競爭，遵循在獲得選民青睞的那些團體之間的協商結果。因此，民主就能夠引導政策制定者訂立民眾所希冀的法規。在一個民主利益政治中所產生的分化與不確定性之極化的政治文化中，要控制公民的成本可能會顯得非常巨大。然而，就像是在極權主義政府中，經常出現的不穩定性表示了與其接受真實的結果，倒不如其可能更容易直接採取禁止極化現象的出現。不管怎樣，這樣的競爭需求可能會找到其在表面上的妝點方法，而公民最後得到的結果可能既不是自由，也不是穩定。

章後思考題

1. 公民行動會如何改變成不同的形式呢？
2. 利益團體主要的類型有哪些？
3. 為何許多國家會轉型為軍政府形式，以及為何軍政府往往都是在位時間短暫的呢？

4. 「公民社會」與非公民社會有哪些差異？

5. 在多元模式、統合模式以及受控制模式的利益團體系統中，主要的關鍵差異為何？

6. 能夠匯集利益但不同於政黨的結構組織有哪些？

7. 杜瓦傑定律是什麼？其暗示著有哪兩種效果呢？

8. 什麼是中間選民的投票結果，以及這為何適合於兩黨政治制度？

9. 極權主義政黨與其他單一政黨制度之間，有哪些差異呢？

重要名詞

脫序型團體

結社性團體

威權式政黨制度

政治接觸的管道

公民社會

恩庇主義、恩庇式（的）

封閉式名單比例代表制

強迫（的）

集體行動困境

具有實質競爭性政黨制度

衝突型政黨制度

共識型政黨制度

協合主義

憲政（的）

被控模式利益團體系統

統合模式利益團體系統

兩輪投票選舉

杜瓦傑定律

有效政黨數

選舉式威權主義

選舉制度

排他性執政黨

政府機構（官僚體制）

包容性執政黨

利益匯集

利益表達

利益團體

制度化團體

寡頭政治的鐵律

立法機關

多數決選舉

多數黨派聯盟制度

多數式兩黨制度

大眾與社群媒體

機械效應

中間選民結果

軍政府

多黨制

非結社性團體

開放式名單比例代表制

政黨制度

個人關係

多元模式利益團體系統

政黨

政治表現

政治恐怖手段

初選

綱領性

比例代表制

抗議

心理效應　　　　　　　　　　　　策略性投票
單一選區（制度）　　　　　　　　兩黨制
單一選區相對多數選舉制

推薦閱讀

Cox, Gary W. *Making Votes Count: Strategic Coordination in the World's Electoral Systems.* Cambridge: Cambridge University Press, 1997.

Dahl, Robert A. *Polyarchy: Participation and Opposition.* New Haven, CT: Yale University Press, 1971.

Dalton, Russell J. *Citizen Politics: Public Opinion and Political Parties in Advanced Industrial Democracies.* 6th ed. Washington, DC: CQ Press, 2013.

Dalton, Russell J., and Martin P. Wattenberg. *Parties without Partisans: Political Change in Advanced Industrial Democracies.* New York: Oxford University Press, 2000.

Decalo, Samuel. *Coups and Army Rule in Africa.* 2nd ed. New Haven, CT: Yale University Press, 1990.

Downs, Anthony. *An Economic Theory of Democracy.* New York: Harper & Row, 1957.

Geddes, Barbara. "What Do We Know about Democratization after Twenty Years?" *Annual Reviews of Political Science* 2 (1999): 115–144.

Hirschman, Albert. *Exit, Voice, and Loyalty.* Cambridge, MA: Harvard University Press, 1970.

Howard, Marc Morjé. *The Weakness of Civil Society in Post-Communist Europe.* New York: Cambridge University Press, 2003.

Laver, Michael, and Norman Schofield. *Multiparty Government.* New York: Oxford University Press, 1990.

Lijphart, Arend. *Electoral Systems and Party Systems.* New York: Oxford University Press, 1994.

———. *Patterns of Democracy: Government Forms and* Oxford University Press, 2008.

Tarrow, Sidney. *The New Transnational Activism.* New York: Cambridge University Press, 2005.

———. *Power in Movement: Social Movements and Contentious Politics.* 2nd ed. New York: Cambridge University Press, 1998.

Performance in Thirty-Six Countries. 2nd ed. New Haven, CT: Yale University Press, 2012.

Maloney, William, and Jan Van Deth. *Civil Society and Activism in Europe: Contextualizing Engagement and Political Orientations.* London: Routledge, 2010.

Michels, Robert. *Political Parties.* New York: Free Press, 1962.

Olson, Mancur. *The Logic of Collective Action.* Cambridge, MA: Harvard University Press, 1965.

Paxton, Pamela, and M. Hughes. *Women, Politics and Power: A Global Perspective.* London: Pine Forge Press, 2007.

Powell, G. Bingham, Jr. *Contemporary Democracies: Participation, Stability, and Violence.* Cambridge, MA: Harvard University Press, 1982.

———. *Elections as Instruments of Democracy.* New Haven, CT: Yale University Press, 2000.

Putnam, Robert D. *Bowling Alone: The Collapse and Revival of American Community.* New York: Simon & Schuster, 2000.

Riker, William H. *Liberalism against Populism.* San Francisco: W. H. Freeman, 1982.

Rootes, Christopher. *Environmental Protest in Western Europe.* Oxford: Oxford University Press, 2007.

Schlozman, Kay Lehman, Sidney Verba, and Henry Brady. *The Unheavenly Chorus: Unequal Political Voice and the Broken Promise of American Democracy.* Princeton, NJ: Princeton University Press, 2012.

Strøm, Kaare, Wolfgang C. Müller, and Torbjörn Bergman, eds. *Cabinets and Coalition Bargaining: The Democratic Life Cycle in Western Europe.* Oxford:

Verba, Sidney, Norman H. Nie, and Jae-on Kim. *Participation and Political Equality.* Cambridge: Cambridge University Press, 1978.

Welzel, Christian. *Freedom Rising: Human Empowerment and the Quest for Emancipation.* Cambridge: Cambridge University Press, 2014.

註釋

1. This framework draws on Sidney Verba, Norman N. Nie, and Jae-on Kim, *Participation and Political Equality* (New York: Cambridge University Press, 1978), Chapter 2.

2. See, for example, the range of activities of Beijing residents described in Tianjin Shi, *Political Participation in Beijing* (Cambridge, MA: Harvard University Press, 1997).

3. Russell Dalton, Alix van Sickle, and Steve Weldon, "The Individual–Institutional Nexus of Protest Behavior," *British Journal of Political Science* 40 (2010): 51–73.

4. See Verba, Nie, and Kim, *Participation and Political Equality*; and Norris, *Democratic Phoenix*.

5. See the evidence in J. Craig Jenkins and Kurt Schock, "Political Process, International Dependence, and Mass Political Conflict: A Global Analysis of Protest and Rebellion, 1973–1978," *International Journal of Sociology* 33 (2004): 41–63.

6. Studies of these problems were stimulated by the now-classic work of Mancur Olson, *The Logic of Collective Action* (Cambridge, MA: Harvard University Press, 1965). See also Mark Lichbach, *The Rebel's Dilemma* (Ann Arbor: University of Michigan Press, 1994).

7. Sidney Tarrow, *The New Transnational Activism* (New York: Cambridge University Press, 2005); and Margaret Keck and Kathryn Sikkink, *Activists Beyond Borders: Advocacy Networks in International Politics* (Ithaca, NY: Cornell University Press, 1998).

8. Michal Zurn and Gregor Walter, eds., *Globalizing Interests: Pressure Groups and Denationalization* (Albany: State University of New York Press, 2005); and Keck and Sikkink, *Activists Beyond Borders*.

9. Ronald Inglehart, *Culture Shift in Advanced Industrial Societies* (Princeton, NJ: Princeton University Press, 1990), 34–36.

10. Marc Morjé Howard, *The Weakness of Civil Society in Post-Communist Europe* (New York: Cambridge University Press, 2003); and Russell Dalton, "Civil Society, Social Capital and Democracy," in *Citizens, Democracy, and Markets Around the Pacific Rim*, ed. Russell Dalton and Doh Chull Shin (Oxford: Oxford University Press, 2006).

11. Philippe Schmitter, "Interest Intermediation and Regime Governability," in *Organizing Interests in Western Europe*, ed. Suzanne Berger (New York: Cambridge University Press, 1981), Chapter 12; and Arend Lijphart, *Patterns of Democracy* (New Haven: Yale University Press, 2012), 162–170.

12. Lyle Scruggs, "Institutions and Environmental Performance in Seventeen Western Democracies," *British Journal of Political Science* 29 (1999): 1–31.

13. Howard Wiarda, ed. *Authoritarianism and Corporatism in Latin America—Revisited* (Gainesville: University Press of Florida, 2004); and Julius E. Nyang'Oro and Timothy M. Shaw, *Corporatism in Africa: Comparative Analysis and Practice* (Boulder, CO: Westview Press, 1990).

14. See the discussion of party cohesion in parliamentary systems in Chapter 5. Also see John M. Carey, *Legislative Voting and Accountability* (New York: Cambridge University Press, 2009).

15. Norris, *Democratic Phoenix*.

16. T. Robert Gurr, *Why Men Rebel* (Princeton, NJ: Princeton University Press, 1970).

17. See Pippa Norris, Steafaan Walgrave, and Peter van Aelst, "Does Protest Signify Disaffection? Demonstrators in a Postindustrial Democracy," in *Political Disaffection in Contemporary Democracies*, ed. Mariano Torcal and Jose Ramón Montero (London: Routledge, 2006), 279–307. On the older tradition on riots, see the review by Anthony Oberschall, *Social Conflict and Social Movements* (Englewood Cliffs, NJ: Prentice-Hall, 1973), Chapter 1.

18. On violence and democratic survival, see G. Bingham Powell, Jr., *Contemporary Democracies: Participation, Stability, and Violence* (Cambridge, MA: Harvard University Press, 1982), Chapter 8; see also the contributions to Juan J. Linz and Alfred Stepan, eds., *The Breakdown of Democratic Regimes* (Baltimore: Johns Hopkins University Press, 1978).

19. See Herbert Kitschelt and Daniel M. Kselman, "Economic Development, Democratic Experience and Political Parties' Linkage Strategies," *Comparative Political Studies* 46, 11 (2012): 1453–1484. For a different conception of clientelism as only one among several alternatives to programmatic parties, see Susan C. Stokes, Thad Dunning, Marcelo Nazareno, and Valeria Brusco, *Brokers, Voters, and Clientelism: The Puzzle of Distributive Politics* (New York: Cambridge University Press, 2013).

20. See Kenneth Arrow, *Social Choice and Individual Values* (New Haven, CT: Yale University Press, 1951). For an accessible discussion of some political implications, see William H. Riker, *Liberalism Against Populism* (San Francisco: W. H. Freeman, 1982); and Kenneth A. Shepsle, *Analyzing Politics: Rationality, Behavior, and Institutions*, 2nd ed. (New York: Norton, 2010).

21. For studies that show that parties tend to keep their promises, see Hans-Dieter Klingemann, Richard Hofferbert, and Ian Budge, eds., *Parties, Policy, and Democracy* (Boulder, CO: Westview, 1995); Richard Rose, *Do Parties Make a Difference?* (Chatham, NJ: Chatham House, 1984), Chapter 5; Russell J. Dalton, David M. Farrell, and Ian McAllister, *Political Parties and Demo-*

cratic Linkage (New York: Oxford University Press, 2011); and Robert Thomson, et al., "Explaining the Fulfillment of Election Pledges: A Comparative Study on the Impact of Government Institutions." A paper presented at Annual Meeting of the American Political Science Association, Washington, D.C., August 29, 2014. Yet democratic politicians do not always keep their promises, as Susan Stokes shows in her study of party promises and postelection switches in Latin America in the 1980s: Susan C. Stokes, *Mandates and Democracy: Neoliberalism by Surprise in Latin America* (New York: Cambridge University Press, 2001).

22. Joseph A. Schumpeter, *Capitalism, Socialism, and Democracy* (New York: Harper, 1943).

23. However, in China, semi-competitive elections for village leadership positions have in some areas brought the opinions of local leaders and ordinary citizens closer together. See Larry Diamond and Ramon H. Myers, eds., *Elections and Democracy in Greater China* (Oxford: Oxford University Press, 2001).

24. See Russell J. Dalton, *Citizen Politics: Public Opinion and Political Parties in Advanced Industrial Democracies*, 5th ed. (Washington, DC: Congressional Quarterly Press, 2008).

25. Ian Budge, David Robertson, and Derek Hearl, eds., *Ideology, Strategy, and Party Change: Spatial Analyses of Post-War Election Programmes in 19 Democracies* (New York: Cambridge University Press, 1987); and Richard Katz and Peter Mair, eds., *How Parties Organize: Change and Adaptation in Party Organizations in Western Democracies* (Thousand Oaks, CA: Sage, 1994).

26. Maurice Duverger, *Political Parties: Their Organization and Activity in the Modern State*, trans. Barbara and Robert North (New York: Wiley, 1963). See also Gary W. Cox, *Making Votes Count* (Cambridge: Cambridge University Press, 1997). For two recent discussions of Duverger's Law and the conditions under which it holds, see Robert Moser and Ethan Scheiner, *Electoral Systems and Political Context: How the Effects of Rule Vary across New and Established Democracies* (New York: Cambridge University Press, 2012); and Mala Htun and G. Bingham Powell, eds., *Political Science, Election Rules and Democratic Governance* (Washington, DC: American Political Science Association, 2013).

27. Anthony Downs, *An Economic Theory of Democracy* (New York: Harper & Row, 1957).

28. The effective number of parties is calculated as follows: First, calculate the proportion of seats (or votes) held by each party. Square each of these proportions, and then add them all up. Finally, divide 1 by the sum of all the squared proportions. See Markku Laakso and Rein Taagepera, "'Effective' Number of Parties: A Measure with Application to West Europe," *Comparative Political Studies* 12 (1979): 3–27.

29. Pradeep Chhibber and Kenneth Kollman, *The Formation of National Party Systems* (Princeton, NJ: Princeton University Press, 2004).

30. On government coalitions, see especially Michael Laver and Norman Schofield, *Multiparty Government: The Politics of Coalition in Europe* (New York: Oxford University Press, 1990); and Kaare Strøm, Wolfgang C. Müller, and Torbjörn Bergman, eds., *Cabinets and Coalition Bargaining: The Democratic Life Cycle in Western Europe* (New York: Oxford University Press, 2008).

31. See G. Bingham Powell, Jr., *Elections as Instruments of Democracy* (New Haven, CT: Yale University Press, 2000), Chapters 5–10.

32. Arend Lijphart, *Democracy in Plural Societies* (New Haven, CT: Yale University Press, 1977); and Arend Lijphart, *Patterns of Democracy: Government Forms and Performance in Thirty-Six Countries*, 2nd ed. (New Haven, CT: Yale University Press, 2012).

33. Lijphart, *Patterns of Democracy*; G. Bingham Powell, Jr., *Contemporary Democracies: Participation, Stability, and Violence* (Cambridge, MA: Harvard University Press, 1982), Chapters 8 and 10; and Juan J. Linz and Alfred Stepan, eds., *The Breakdown of Democratic Regimes* (Baltimore: Johns Hopkins University Press, 1978).

34. Juan Linz, *Totalitarian and Authoritarian Regimes* (Boulder, CO: Lynne Rienner, 2000); and Amos Perlmutter, *Modern Authoritarianism: A Comparative Institutional Analysis* (New Haven, CT: Yale University Press, 1981), esp. 62–114.

35. Melanie Manion, "Politics in China," Chapter 12 of this text; for the earlier period, see, for example, Franz Schurman, *Ideology and Organization in Communist China* (Berkeley: University of California Press, 1966).

36. Juan Linz calls these "sultanistic" regimes; see his *Totalitarian and Authoritarian Regimes*, 151–157; Houchang Chehabi and Juan Linz, eds., *Sultanistic Regimes* (Baltimore: Johns Hopkins University Press, 1998); and Robert H. Jackson and Carl G. Rosberg, *Personal Rule in Black Africa* (Berkeley: University of California Press, 1982).

37. Larry Diamond, "Thinking about Hybrid Regimes," *Journal of Democracy* 13 (2002): 26; see also other articles in the same issue.

38. See Christian Houle, "Inequality and Democracy: Why Inequality Harms Consolidation but Does Not Affect Democratization," *World Politics* 61 (2009): 589–622.

39. Robert Putnam, *Bowling Alone: The Collapse and Revival of American Community* (New York: Simon & Schuster, 2000); and Robert Putnam, ed., *Democracies in Flux: The Evolution of Social Capital in Contemporary Society* (Oxford: Oxford University Press, 2002).

譯者註

[1] 「黑人的命也是命」這口號的使用主要出於美國的種族問題，曾經有一連串警察針對性地對有色人種（尤其是非裔美國人）執法過當，而造成民眾死亡的事件所引發的抗爭運動。

[2] 依頓與哈羅原為英國歷史悠久的著名公學，今日則演變是英國最負盛名的私立貴族學校，尤其前者更負有「菁英搖籃」之稱。

[3] 在美國的「灰豹」已經發展為一跨世代的組織，主要關注年齡歧視與其他社會正義的議題。

[4] 這理論又稱為「阿羅不可能定理」，主要論述沒有任何一種機制會通過選舉多數票的原則，來將不同的個人偏好轉變為社會偏好。

[5] 臺灣的「不分區立法委員」比較接近以這種方式來產生。

第五章

政府與政策制定

學習目標

5.1 描述憲法的特色，聚焦於決策規則以及解釋為何英國會如此不同。

5.2 比較並對照民主與威權的體制。

5.3 以美國和英國為例，討論民主政府中總統制與議會制。

5.4 定義邦聯、聯邦以及單一制國家政府權力的劃分。

5.5 討論法院在監督民主上的作用，並且從幾個國家中提出案例說明。

5.6 列舉三種用來免除政治領袖職位的方法。

5.7 描述政府議會中的各種形式、功能與組成。

5.8 討論行政首長的選擇方式、他們的權力以及在內閣中所扮演的角色。

5.9 解釋馬克斯·韋伯對官僚體制的定義，以及描述官僚體制會採用的形式。

在社會科學的課堂上，你可能已經討論過新國家如何組成政府。這只是一個理論上的練習過程而已。因為事實上，好幾10個國家已經在過去幾10年中，早就創建了新的政府治理體系。去殖民化意味著在二次世界大戰之後的數10年間，已經形成許多新獨立的國家政體。最近，東歐的共產主義獨裁政權、拉丁美洲與東亞的軍政府，以及其他獨裁政權都已經宣告失敗了，而許多新成立的政權現在已成為了民主國家。其他國家也都在政府制度上經歷過重大的改革。

這樣的政府機構改革通常會引發政策制定方式上的重大改變。「**政策制定**」（policymaking）是政治過程中很關鍵的階段，這階段的重點在於法案（bills）會變成法律（laws）或由統治者來頒布法令（edits）。為了要理解在某特定政治體制中的公共政策，我們必須知悉決策是如何形成的。權力如何有效定位？如何才能夠改變公共政策：是由立法機關中的主要多數投票決或是由總統來做決定？還是這只是一個由軍事將領或某一政黨中央委員會所頒布的法令？亦或這只是個人獨裁者一時心血來潮的念頭而已？

本章關注於政府內部的各種機構——立法機關、行政首長、官僚體制與法

院——以及這些機構如何制定、頒布公共政策。當政黨、利益團體，以及其他行動者可能會主動地表達與匯集利益時，但實際上還是由政府官員在政策提案上負責最多的起草與形式化處理。利益團體希望能夠得到稅務減免或保護瀕臨絕種的生物都可能無法達到什麼真正的效果，除非政府官員將這些訴求轉化為政策。而在這些政策真正施行以前，其必須透過其他的官員來落實，才可能有所成效。

　　然而，政府的行動不會只朝向某一個方向流動。政府與公民之間的互動關係是個雙向的過程。它包含了來自公民的投入和需求的向上流動路徑，以及來自於政府決策的向下流動路徑（參閱之前的圖2.3）。

憲法與決策規則

5.1 描述憲法的特色，聚焦於決策規則以及解釋為何英國會如此不同。

　　政策制定的過程是透過憲法來形塑，並在其指導之下得以取得進展。憲法確立了在政治體制中之政策制定、權利以及權威分配的基本原則。我們有時候會使用「憲法」（constitution）一詞來指涉列出這些信念與原則的特定文件——舉例來說，在1987年美國建國元勛所採用的憲法。但是，憲法內容需要的不僅是體現在被撰寫於某一份單獨文件中。事實上，這樣的狀況相當罕見。因此，我們應該將憲法思考成是一整套的規則與信念原則，不論這是具有特定的成文文件內容、不成文的慣例或習俗，亦或更通常見到的是兩者皆有的狀況。即使是軍事或一黨獨裁政權，一般而言也會制定程序，讓法令能夠藉此被提議、周密思考，以及採用施行。

　　成文憲法（written constitutions）在依據**法治**（rule of law）概念的政治體制中具有其特殊重要性。這意味著沒有任何人可以超越法律之上：如果未經法律授權，政府就不應該採取任何的行動，而且公民也只會因為本身行為違反法律而受到懲罰。在法治精神下，憲法就是法律的最高體系。

　　因此憲法包含了一整套的**「決策規則」**（decision rules）——基本的規則規定了決策如何制定的治理過程。政策制定是一種社會利益的公約，並將這樣的需求轉變為具有權威性的公共決策。憲法也藉此所發生的內容來建立這些規範。憲法將政策提議權賦予特定的團體或機構。憲法也會賦予其他單位有權利來進行修訂、拒絕或批准這樣的提案，或是對提案採取施行、監督與裁決的權利。

　　決策規則會影響政治的行動，因為它可以決定哪些政治資源是有助於影響決策，以及如何取得並利用這些資源。舉例來說，在德國這樣一個聯邦制與去中央化的體制中，壓力團體可同時對政府中的立法與行政部門進行遊說，而且壓力團

體也必須在邦與聯邦這兩個層次中積極運作（甚至也可能要上升到歐盟層次）。在一些國家中，如果決策是來自於軍事將領或一黨專政的執政黨頒布，壓力團體將可能需要去對這些重要的政策制定者進行影響。

即使在民主國家中，決策規則也會在不同的政治體制之間存在很明顯的差異。舉例來說，有些決策可能由行政首長、總統或是首相分別獨立制定。其他的決策可能需要廣大的當選代表來作為主要多數決。最具包容性的投票規則都是具有一致的目標，亦即任何一個成員都能夠阻擋任何的決策內容。

以政府作為一個整體及其組成的各個機構，不論內容與過程是簡單或複雜，各自都有本身的決策規則。舉例來說，美國國會在面對各式各樣情況時，會有許多不同的決策規則可以運用。決策規則可能或多或少都必須具有正式性且精確性。而大多數的立法單位都有正式且精確的決策規則，但是在行政部門內的首長內閣中，卻往往都是非正式且彈性的規則。

在大多數現代的議會（立法部門）中，投票的規則是採以「**均等主義的**」（egalitarian），所以每一位委員都具有同等值的投票權力——簡單來說，就是「一人一票」。然而，這在政府單位（部會的）或是獨裁政權中，卻是很難實現。在那裡，政策制定是依據「階層制的」（hierarchical）。裡面的每個人都被假設必須服從自己的上司。在一個完全的官僚階層制中，只有最高層那位人士的選票才算數。階層制的決策制定在緊急狀況中很容易做出快速的回應，但是只有非常少數的利益或是想法會被納入考量。

即使當決策是透過公平投票機制制定時，決策規則的包容性仍然會影響決策的結果。許多機構，像是英國的下議院，主要是透過簡單的主要多數投票決進行運作：在兩個選項之間的抉擇，究竟哪個選項能獲勝，就是以獲得較多數選票為準。其他的議會有時候也會運用更具有包容性的規則來進行——諸如獲得五分之三、三分之二或者甚至是四分之三「合格的」相對多數決——具有某些特定結果的決策。舉例來說，對美國憲法提出修正案或是推翻總統的否決議案，在國會中的兩議院都需要獲得三分之二的相對多數決。

不同的決策規則具有不一樣的吸引力。更具包容性的規則——像是那些需要幾個不同的機關共同合作或是需要超過50％的選票支持——都可以得到保護以避免在倉促下做成的決策。這樣也可以預防不利於多數的少數民族（也許接近一半人口數）選民的決策。同時，更具包容性的規則能夠使少數群體有權阻擋大多數公民急切想要的提案。如果投票規則能夠具有更多包容性（就像具有決定性的主要多數採取一致性的合意），就比較不會出現任何決定都可以被做出來的狀況。

比較不具有包容性的決策規則（inclusive decision rules）可能會讓決策很容易制定出來，但其缺點就是許多的利益都可能會被忽略。

　　民主國家中很重要的一點，就是決策規則必須是透明且穩定的。如果這些規則不是這樣形成的話，公民就無法知道從政府那裡能有什麼期待。那就可能會侵蝕政治上的正當性，並且造成人民減少接受或支持政府行動的意願。這也可能會導致一連串的衝突，而且最終可能政府會崩解，而使得議題都只能藉由強制力達成決議。湯瑪斯・傑佛遜主張擁有可預測的決策規則具有其重要性，並在他首次撰寫的《眾議院手冊》（Manuals of the House of Representatives）就提到：「一套糟糕的規則比完全沒有規則來得好」。

制定憲法

　　制定憲法是一個基本的政治行為；它可以創造或轉變決策規則。當前大多數的憲法是由於過去的破壞——戰爭、革命或反抗以前的殖民統治規則而形成的。新的決策規則被制定來兼容並蓄全新的內部與外部的權力。因此，在第一次與第二次世界大戰被擊敗的勢力以及其繼任的國家政體，全都必須採用新制定的憲法，或者是被迫接受由外界擬定的新憲法。

　　英國很不一樣的地方在於其沒有一部正式的成文憲法，但有一套長期被接受以及高度發展的慣例與傳統，並受到重要的法規或法律的支持。這也反映出英國漸進式、逐漸厚實以及（整體而言）和平的政治變革。不過，在英國決策規則的主要變遷——像是17世紀時，權力從君主到國會的轉移——都是跟隨內戰或動盪時期之後而來。

　　在破壞性的動盪與創建憲法之間的連結最重要的例外，也許就是歐盟憲法在過去超過50年以來的和平發展，其不斷增長的權力改變了決策規則，並影響28個國家中大約有5億700多萬的歐洲人。歐盟的起源來自於第一次與第二次世界大戰慘痛的教訓，整個歐洲變得滿目瘡痍。然而，歐盟的形成與發展卻幾乎沒有與任何暴力相關連——在2016年英國的脫歐公投決定，歐盟成員國第一次會員數減少，也沒有發生暴力事件。

　　自從第二次世界大戰之後的數10年，經歷了許多在憲政上的試驗。不只是發生在戰敗國，也有許多新興的國家政體——諸如印度與奈及利亞，因為殖民帝國的瓦解而獲得了獨立——都採用了新的政治布局。隨後，一些發展中國家，像是奈及利亞也改變了好幾次本身的政府形態。在過去幾10年當中，全球的趨勢是朝向民主發展，冷戰的結束以及蘇聯的解體，產生出了許多新一波的憲政設計。近

年來在東歐、俄羅斯、東亞以及非洲出現的制憲活動，都重新燃起古老的辯論爭議，不外乎是關於不同憲政制度在安排上的優缺點，或是關於憲政工程本身具有哪些非常明智的地方。[1]

民主與威權主義

5.2 比較並對照民主與威權的體制。

　　政策制定中最重要的就是民主與威權體制之間的區別。「**民主**」（democracy）意味著「民治」（government by the people）。在小型的政治體制中，如地方社區，「人民」可以直接參與公共政策的辯論、決定與執行。在大型的政治體制中，如當代的國家政體，直接民主在現實上是太過於不切實際，所以民主有很大部分必須藉由在政策制定上的非直接參與來達成。在代議制民主體制中，政策制定的權力則是由人民選出的官員來執行。

　　選舉、具有實質競爭性的政黨、自由的大眾媒體以及代議的國會都是組成政治結構的一部分，造就出在大型政治體制中某種程度的民眾治理成為可能。具有實質競爭性的選舉使公民有機會透過本身對於關鍵政策制定者的篩選與拒絕而形塑出政策。這種間接的民主從來不會是絕對完善或成為理想典範。此外，在經濟發展較少的社會中出現民主的機會，通常都只對受過教育的菁英或生活在政府核心範圍附近人產生意義，但是對於生活在鄉村地區的一般公民而言，是沒有什麼相關連的。有愈多的公民能夠參與政治，他們的選擇才會愈有影響力，而這樣的體制才有可能愈民主。

　　我們把非民主的政治體制稱之為「**威權主義的**」（authoritarian）或是「**專制的**」（autocratic）。威權主義當中有許多不同的形式。威權主義中的政策制定者可能會由軍事委員會、世襲家族、支配型政黨或其他方式來選擇。在大多數的威權主義體制中，威權主義的政策制定者會採用民主中的各種詞彙來描述他們與其公民之間的關係。在許多情況下，公民事實上是被忽略的或被壓迫成為象徵性的對政府的決策選擇隨聲附和。然而，在某些威權主義體制中，政策制定者享有權力而存在著的原因，是在某種程度上藉由選擇納入公民的偏好。因此，這與民主體制不同，民主制度在政治結構中會迫使政策制定者關注公民的想法。此外，由於沒有民主的政治結構，例如新聞自由或自由公平的選舉，威權主義的政策制定者會缺乏獲取有關公民偏好的重要訊息。

　　政治體制中的基本決策規則——民主國家與威權國家皆然——會因為三個重要面向而產生差異：

1. 在不同的政府部門之間產生權力分立。
2. 介於中央（全國性）政府與相對較低層級，諸如州、省或是直轄市之間權力的地理分布。
3. 對政府權力的限制。

我們將會依序討論這些面向，首先開始討論介於行政與立法機構之間的權力分立問題。

政府權力的分立

5.3 以美國和英國為例，討論民主政府中總統制與議會制。

討論介於不同政府機構之間的**「權力分立」**（separation of powers）理論，其擁有漫長而古老的歷史，至少可以回溯到約翰‧洛克以及孟德斯鳩（Montesquieu）的時代。[2]他們主張的三權分立，主要是要預防那些未受制衡的行政與立法單位可能會造成的不正義現象。詹姆士‧麥迪遜（James Madison Jr.）與亞歷山大‧漢密爾頓（Alexander Hamilton）在著作《聯邦黨人》（The Federalist）[1]中，[3]進一步闡釋了這個理論，內容描述並為1787年美國憲法會議所建議的制度安排進行辯護。

政治理論學家往往會援引兩個歷史上代議式民主成功的案例——英國與美國——來創建出「經典的」（classic）權力分立理論。這理論主張基本上有兩種代議式民主政府的形式：「總統制」（presidential）與議會制（parliamentary）。

「民主總統制政權」（democratic presidential regime）中兩個分立的政府部門——行政部門與立法部門——分別由人民選舉產生（參閱表5.1的第3欄內容）。每個部門由選舉產生並有固定的任期，任何一個部門都無法以一般的手段來解散對方，且彼此在憲法規範下都有擁有特定的權力。制定法規與通過預算的最終權力歸屬在立法單位中。不同的總統制政權也會賦予其總統各種不同的權力，來進行政府人員的任命與政策制定。舉例來說，有些總統擁有對立法機關提出否決權的權威，或者在某些狀況下，可藉由頒布行政命令制定政策。[4]在美國，立法與行政機關（國會與總統）兩者在制定政策上都扮演了強大且重要的角色。在其他民主總統制的體制中，像是巴西，總統可能會擁有各種的憲政權力（包括透過頒布「緊急」命令來立法的權力）來壓縮立法機關角色的能力。但是，政策制定還是需要行政與立法這兩個分立機關之間彼此的協調。

「議會制政權」（parliamentary regimes）讓行政與立法部門彼此相互依存

的關係更加強化（參閱表5.1第2欄）。首先，只有立法部門是直接民選出來的。首相與內閣（行政部門的集體領導）是從立法機關中所挑選出來的。一般而言，是因為政黨（或是來自不同政黨）在立法機關中贏得了主要多數的席次。內閣是由首相來擔任主席，首相是政府的領袖，並且負責選出其他的內閣成員。[5]一般而言，不論是行政或立法機關都沒有固定的任期。通常，立法機關（國會）被人民選出最多任期是4年至5年，但是在任期結束以前，可以被解散，而重新改選。而內閣可能隨時都有機會被立法機關中的主要多數席次以投票解散。

　　可能走到這一步的關鍵特點，就是首相與主要多數國會議員的「**信任關係**」（confidence relationship）。在議會制度中，首相與內閣成員必須自始至終都擁有主要多數國會議員的信任。主要多數國會議員不論在任何時候，都可以任何理由，通過一項表示對首相不信任的議案，之後首相及所有的內閣成員就必須總辭。同時，一般而言首相也有權力在任何時候解散國會（也就是終止其任期）然後召開新的選舉。國會主要多數議員對閣員的「**免除權**」（dismissal power）以及首相的「**解散權**」（dissolution power）能夠使政府這兩個部門達到相互依存

表5.1	議會制與總統制民主國家的區別特徵

議會制與總統制的民主國家在行政首長的選舉與下臺方式有所差異，
同樣在立法權威上也有所不同

差異特點[a]	議會制民主國家	總統制民主國家
行政首長	首相：政府首長	總統：國家政體與政府首長
議會的選舉	具有實質競爭性的民選	具有實質競爭性的民選
行政首長的選舉	選舉或下臺之後由議會選出	具有實質競爭性的民選
是否可以將行政首長在固定任期結束以前免職下臺？	可以，由議會執行：（不）信任投票	不可以：任期固定
是否可以在固定任期結束以前解散議會？	可以：首相可以要求提前選舉[b]	不可以：任期固定
立法權威	議會獨有	議會加上總統（例如：總統有否決權）
議會與行政部門中的政黨關係	相同政黨控制兩個部門；具有凝聚性的政黨投票	可能分別由不同政黨來控制；比較不具有凝聚性的政黨投票

[a]這些內容定義了純粹的議會制與總統制的類型；就像在文本所討論的內容，許多大陸體系國家，尤其是在東歐，許多憲政內容都「混合」了這兩種類型的特徵。

[b]有些憲政體制在所有的其他面向都是屬於議會制的，但卻不允許提早舉行立法機關的選舉。所有的議會制民主國家都會在前一次選舉後，經過一段最長的時間（從3年至5年不等）才進行立法機關再次的選舉。

的效果。這結構能夠強行讓每一個部門努力讓自己被對方接受，而促使彼此之間產生有共識的協議。

因此，議會制民主國家中的首相的政治生涯看起來似乎不是非常穩定。不同於總統制中的總統角色，首相在任何時候或因為任何原因，都可能會被主要多數的國會議員投票而免職。可以透過兩種方式發生這樣的情況。首先，國會可能會通過某個動議來表達對首相的不信任——不信任動議。一般而言，這通常是由國會中的反對派發動，希望能夠將首相拉下馬；其次，國會可能藉由反對這樣的動議來表示對首相的信任——信任動議。在正常狀況下，信任動議都是由首相本人提出。

首相似乎不太可能嘗試提出信任動議，從而將其政治生涯置於充滿風險的情境中。但是很矛盾的，信任投票可能是首相手中極具殺傷力的武器。一般而言，信任動議往往會與某個首相偏好，但卻受到主要多數國會議員反對的法案綁在一起，藉由把法案與信任動議綁在一起，首相就會有權力迫使國會議員在通過法案以及內閣下臺之間做選擇。這可能會成為與首相同一政黨，但持不同政見的議員感到特別痛苦的選擇。如果他們投票不支持法案，他們就有可能使自己的政府下臺，而也許之後很快就必須面對選民（參閱專欄5.1）。因此，首相手中擁有信任動議的權力，有助於解釋為何在議會制中的政黨紀律約束力會比在總統制中要大得許多。

因為內閣與主要多數國會議員之間存在著相互依存的關係，因此議會制的民

專欄 5.1　英國的信任投票

英國首相可以訴諸「信任動議」（confidence motion）將跑票的政黨同志收編回來。通常，僅僅需使出信任動議這樣的威脅就已經足夠了。但是在1993年時，由於批准了「馬斯垂克條約」（Maastricht Treaty），保守黨首相約翰‧梅傑（John Major）遭遇了一場國會危機，因為該條約擴大了歐盟的權力。梅傑在下議院僅掌握微弱的多數而已。許多與他同黨「歐洲懷疑論者」（eurosceptics）的議員是站在反對「馬斯垂克條約」的立場。這些持不同政見的大約有20位保守黨員，在下議院中投下反對票來協助挫敗「馬斯垂克條約」的批准。

然而，在這令人難堪的挫敗之後，梅傑立刻就對他的馬斯垂克政策提出了信任動議。他宣稱如果自己在這投票結果失敗的話，其可能解散下議院並且重新舉行新的改選。許多保守黨抱持異議者開始擔心自己的政黨在這樣的改選中可能會表現得很差，而導致他們失去自己的席次。後來，梅傑的信任動議就以339票對299票通過，而下議院也批准了「馬斯垂克條約」。

主國家未曾經歷在總統制下常見的「**分立性政府**」（divided government）情況。當某個政黨掌握總統這個位置，但卻無法控制立法機關時，就會出現這樣的分治狀況。在議會制中，行政首長（首相與內閣）成為國會主要多數的代理人，並且其政治生命的存續則是依靠這樣的主要多數是否存在。在大多數的議會制中，內閣成員大致上都來自於國會議員。比起總統制下的狀況，存在於國會與行政之間的衝突發生的機率要小得多。內閣傾向於掌握政策決定權，因而其立法機關可能相較於總統制憲法規範下的狀況，其影響力要小很多。

並非所有的民主國家都可完全套用總統制或議會制的範疇當中。有些國家，像是法國，往往其性質是具有總統與首相兩種混合型的，而被稱為「**半總統制**」（semi-presidential）。在這些國家中，總統與立法機關是分別選舉出來的（就像是總統制一樣），但是其總統同樣也具有解散立法機關的權力（就像是議會制一樣）。在這些制度中，總統可以任命內閣成員（就像是總統制下的狀況）以及總理；總理與內閣成員也受制於議會機關中的免除權力（就像是議會制下的狀況）。制度之中存在著各式各樣的安排以分享控制權。哪一個政黨或是政黨聯盟控制著總統位置以及立法機關，往往就能夠影響並形塑後續的結果。東歐與亞洲許多新興的國家在其憲法中，就採取這樣混合類型的規範。

透過閱讀圖5.1的內容，我們可以看到政治制度被介於行政與立法機構之間的政策制定之權力分立，以及從權力集中到權力分散程度來加以區隔成不同的類型。圖中的縱軸顯示的是權力的地理空間分布，這會在下一節討論。在威權主義的政府（在圖的左邊）中，一般而言行政、立法與司法權都是集中制的。本書所討論到的12個國家中，有2個——中國與伊朗——就是屬於威權主義的政府，而不具有實質競爭性的選舉。（然而，如同在第十五章所討論的內容所示，雖然伊朗是附屬在「精神領袖」（Supreme Leader）領導之下，但是被選出來的總統還是有一些影響力。）英國、德國、日本以及印度都屬於議會制，在這樣的制度下，行政與立法權是集中在內閣當中，但必須對民選的國會下議院負責。在圖5.1的最右邊就是採行完全的總統制，像是巴西、墨西哥、奈及利亞以及美國都屬於這樣體制的國家。介於上述兩者之間以及混合型的體制，像是法國與俄羅斯，雖然後者已經逐漸變得像是威權主義的國家（參閱第十一章）。

傳統上，許多政治理論都比較偏好英國式的議會制，並將其視為是代議制民主的最佳形式。這種議會制的版本——再加上相對多數單一選區選舉制的投票規則，通常會在議會中創造出主要多數的單一政黨，並具有必須向議會負責的內閣與首相——其結果就是能夠產生較穩定的政府來對公共意志負責。相形之下，採

圖5.1　政府權威的劃分

政府的權威可能會依據地理空間、制度面向或是兩者的因素而被劃分開來

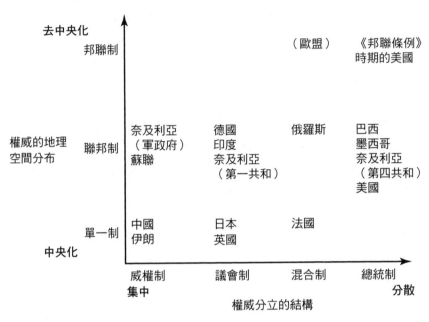

用比例式代表制的議會式制度，在歷史上的經驗似乎都比較容易出現危機，就像是介於兩次世界大戰期間的德國與法國。這樣的危機會發生的原因是大型的極端主義政黨崛起，而阻止了有意願且能夠共同組成穩定內閣之政黨的形成。然而，斯堪地那維亞的北歐國家，卻證實了當不同政黨之間意識形態的衝突能保持溫和狀態的話，比例式代表制的議會式制度也是可以相當穩定的。除此之外，在一個分歧性強的社會中，像是1998年以前的北愛爾蘭，能夠形成優勢主導國會制主要多數的單一政黨，有時候可能會威脅到少數群體，而導致激化衝突的出現。[6]相較於這兩種不同版本的議會制政府，美國的總統制時常因為定期性地產生分立性政府而受到批評，因為這可能會導致對立或是難解的僵局。

　　第三波民主化浪潮重新開啟了議會制／總統制的爭辯。比例代表議會制的倡議者主張，這可以提供一個具有共識性的架構，而在這架構下不同的經濟、族群、與宗教團體都可以找到本身的代表性，並在彼此歧異之處來進行協商。議會式制度同樣也具有變通性，如果人民或立法者不贊成行政的措施，也能夠在固定舉辦選舉的期間進行更換政府。雖然許多轉型民主的國家都產生高度的分歧，比例代表議會制可能會特別具有穩定性。總統制看起來似乎比較容易受到政治衝突

的影響，甚至出現民主的崩盤。這可能是因為在分立性政府的治理之下，兩個分別因為選舉而產生的政府單位之間出現的對立性，同樣都具有人民代表性，結果可能就會把政治制度撕裂。或者一個強勢的總統也可能會運用行政權力壓制政治的競爭。

　　然而，總統制中擁有主要的行政權力是有一些實際上的優勢，而且這在全世界許多地方也已經證明其受歡迎的狀況。[7]即使在前大英帝國版圖（例如奈及利亞）與在大多數東歐，以及承繼蘇聯的國家政體中，其憲法都支持該國具有強大權力的總統。總統制政權也在拉丁美洲占據主導地位長達一個世紀以上。總統制所擁有的一些重要吸引人之處在於其往往提供給公民一個更為直接選擇其行政首長的方式，而這可對立法機關的主要多數力量產生更多的權力制衡效果。

政府權力的地理空間分布圖

5.4 定義邦聯、聯邦以及單一制國家政府權力的劃分。

　　另一個在政府結構組織之間的區隔，在於他們在地理空間分布的權力上：「邦聯制」（confederal system）位於其中一個極端點；「單一制」（unity system）則是在另一極端點；而「聯邦制」（federal system）則是位於中間（參閱圖5.1中的縱軸）。《邦聯條例》時期的美國是屬於聯邦制。最終的權力是掌握在各州的手上。中央政府在處理外交事務與國防上具有權威，但是在財政與其他支援卻需要依賴各州。在1787年制定的憲法下，美國政府從邦聯制轉變為聯邦制，這也說明了中央與各州政府各自被賦予了在權威上有所區隔的勢力範圍，以及各自有其施行其權力的方式。今日，美國、德國、俄羅斯、印度、奈及利亞、墨西哥以及巴西都是實行聯邦制的國家，其中的中央與地方單位各自在某些公共政策領域中，都具有所屬的權威。英國、法國、中國、日本以及伊朗則是屬於單一制國家，本身的權力與權威都集中在中央政府手中。區域與地方單位僅有受限的權力，特別之處在於這些權力是由中央政府下放至下級單位中，但這些權力卻隨時有可能被任意改變或收回。

　　世界上大多數的國家政體都是單一制。事實上，只有25個國家政體，或大約八分之一，是屬於聯邦制。雖然聯邦制國家政體在數量上相對較少，但是它們很多都是政治上具有其重要性的大型國家。而且，聯邦制國家政體總計占有世界上大約40％的人口數，以及占了全世界將近一半的土地面積。基本上，更龐大且更多元的國家政體，就愈有可能會採取聯邦制。

　　聯邦主義有幾個吸引人的特點。在一個文化分立的社會中，這更有可能保障

到少數族裔、語言與宗教團體，特別是如果他們有地理上的群聚性。這也許可以對過度充滿野心的統治者產生制衡的效果，從而能夠保障市場與公民的自由。甚至，聯邦制能夠允許子部門（像是州）進行不同政策的試驗。政府也許因此可以從這些其他的經驗中有所學習。除此之外，公民或許可以自由的「用腳投票」（vote with their feet），以選擇最符合本身偏好的地方政府與政策環境。

　　雖然聯邦主義提倡選擇與多元性，但卻是以公平性為代價來滿足這樣的偏向。聯邦主義允許地方政府推動不同的政策。其中一個意義就是能讓公民可以從不同的州或是地方政府那裡獲得不同的待遇與好處。相對而言，如果有所需要的話，單一制的政府也許會站在一個更佳的位置，將比較富有地區的資源轉移至比較貧窮的地區，以進行資源的重新分配。

　　在比較邦聯制、聯邦制以及單一制時，我們必須在形式上以及實質間所進行的權力分配加以區別。在單一制中，雖說形式上權威集中在中央，區域與地方單位可能也會獲得一些中央政府鮮少會加以盤問的權力。而在聯邦制中，很顯著的地區自治權也有可能被集權式的政黨控制所破壞，就像是前蘇聯一樣，或者是龐大的財政收入必須經由中央政府運作這樣一個事實來破壞了，如同奈及利亞的狀況（參閱第十七章）。墨西哥也顯示了形式上與實質上聯邦主義在這兩者之間的差異。直到最近，統治墨西哥的革命制度黨則是在形式上的聯邦制中強化了集權式的控制。然而，近年來的民主化導致先前的反對黨陣營贏得了總統席位以及許多州政府的位置，才產生出一些「實質上」墨西哥的聯邦主義能夠與形式契合之處（參閱第十三章）。因此，真正在聯邦制與單一制之間產生差異的地方，不完全都與正式的憲法所建議的狀況是一致的。

政府權力的限制

5.5 討論法院在監督民主上的作用，並且從幾個國家中提出案例說明。

　　不同於威權主義政權，民主國家的特色就是由某些法定的或是依照慣例來限制其在權力上的運用。在民主制度中，政府單位的權力被成文憲法、法規與習俗慣例加以定義或是限制，而被稱之為「**憲政體制**」（constitutional regimes）。「**公民權利**」（civil rights）——例如公平審判以及言論、訴願、出版與集會的自由——是用來保障人民避免受到政府除了在特定狀況之外的任意侵擾。

　　在限制政府權力上，法院扮演了非常關鍵的角色。如同表5.2所示，政府可被劃分成在位於這極端的任何一方，在此一端是法院相對上無法限制政府權力對公民的壓迫；在另外一端則是法院能夠保障公民權利，並且能夠確保政府在其他

方面必須合理運用本身的權力。在美國、德國以及印度，最高法院有權力裁定政府的其他單位是否逾越了憲法上所賦予的權力。這樣的「司法審查」（judicial review）的行使，全世界差不多有一半的民主國家在不同程度上都存在著。但是司法審查往往會被弱化，主要是因為缺乏獨立的法官或是因為要克服行政權力的伸入而導致其缺乏效率。

表5.2　政府權威在司法上的限制

在世界上大約有一半以上的民主國家中具有司法審查權，但其發揮效力卻差異甚大

不受限制的		受限制的司法審查
不具獨立性的法院	獨立性的法院	
中國	英國	美國
伊朗		印度
奈及利亞		德國
		法國
		巴西
		日本
		俄羅斯

其他的憲政體制的政權，像是英國，具有獨立的法院來保障人民以避免受到不當的法律或規定的侵害，但是其在法律上無法越權去規範議會或是政治上的行政權。公民在這些制度中實質上權利是受到法規、慣例、自我克制，以及政治壓力所捍衛——即使是有司法審查制度，但是否能夠發揮功能當然也勢必不可缺少法院的成效。在威權主義制度中，即使偶爾可能會出現一些有勇氣的法官試圖做出不利於政策制定者的判決，但他們往往都不會允許法院來箝制其對權力的使用與濫用。[8]

艾倫・李帕特檢視36個民主國家的體制時，表示只有4個是具有「強大的」司法審查力量，包括：德國、印度以及美國。[9]印度的最高法院是最類似於美國的最高法院，都曾經成功宣告全國性的法律與條例是違憲的（參閱第十六章）。德國的聯邦憲法法院也是能夠透過其裁決以及經由政府對那些裁決的預期，而很明確的可影響到全國性與各邦的政策制定。[10]

在李帕特檢視的36個民主國家中，大約有四分之一的國家至少是具有中等強度的司法審查力量。在法國與巴西，國會中的反對成員甚至可以將新的立法且尚未生效前，就將新法帶到法院中質詢挑戰，這過程就稱為「抽象」司法審查。在36個民主國家中約有一半多一些，是屬於「薄弱的司法審查」國家，擁有這樣的權力的法院是非常受限的，主要是因為憲法只賦予相當有限的權威（如愛爾蘭），或者是其法官不具有獨立性，主要是因為法官的職能發展非常依賴於執政黨（如日本）。在其餘的民主國家中，雖然法院也許仍然具有保障人民免於受到

政府以未特別經過法律授權的濫權行為所侵害，但是法院在立法的司法審查上並不具有任何的權力（參閱表5.2）。[11]

　　許多東歐的新興民主國家也都在其憲法中宣稱具有司法審查權，但事實上卻已證明在實際執行上的確有很大的困難。在某些國家中司法對於政府的約束，具有相當引人注目的成效，但在其他國家則是起不了什麼作用。在奈及利亞，即使處於連續幾任相對不民主的軍事政權統治下，法院長期以來卻都保有令人相當訝異的高度司法獨立性。然而，在薩尼・阿巴查（Sani Abacha）的軍事獨裁統治（1993-1998）下，法院卻變得不太被人們敬重，尤其是其建立了特別軍事法庭來審判被他們認為是敵對的人。不過，奈及利亞在1999年進行民主改革之後，法院也重新獲得了該有的權力。

　　相形之下，在明確拒絕任何對「群眾正義」（mass justice）加以限制之後，中國從1950年代末期到1970年代期間，逐漸採行一個非常受限的「依法治理」（rule by law）狀況。最近的一個原因就是中國想要參與到全球經濟體系中，所以才需要有法律基礎來推動貿易與投資。中國的統治者認為，這是一個有效的方法來促進穩定、經濟成長以及控制貪污腐敗。但是，實際結果卻遠不如承諾所言，未能達到對政府權威上的限制（參閱第十二章）。

　　所有的成文憲法都規定了如何增修條文的方法。大多數的憲法制定者都意識到基本政策的規範必須具備調適性，因為其可能會有潛在模糊性、低效能、公民價值觀的變遷，或是其他不可預見的情況。但是如果修憲很容易就達成的話，這就有可能會危及到重要之憲法的保護機制。因此，許多的憲法都會規定某些條文是不能夠修改的（舉例來說，美國憲法就規定承諾每一州在參議院都有平等代表權的條文）。

　　各國修憲的程序差異相當大，範圍從簡單到複雜都有。可能最簡單的案例就屬英國了，一般在國會就能藉由簡單多數決的投票讓法令通過，然後就可以修改憲法。美國的憲法則是有最困難的形式上之程序，需要在參眾兩院中的壓倒性多數支持，以及四分之三的州加以批准。在某些國家中，像是丹麥，憲法修正案還必須經由大眾的投票才能夠確認。

　　簡而言之，憲法可能會在幾個不同的面向中，讓政府的權力集中或分散。[12]在制定這樣的憲政選擇時，都會涉及必要的權衡考量。或許沒有任何一個偏好民主與個體自由的人，會要求將權力極端集中到某個號稱無所不能的獨裁者身上，就像是湯瑪斯・霍布斯筆下描述的《利維坦》（Leviathan）（參閱第一章）。然而，集權至程度較小的憲政民主國家，像是英國，也是具有某些重要的優勢。他

們的政府會更加傾向有效率與效能，而且依賴多數決的話，他們會傾向於平等地對待每一位公民。沒有任何少數的群體能夠拖延一個被堅定的多數群體所擁護的決策。相形之下，權力分散的憲法體系，會有更多具有包容性的決策規則，而這都是本身所具備的優點。這種制度更有可能去對潛在性濫權的狀況產生制衡作用，例如多數暴政，而在長期層面來看，政策也會更加傾向於穩定狀況。

制衡高層政策制定者

5.6 列舉三種用來免除政治領袖職位的方法。

政府的挑戰之一，就是如何控制高層的政治領袖以避免他們濫權。在許多威權主義制度中，即使高層政治領袖變得不受歡迎或是犯下了暴行，也沒有合法的與制度上的方法將其替換。尤有甚之，當憲法可能會對其產生制約時，威權主義的領袖通常都可以隨意改變或簡單忽視這些正式的憲法規範。民主國家則是有各式各樣的程序來制衡其政治領袖。在議會制中，行政首長如果失去國會主要多數的支持時，議會就可能隨時透過不信任投票將其撤換。舉例來說，德國在1982年10月，社會民主黨總理赫爾穆特・施密特（Helmut Schmidt）被罷免後由基督教民主聯盟的赫爾穆特・柯爾（Helmut Kohl）所取代。

總統制的民主國家則是介於議會制與威權主義制度之間。不同於議會制憲政下的首相，總統是有固定的任期。大多數的總統制都設置了總統下臺的機制，但通常都只會發生在總統犯下嚴重罪刑或其他不法行徑時。這樣的程序就稱為**「彈劾」**（impeachment）。一般而言，彈劾須涉及到三個要件：（1）可彈劾的行為之界定通常都是指對公共利益或安全出現不尋常的危害；（2）懲罰就是罷黜總統的職位（有時候也會附帶刑事懲處）；以及（3）彈劾案是否成立由立法機構決定，但是需要比一般主要多數更高的贊成比例，而且在某些部分可能會涉及司法的介入。彈劾的正面價值就是其提供了合法動員政治力量的途徑，以抗衡那些對憲政或法律秩序產生的威脅。同時，彈劾的危險之處在於，其可能會淪於僅只是政客或個人遂行目標的手段而已。

在美國的制度中，彈劾程序可使用在政治職務現任者身上，甚至包括總統在內（如尼克森與柯林頓總統都是案例），如果他們的行為太過逾越法律界線。雖然這樣的命運曾經降臨在其他的聯邦公職人員身上，諸如法官等，但是至今尚未有美國總統發生被參議院彈劾而下臺的狀況。彈劾是與固定任期的總統制憲法連結在一起，諸如這些現象會發生在美國、巴西、南韓以及菲律賓（參閱專欄5.2）。彈劾的規則也受到半總統制政權的憲法所採用，諸如俄羅斯，甚至在

專欄 5.2 在拉丁美洲的彈劾

　　自從第三波民主浪潮之後，差不多有20位拉丁美洲的國家領導人，在還沒完成任期前就已經被強制驅離。曾經發生過軍事政變的地區中則更加常見。而現今行政首長的下臺則更經常是發生在政府不同部門之間的衝突結果所導致。巴西、墨西哥以及其他許多擁有強人總統的拉丁美洲國家，都有彈劾的規則與傳統，且大多都是仿照美國的憲政規範。舉例來說，除了在議會中必須有三分之二的下議院投票通過對總統的指控，以及具有可彈劾其罪行的高階民政官員之外，巴西所有整個彈劾過程幾乎與美國是相似的。在參議院也必須有三分之二的投票通過才能定罪。這樣的條款在2016年被呼籲使用，當時巴西的總統迪爾瑪・羅賽芙（Dilma Rousseff）被指控因為操弄聯邦預算來掩蓋國家的經濟問題而遭受彈劾。

資料來源：依據格雷欽・希爾姆克（Gretchen Helmke）撰寫的《站在邊緣上的制度：拉丁美洲跨部門的危機起源與後果》（*Institutions on the Edge: The Origins and Consequences of Inter-Branch Crises in Latin America*）（New York: Cambridge University Press, 2017）。

純粹議會制的政權中也有出現。

　　另一種可以用來罷黜不受歡迎的官員之方法，即使假設他們在重大刑事上沒有罪責也可行使，就是「罷免」（recall）投票，這在美國的州憲法中是很常見的，但是這種方式鮮少用於全世界國家中的全國性行政單位上。

　　長期來看，民主秩序最根本的機制就是舉辦定期且具有實質競爭意義的選舉。這需要獲得以及定期性更新大眾的「委任治理權」（mandates），而這是很基本的工具來促使政治人物去回應公民的需求與期望。深刻而言，選舉並不是一個回應此目的很完美的方法。而哪種狀況是民選官員表現得不稱職、狡詐欺騙選民，或僅只是運氣不好而已，卻是很難判別。政策制定的複雜性，可能連即使訓練有素的觀察家，試圖要對其成功或失敗因素加以定義分派責任，也許都會感到困惑。政治議題的多元性，也可能會導致公民在眾多候選人之間做了任何選擇都感到困難。或者可以這樣說，沒有任何一個選擇看起來是如此盡如人意。然而，即使選舉存在著本質上之不完美，但卻還是賦予了每一位公民在政策制定的過程中具有某些影響力。為此，我們還是認為具有實質競爭意義的選舉是民主結構中最具代表性的特徵。

議會

5.7 描述政府議會中的各種形式、功能與組成。

立法**議會**（legislative assemblies）的存在已經有數千年之久。舉例來說，古希臘與古羅馬都有這樣的機制。事實上，古羅馬的「元老院」（Senate）這名稱也被沿用成現代美國或許多國家的「參議院」（senate）。

幾乎所有當代的政治制度，包括專制獨裁的制度，都存在著議會，並有各式各樣不同的名字——「參議院」（senates）、「（美國）議院」（chambers）、「（日本）國會」（Diets）、「（英國）議院」（Houses）等其他相似稱呼。議會也被理解為「立法機關」（legislature）（不論其在立法過程中實質扮演怎樣的角色），或者是「國會」（parliament）（主要是使用在議會制度中）。主要的公共政策，以及尤其是制定法案與國家預算都必須經過他們正式的批准。議員通常都是由民眾投票選出，因此在形式上至少都必須對公民負起責任。幾乎全球都採用立法議會，象徵著在現代社會中，一個合法的政府必須在形式上包含能夠代表民意的組成要件。

議會結構

議會的大小規模不一——從少於100位至多超過3,000位議員都有——彼此的組織也不盡相同。議會可能由一個議院（chamber）（在這樣的案例中，議會被稱為**「一院制」**（unicameral））或兩個議院（**「兩院制」**（bicameral））所組成。大多數的民主國家，以及部分的威權體制國家，都擁有兩院制（上下兩院）的議會。聯邦制一般都會同時並存兩種代表的形式；通常，其中一個議院的代表是根據人數多寡來分配，而另外一個議院的代表則是依照地理區域來決定。德國的國會之所以採用兩院制，主要來自於聯邦主義，以及有需要對於聯邦政府分權的這兩個因素。即使在單一制中（諸如法國或日本），**兩院制**（bicameralism）的設計也很常見，但是第二個議院之設置目的通常是對政策制定的監督，而非代表國家下之次級單位。

在大多數的兩院制中，其中一議院具有主導性，而另一議院（諸如俄羅斯的聯邦委員會或法國的參議院）則是權力較為受限，因為這經常是設計來保障區域的利益。具有主導性議院的代表是經由民選而產生，但在另一議院中的代表有時候卻是由不同的地方政府所指派（如德國）或由其他間接的方式所產生。在大多數的國會制度中，首相只要對多數民選的議院負責即可，因此也使得這個議院比另一個議院在政策制定上擁有更重要的地位。（參閱本章先前所提到以及專

欄5.1有關信任投票程序的討論）。

　　不同的議會其內部組織也有所差異，對政策制定具有關鍵性的影響。議會有兩種內部的立法組織：政黨黨團以及正式的議會之次級組織（主席、委員會及其相關等等）。黨團力量與其他次級組織力量（諸如委員會）之間常常會存在一種反向的關係：黨團愈強勢，委員會就愈弱勢，反之亦然。如同在大多數的國會制度中，英國的國會議員比起美國的國會議員更嚴格遵守黨團決議投票的一致性。因為內閣通常只要能夠指揮國會的多數就可以維持其政權，如果偏離了政黨主軸的立場則意味著政府倒臺的風險而需要重新選舉。而議員按照其所屬政黨要求而統一投票的力量強度，也意味著委員會無法很輕易跨過政黨主軸的立場來支持協商。

　　在總統制中，總統與立法議員都是經由獨立選舉而產生，各自有固定的任期。因此執政者的命運就不是那麼直接與表決立法措施綁在一起。除此之外，總統與立法機關的黨團領袖可能會針對總統所屬的政黨提出具有衝突性的訊息，而導致政黨的分歧。由於這兩個理由，使得總統制下的黨團投票會比較不一致，而同樣也取決於選舉規則是否會助長政黨內部的競爭。[13]

　　所有的議會都具備委員會的組織結構——一些具備組織性的安排允許立法者進行勞動分工且專門處理某特定議題領域。如果沒有這樣的委員會，想要處理流量龐雜的立法業務，是不可能的任務。然而，各國委員會的重要程度卻相差很大。[14]在一些立法機關中——像是美國、日本與德國的國會——委員會是具有很大的影響力。部分原因是由於這些委員會是高度專業化的，其權限與那些相關的行政部門相似，並且擁有龐大的幕僚資源。強勢的委員會會出現清楚的立法職權的分工來對應相關的行政部門，能夠對行政部門的施政措施進行專業的監督，而且這些議員也希望自己在不同任期的連任後，能夠一直待在原本的委員會中，如此他們就有機會增長大量的專門知識。委員會也是一個讓反對聲音能夠被影響的競爭平臺。相較之下，英國的委員會成員就弱勢許多，像是他們的幕僚成員就少很多，並且受制於執政黨，而且每次都是根據某個法案需求才被任命組成。因此，他們很難累積在某個特定政策領域的專門知識。

議會功能

　　議會委員對於提交給他們的政策在表決投票之前，會進行深思熟慮的考量與辯論。大多數重要的政策與法規，在生效成為具有約束力的法律之前，都必須被加以思量，且至少要由這些機構正式的批准。通常議會也控制著公共支出的決

策;預算審查是他們主要的任務之一。除此之外,有些議會掌握重要的任命權,而有些還具有上訴法院(court of appeals)的功能。雖然在大多數國家中,法律一般而言需要議會的批准,但是立法的形成是在其他地方所制定的,通常是由政治首長以及高層的官僚單位提出。

提及議會在政策制定的影響力時,美國國會就是在兩極的一端上,其在法案的提出與法規的制定扮演了非常積極主動的角色。另一個極端的代表就是中華人民共和國的「全國人民代表大會」(National People's Congress),他們很少聚在一起,而開會時所做的事情大抵上不外乎就是聽從政黨主席的「陳述」(statements),以及充當橡皮圖章(rubber-stamp)批准從別處制定的決策。大致而言,處在這兩極端點的中間位置就是英國的「下議院」(House of Commons)。那裡的立法提案(legislative proposals)有時候會由一般的國會議員提出或修正,但是公共政策通常都會由內閣成員(為了確保狀況,他們也都是從國會議員當中被挑選出來的)起草與提案。傳統上,議會就是可以提供進行思辨,正式制定立法,以及有時候需要修正法律的論壇。

議會不僅是立法機構。在所有民主體制中的議會都與立法脫離不了關係,但不盡然必須是主導的角色。其政治重要性不只是立基於這樣的功能,也包括他們本身所執行的其他更多各式各樣的重大功能。議會可以扮演菁英甄補的主要角色,尤其是在議會制度中,傳統上首相與內閣成員通常都是從國會中的助理開始歷練。立法委員會所舉辦的聽證會以及會場辯論(floor debates)都是利益表達與利益匯集的重要場所,特別是當國會缺乏高度凝聚力的主要政黨時。在議會的辯論可以是一種政治相關的公共訊息來源,因而一般來說也有助於公民的社會化,尤其是針對政治菁英。

代議制:反映民意與代表性的偏誤

當代的立法機關,尤其是在民主制度中,之所以特別受到重視,這是因為他們在政策制定過程中代表了公民。然而,在公民與政府官員之間的理想連結關係究竟應該如何呈現,並不是很明顯。有些人主張政府官員應該要盡可能地反映出民意的屬性偏好。這樣的原則,一般稱之為**「鏡像或描述性代表」**(mirroring or descriptive representation),被強烈地認為在具有代表潛在性衝突區隔的社會特徵(諸如種族、階級、族群、性別、語言,甚或年齡也算是)中很重要。

然而政治菁英,甚至是民主選舉產生的立法機關成員,也很難完整反映出他們所代表的公民所標榜的任何一種社會特徵。即使在英國以及法國這樣的民主國

家中，政治領袖也大多來自具有較高社會地位的環境、受過與眾不同的良好教育，或是來自於較低階級個體的向上流動。當然也會有例外狀況。在某些國家，工會或是左派政黨已成為經濟或教育背景不突出的人政治進展的管道，這些人藉由任職於勞工階級的組織來獲取政治技能以及相關經驗。在挪威工黨（Norwegian Labor Party）長期執政的期間（1935-1981），該黨甚至沒有任何一個總理確實完成中等教育的學歷。但這些是極少數且正在消逝的例子。在大多數的當代國家政體中，勞工階級的人們任職於高級職位的數量不多並呈現下降趨勢。

傳統上在大多數國家，女性一直很少有機會能站在成為政治領袖的位置上。即使她們在過去的30年期間已經取得不少的進展，但是女性擔任政治領導人的人數卻依然不多。在1980年，全球女性取得國會席次的比率大概占了10％。到了2016年，這個數值成長了兩倍而達到了23％，但這卻依然相對偏低。即使是在民主國家，也只有部分女性擔任行政首長職位。不過，近年來這現象也不是那樣罕見了（參閱專欄5.3）。舉例來說，安格拉‧梅克爾（Angela Merkel）在2005年出任了德國的總理，且之後在2009年與2013年時連任成功（參閱第九章）。女性在政治地位上的進展也一直是不均等的。[15]在許多北歐國家中，諸如瑞典，女性在2016年在立法者人數上占了44％，而內閣成員的比例也差不多。在德國、墨西哥以及英國，女性取得超過30％以上的立法席次。但反觀奈及利亞與伊朗，女性人數只占立法席次的10％或更低的比例。

政治菁英在年齡相關性上也呈現出不具代表性。在許多國家中，40歲以下的立法者（更不用談行政首長）算是稀有動物了，而絕大比例的政治領導人也都過了一般該退休的年齡了。許多國家擁有大學學歷的族群——他們通常是律師或是公務員——人數過多，而屬於族群的、語言的以及宗教的少數團體卻常常人數不足。因此，代表性偏誤的問題也無所不在。雖然，目前女性的代表性逐漸在改善，但是階級的代表性偏誤卻愈來愈嚴重。

顯然，在甄補行政官員時，描述性代表不是唯一的考量。某位美國參議員就曾不經意地表示出鏡像代表的侷限性。在為被指控能力平庸的美國最高法院提名人辯護時，這位參議員說：「就算他很平庸吧，不過也有很多的平庸的法官、人民以及律師。他們還是有權利獲得一些代表權吧，不是嗎？」[16]大多數的人可能無法同意政府官員應該要在工作能力上反映出跟一般人沒什麼兩樣的能力。反而，我們通常會希望政治菁英盡可能是選民的最佳代理人。如此看來，政府官員應該要依照服務大眾利益角度的能力來篩選，而不是依照他們與投票者的背景特

質是否相似來考量。

　　為使政治人物成為好的代理人，他們需要與所代表之選民具有相似的偏好，而且需要有適度的技巧與能力來做事。在民主國家中，政黨與選舉是使公民的偏好與政治領導人的偏好（或至少是承諾）保持一致的最重要的機制。[17]提到技巧與能力時，政治與政府領導人——尤其是在科技發達的當代社會中——所需要的知識與技能如果不透過教育與培訓的話，是很難獲得的。天資聰穎或相關經驗也許可以取代正式的教育，但是程度有限。

　　因此，這對政府官員來講可能是一件好事，他們會更加掌握狀況、更聰穎、更具有經驗，而且可能比所服務的民眾受過更好的教育。這就像是需要醫療的病人會傾向於尋找最有能力的醫師，而不是找一個最像自己的醫生，我們也可以認為公民應該尋找的是能力條件最適合的公務員。依此觀之，選擇政府官員，包括代表民意的政策制定者，就像是委任給專家來做事一樣。看到在許多當代民主國家中的公民，逐漸變得有意願去選擇不是與自己有相似背景的領導人時，這可能是個令人感到充滿希望的象徵。

　　就像其他非常多的政治選擇案例一樣，在鏡像與專家委任之間，都沒有特別明顯或完美的選擇。這是個爭論已久的問題，而且在許多狀況中，在這兩者之間做一權衡是有其必要性的。不同的職位可能會需要不一樣的考量。舉例來說，大多數民眾也許可能會比較高度關注於地方議會是否能反映出與自己的相似性，而對於監督核能科技的監管機構，則不會有如此要求。

政治的行政部門

5.8 討論行政首長的選擇方式、他們的權力以及在內閣中所扮演的角色。

　　在現代國家中，到目前為止，行政部門都是規模最大、最錯綜複雜，而且通常也是政府單位中最有權力的部門。用簡易的方式來描述行政系統確實很不容易，不過從行政最上層開始描述倒是相當合理。通常各國政府會有一或二位**行政首長**（chief executives），而官員通常位在規模龐大的行政部門最高層。這些行政首長有各種不同的稱呼方式、頭銜、職責以及權力。他們被稱為**總統**（presidents）、**首相**（prime ministers）、**總理**（chancellors）、**總書記**（secretaries general），或是**最高領袖**（supreme leaders）（在伊朗的稱呼）。甚至現在還有一些實質上擁有權力的國王。頭銜也許會使我們誤解這些官員的職能，但是這些人基本上都是公共政策的制定者與執行者。

行政首長的結構組織

　　民主國家的政府通常會有單獨一位的行政首長（在總統制中），不然就是兩位分立的行政首長：一位大致上算是國家政體象徵性的元首（在正式場合中代表國家），而另一位是更有權力的政府領袖（由他決定公共政策）。表5.3根據影響政策制定的權力大小的基礎來區別不同的行政首長。在左邊縱向欄位所呈現的是威權體制中的行政首長。中間與右邊縱向欄位所呈現的是民主體制國家的行政首長。中間的縱向欄位顯示行政首長的權力主要取決於其所屬政黨在立法機構的影響力，大多數議會制中的首相就是這樣的例子。右邊的縱向欄位涵蓋了行政首長能夠影響立法的能力是建構在由憲法所直接賦予，而不是僅靠黨派關係所連結。舉例來說，強勢的總統有能力否決法案、頒布法令或是提出預算。他們通常有權力任命以及免職內閣的成員。

　　順著表閱讀，我們可以看到具有實質權力掌控政策，純粹扮演儀式象徵性的角色，或是同時具備實質性與儀式上的權力，這三者彼此之間的差異。政治行政長官只有在法律規章制度的制定與執行，在預算內容或重要的政府任命上擁有自由裁量權（discretion）時，才看得出是否能夠發揮效用。如果他們沒有這些權力，就僅具有象徵性或儀式性而已。在總統制中，儀式性與具有實質權力的角色幾乎是掌握在同一人的手上，那就是總統，如表5.3下方所示。在議會制的民主國家，以及在某些威權主義國家中，這兩個角色是區分開來的，分別扮演主要屬於象徵性的官職「國家元首」，以及負責決策制定與執行的「政府首長」。英國、德國、印度與日本的總理或首相就屬於是第二個縱向欄位上方的類型，而儀式性的首長則是在表格中間靠右邊的位置。

　　這些區分都不是絕對的。如果當政黨分裂，或是行使憲法賦予的特殊權責時（或是兩種狀況都出現，就像是1990年代的印度），即使大部分算是象徵性的元首也能夠發揮重要的影響力。不僅如此，即使面對強勢民主國家的總統，黨派在立法機關的影響力仍是不容小覷。不過一般來說，即使正式稱謂可能會造成誤解，但要判斷立法權的主要來源還是很容易的。

　　一些國家可能同時擁有掌握實權的總統與首相。兩者之間的權力平衡是依照憲法中賦予總統的權力以及立法機構中的政黨分權狀況。俄羅斯的憲法賦予總統非常大的否決權與命令權，而這也被不斷擴張到如今像是朝向專制獨裁的趨勢，使得總理大致上看起來就像是另一個沒有什麼實質權力的行政長官而已，但是這個現象在佛拉迪米爾·普丁於2008年至2012年擔任總理期間就被大大修改了。相形之下，法國總統的正式權力就相對弱勢很多；當總統所屬的政黨沒有控制國會

表5.3 行政首長的立法權基礎

行政首長能發揮的效力以及在本身立法權的基礎上有很大的差異

威權體制的	民主體制的：黨派影響	民主體制的：憲政權力
實質權力上		
中國總書記	英國首相	
	法國總理	
	德國總理	
	印度總理	
	日本首相	
	（俄羅斯總理）	
儀式上		
中國國家主席		英國女王或國王
		德國總統
		印度總統
		日本天皇
儀式上與實質權力上		
伊朗最高領袖	法國總統	巴西總統
		墨西哥總統
		奈及利亞總統
		俄羅斯總統
		美國總統

的多數時，所選舉出來的總理具有實質性權力來主導政策的制定，大幅削減了總統的政治影響力。

在中國，共產黨總書記是最有權力的政治人物，也是具有實質權力的政治首長。但中國國家主席（總統）是國家的元首，算是儀式性的虛位角色，並沒有任何相關的權力。然而近年來，都是由同一人同時擔任該政黨的總書記與政府軍事委員會主席這兩個關鍵職務。獨立的國務院總理或政府首長，在很大程度上僅具有行政地位而已。

跟20世紀初期相較，21世紀初期之後的君主制變得更為少見。有些君王，像是沙烏地阿拉伯的國王與一些其他的阿拉伯國家的君王，仍然握有實質的權力。然而，大多數當代的君王，只有少許或幾乎沒有任何實質的政治影響力。像是英國女王、日本天皇或是北歐斯堪地那維亞的皇室，原則上主要承載儀式性與象徵性的職位，而所擁有的政治權力是有限的。他們是國家和民族綿延不斷及其歷史延續性的象徵。英國的女王能夠欽點徽杖，頒布榮譽或任命，只不過這些任命權

實際上還是由首相來決定。日本的天皇在傳統上也是莊嚴與崇高的，而且在擔任國家象徵上扮演了重要的角色。相形之下，北歐斯堪地那維亞的皇室就比較低調。因為，這些皇室家族的成員有時候會使用比較儉樸的交通工具，使得這些皇朝有時候又被暱稱為「自行車皇室」。在採用議會制的民主共和國家中，總統承擔了國王與女皇之下的議會君主制的功能。因此，德國總統會在重要的紀念日上發表演說，並且在選舉或是政府內閣集體總辭之後，任命新的總理。

　　將儀式性與具有實質性權力的行政首長加以區隔有許多的好處。儀式性的行政元首象徵了一種能夠超越政治的團結與歷史延續性。美國的總統制，同時結合了實質功能與儀式性的角色，則會產生一些不同的風險，像是美國總統會運用其儀式性與象徵性的權威強化本身的政治權力，或是總統介入政治紛爭，而導致其成為不太有效的象徵性或統一的人物。

行政首長的甄補

　　從歷史角度觀之，找到有效率且具有正當性的方法來篩選出何者為最適合擔任政策制定首長的角色，對於政治秩序與穩定至關重要。甄補的結構是種方式，國家可藉此來選擇其所需要的政策制定者與行政首長。表5.4顯示的是本書中所討論的國家的甄補結構。

　　民主國家調控了涉及領導人替換時的潛在性衝突，並且將這樣的衝突圍限在選票上的動員而取代了武器。這是一項很重大的成就，可以減少產生嚴重衝突的風險。在總統制中，政黨提名候選人，然後讓選民在這幾位之中進行選擇。俄羅斯與法國的總統是直選的，但同時也賦予總理很重要的角色，總理是由總統指派任命，但可由立法機構罷黜下臺。墨西哥目前看起來很像與其他總統制無異。但是經過了半個多世紀，革命制度黨幾乎掌控了所有的選舉過程，使得選民好像只能投票批准該政黨提名的總統候選人。甚至直到2000年的選舉[18]，許多選民都還很懷疑一個非革命制度黨的總統是否能真有權力來執政。

　　不論是在總統制或是議會制的民主國家中，行政首長的任期都是直接或間接受到限制的。在總統制中，行政首長的任期限制通常是以固定期限的形式直接並清楚的規範。在議會制中，國會有最長任期的限制，所以也間接限制了內閣的任期，因此首相要對新的國會多數負責，而也有可能會被新的國會給拔除。政黨扮演的重要角色，顯示出在選擇行政首長的背後，有廣泛動員政治支持的必要。毫無疑問的，政黨的頻繁更替也反映了現代人民主權的正當性：承諾為統治者的行動必須要符合被統治者的利益。

表5.4　行政首長的甄補

各種類型的政黨都會涉及到大多數行政首長的甄補

國家	行政首長結構	甄補結構	這種類型的政府是否往往在政權轉移中能夠倖存下來？[b]
巴西	總統	政黨、選民投票	經常
英國	首相	政黨、下議院、選民投票	往往如此
中國	黨總書記[a]	政黨、軍隊	經常
法國	總統／總理	政黨、（國會）選民投票	經常
德國	總理	政黨、聯邦議院、選民投票	經常
印度	總理	政黨、人民院（下議院）、選民投票	經常（中斷過一次）
伊朗	領導人	宗教菁英	經常
日本	首相	政黨、國會、選民投票	經常
墨西哥	總統	政黨、選民投票	兩次
奈及利亞	總統	政黨、選民投票	經常
俄羅斯	總統	政黨、總統、選民投票	經常
美國	總統	政黨、選民投票	往往如此

[a]「黨總書記」除了指涉這個職位之外，還包括在共產黨政權中的類似黨領袖之角色。
[b]「經常」意指如此的政府類型在政權轉移中至少進行了三次的更替。

　　表5.4也顯示出了中國的共產黨與軍方組織，以及伊朗非經由選舉產生的宗教菁英。威權主義體制很少具備有效程序來處理領導人的繼承。權力愈集中在高層，要將此權力傳遞給下一個承接者的風險就愈高。威權主義的領導人往往不敢放棄自己的權力，所以只有在現任者過世或被推翻時，才會出現領導人繼任的問題。在共產黨政權中，由共產黨來選擇總書記（或對等的領袖），以操控整個行政力量。個人的繼任問題不是一件簡單的事情。這些體制並不限制在位者的任期，一旦他們鞏固了自己的支持者進入黨內關鍵的職位時，他們就很難被驅逐下臺。儘管如此，他們也總是會小心預防黨內政變的可能性，就像是1964年蘇聯驅逐了前領導人尼基塔‧赫魯雪夫（Nikita Khrushchev）。然而，在同一個體制內，直到1991年的政變企圖推翻米哈伊爾‧戈巴契夫（Mikhail Gorbachev）之前，蘇聯領導結構看起來還是相當穩健，這標誌著蘇聯解體的開始。在蘇聯解體後，俄羅斯很令人意外地順利掌握住其第一波民主轉型，從鮑利斯‧葉爾欽（Boris Yeltsin）到他欽點的繼任者，佛拉迪米爾‧普丁當選了2000年的總統。普丁在2008年時調整了一個偏向非民主的轉變，當時迪米悌‧梅德維傑夫（Dmitry Medvedev）在這場不自由的選舉中當選了總統，而在2012年，就換成

他（普丁）回鍋為總統（參閱第十一章）。

　　較貧困的國家顯示了其持續的穩定性是不足的，而且他們的政權通常也比較沒有經驗來安然度過轉移的危機。[2]從1966年至1979年期間，奈及利亞經歷一連串的軍事政變與政府輪替，然後才開始推行具有實質競爭意義的總統制，但很快在1983年就被另一個軍事政變推翻。軍方統治者終於在1999年允許將政權回歸到文人統治，而奈及利亞從此之後也繼續成功地選舉出了4位文人總統。

　　不論穩定與否，軍政府在拉丁美洲與中東也都很常見，雖然他們現在有可能更常與其他團體合作或是躲在幕後垂簾聽政（參閱第四章）。中國共產黨已經執政超過60年了，但也經歷了數次內部鬥爭時期，而使得軍人得以介入各個階層的人才甄補。在所有的貧窮國家中，印度的民主一直都是規則上的例外。這個國家經歷多次的民主政權轉移，只有在1970年代發生過一次威權式的宣布緊急狀態這樣的插曲。[19]

內閣

　　在許多政治體制中，**內閣**（cabinet）是最重要的集體制定決策之單位。其權力在議會制當中顯得特別突出，其組成與首相選擇有很密切的關連。通常內閣包括了所有行政部門之主要部會（有時候稱之為「部」）的領導人（通常稱之為「部長」）。內閣成員經常開會，往往一週會有數次會議。往往都是由政府首長來領導：總統制下是總統，而議會制下則是首相。首相的領導權角色常常會有所更動。在一些議會制中，首相的位置只比「平等中的第一人」高了那麼一些而已，特別是在多黨聯合政府的情況下。隨後，首相往往會領導聯合政黨其中之一，但是需要與其他聯合政府之政黨的領袖進行協商。在其他議會制中，如德國，憲法賦予了更多的權威給行政首長。[3]

　　內閣成員是如何被挑選出來的？在總統制中，選擇內閣成員通常是總統的特權，雖然有時候（例如美國參議院）立法單位有權批准或是否決這些候選人。總統通常也能夠按照自己意願更換內閣成員，而立法單位在這方面的能力則是受到許多限制。在議會制中，過程則有很大的差異，所以首相與內閣成員需要獲得國會多數的信任。因此，內閣的組成的結果是取決於議會的投票表決以及議會中的議員組成結構。有時候，選舉會直接決定誰有效控制多數，而能夠進一步組成內閣。所以，在純粹的兩黨制中，某一個政黨總是獲得議會的多數。這在多黨制中也可能會出現，只要某一政黨能夠獲得比其他競爭政黨之總和更多的席次。當某一個政黨控制了議會的多數，這個政黨幾乎就能夠總是靠自己來組成「**多數一黨**

內閣」（majority single-party cabinet）。

　　在大多數的多黨國家中，通常選舉的結果就是沒有任何一個政黨能夠單靠自己就成為議會的多數席次。選舉相關法規在形塑政黨的立法權上的代表性扮演了重要的角色：就像是法國社會學家莫里斯‧杜瓦傑（Maurice Duverger）所聲稱，比例代表制會傾向於產生多黨制的議會。議會裡有愈多的不同政黨席次，就愈不可能出現一黨獨大的狀況。如果議會裡有愈多的政黨，就愈不可能只有一個政黨單靠自己就能成為多數。一般在這種情況之下，幾個政黨（二、三或是更多個）就會集結力量而形成一個「聯合內閣」（coalition cabinet），只要能在其中，所有的人都具有代表性。有時候政黨會預期相關需求而在選舉前就形成聯盟。他們也許會制定一些正式的協議，並且告知選民如果他們集體能夠獲得足夠的選票，他們打算共同治理。這些形成聯盟的政黨也可能因此激勵各自的選民，互相支持聯盟夥伴所推舉的候選人，特別是在那些本身政黨推舉的候選人表現弱勢的地方。許多德國與法國的政府就是以這樣的方式而取得執政權。（可以特別參閱第九章中德國政黨聯盟的討論內容。）在這樣的案例中，選民可以有在內閣中以及政府的政策方向上直接發聲的選擇，而這遠比在兩黨制的選擇中能有更多的作為。

　　如果沒有任何政黨或是選前聯盟透過選舉拿下立法機關的控制權，政黨就可能會在選後進行協商以組成新的內閣。在像是荷蘭與比利時這樣的國家中，如此的協商可能會進行幾個月之久，或者甚至要花上一整年。然而，英國在2010年的選舉之後，只需要幾天就能由保守黨（Conservatives）與自由民主黨（Liberal Democrats）共同組成聯合政府（參閱第七章）。

　　在議會制中，不論協商是在選舉前或選舉後發生，政黨往往會有許多的選項來思考內閣如何組成。圖5.2顯示的就是這些各式各樣的可能性。在某些案例中，單一政黨決定本身可以獨立組成一個「**少數內閣**」（minority cabinet），時常是因為與其他政黨的看法太過分歧，而無法提供其他選擇。然而，在一個少數的弱勢政府時，執政黨就必須持續與其他政黨協商以接受所欲採取的政策，甚至換取留任。但在多數聯盟中，協商主要是發生在內閣之中有代表權的結盟政黨之間。在這兩種情況中，首相或總理的權力可能要取決於協商時，能不能夠真正壓制住其他政黨的領導人。

　　這些複雜性說明了結合議會制政府與比例代表制選舉制度時，會出現兩個主要的問題。既然比例代表制的選舉鮮少會產生單一主要政黨，所以他們不會給予選民一個非常清晰的選擇來認為哪個政黨有可能控制行政部門。反而，政黨可能

圖5.2　議會制民主國家中的內閣組成形式

政黨制度與選舉結果會形塑組閣的過程與結果。

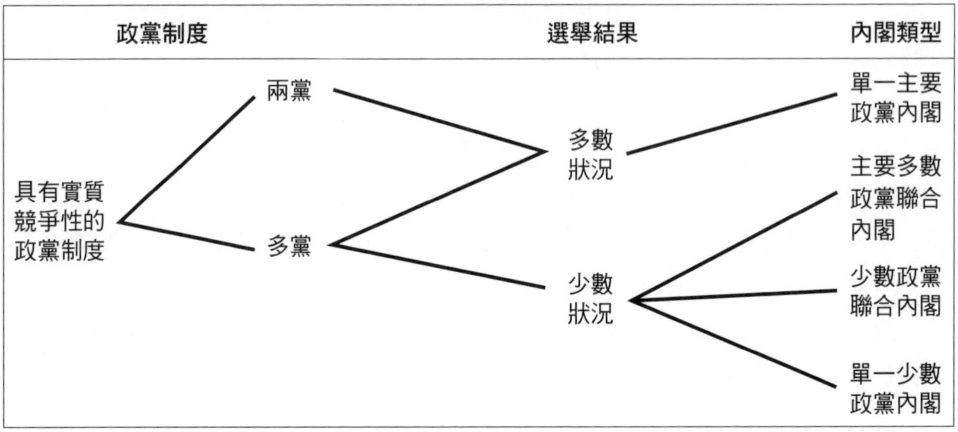

| 政黨制度 | 選舉結果 | 內閣類型 |

會判斷於選後關起門來決定。有時候，結果會很弔詭，因為剛輸掉選舉的政黨，可能會在協商中想辦法進入聯合內閣。第二個問題就是多數內閣有時候並不穩定。舉例來說，自從二次世界大戰之後，義大利平均每年都有一次以上的政府改組。但是，這樣的問題也不一定會完全只出現於議會制與比例代表制中。在德國，內閣就顯得十分穩定，選民通常在選舉投票之前都會很清楚知道有哪些選項。

行政首長的功能

　　通常，行政首長是政策制定中最重要的組織結構角色。行政部門通常會擬定提出新的政策。取決於與立法部門的分權與政黨平衡，行政部門在他們所採取的內容中也占有很大的一部分。在總統制中，總統通常擁有否決權。因此，行政首長往往從頭到尾都可掌控著政策的制定。相形之下，在議會制中，行政首長就比較不可能動用否決權。

　　行政首長同時也監督著政策的執行，並可以敦促下屬官員為其施政績效負責。行政首長一般也會制定關鍵的外交決策並產生新的政治措施與方案。缺乏效率的行政單位官僚體制就會傾向於遵從舊有的政策，而非擬制新的作為。如果缺乏政治企圖的首長，官僚體制也會因此變得怠惰僵化。

　　總統、首相或總理、內閣或中央政黨委員會為了朝向新的外交或內政之政策的決定時，往往伴隨而來的是結構性的調整——任用一個大刀闊斧的部長；建立一個特別內閣委員會，以及其他相關創舉。在行政首長相對弱勢且分裂的地方，

這種活力就會消失，如同義大利曾發生過的一些事情。倡議之後傳遞給官僚機構、立法委員會，以及有力的利益團體——而一般性的需求、利益與問題也可能因此被忽略了。在一個分權制度中，當總統職位與議會分別由不同政黨控制時，即使是強勢的總統在推動有效的政策時，都可能會受到阻礙。但如果出現跛腳的總統時，議會卻鮮少能夠彌補這樣的問題。

　　行政首長也展現了重要的制度功能。針對兒童社會化的研究發現，第一個讓兒童感知到的政治角色，通常是政治行政首長——總統、首相、國王或女皇。在童年早期階段，小孩會傾向於將最高的政治行政長官看作是父母的角色。隨著兒童變得成熟之後，他／她會開始區分政治與其他的角色，同樣也會在各式各樣的政治角色中做出區別（參閱第三章）。行政首長的做事風格會影響年輕人對整個政治制度的信任與信心，而年輕人也會把這樣的觀感帶到之後的成人階段。行政首長在任命內閣與其他官員方面的作用顯然也很重要。針對新政策，行政首長也在溝通、解釋與建立支持上扮演了核心的角色。

官僚體制

5.9 解釋馬克斯・韋伯對官僚體制的定義以及描述官僚體制會採用的形式。

　　現代社會是由許多大型的團體組織所主導，這也適用於政府身上。所謂的「**官僚體制**」（bureaucracies）是指最高長官之下的所有行政部門的全部成員，通常就是在執行政府的政策。在20世紀中，政府官僚體制的規模逐漸擴大。部分原因是由於政府日益擴大的政策責任和政府的努力。這也有可能是因為政府機關一旦成立了，就會為了本身的存在而持續尋求成長。為了回應這樣的趨勢，並且也是因為擔心政府效率不彰，在許多先進民主國家中，近年來出現了一些刪減政府的預算與縮編整個官僚機構的運動（參閱第六章）。

官僚體制的結構組織

　　官僚體制當中最重要的官員，便是這些經驗豐富且具有專業背景的高端「**公務員**」（civil service）。英國政府是由大約100多名部長、副部長、國會祕書等高端行政職位所組成。這些相對小規模的政治決策制定者小組，監督著約3,000名的常任「**高階公務員**」（higher civil service）。這些文官一輩子都在這個菁英團隊裡的不同部門輪調，看著來來往往的不同政府，而當他們官階愈爬愈高時，就會變得愈加重要，其重要程度會像政策制定者一般。在這些高階公務員之下，

就是由一群規模龐大，人數超過50萬的終身公務人員以及一般文官群體，分屬約20個政府部門以及一些其他的機構組織當中。英國公務員的總人數從1900年的10萬人，至1979年已經超過70萬人；在1980年代至1990年代保守黨政府執政下，人數有所減少，而今日大約有50萬人左右。

強大的常任高階公務員制度不僅是英國獨有。在法國也是如此，高階公務員中也是充斥著強大的通才，能夠帶來長期性、經驗性與技術性的知識以完備其特定的工作任務。在美國，許多政府機關中的高端職務都是經由總統任命，而非由常任文官來擔任，但還是有常任的文官身居重要職位，其權力僅在所有內閣部門中的最高被任命者之下而已。這一類的人通常都是專家——例如軍事將領、外交官、醫師、科學家、經濟學家，以及工程師等等——他們在本身專業領域之政策的制定提案與執行發揮了重大影響力。在這些專家與行政官員之下，就是規模龐大的一般政府員工——郵務人員、教師、社福案例機構等等，以此類推——這些人就是按照政府的政策來執行。在2015年，美國擁有高達2,200萬各種不同級別（聯邦、州與地方）的公共部門員工，約占總體勞動力的17%。在許多歐洲的國家中，這個比例更高，挪威、丹麥與瑞典，甚至高達接近三分之一的比例。

官僚體制的功能

官僚體制在當代社會中具有重要的意義。其中一個原因就是官僚體制幾乎是唯一可施行與強制執行法規的單位。未來要達到這樣的效果，官僚體制執行時可能會有一些自由裁量權。大多數現代的立法都僅具有一般性的規範，而是否能夠有效的被執行，則有賴於行政官員制定出執行細則與方法。政策的實施與執行通常仰賴於官僚體制的詮釋，並依照其精神與有效性讓他們能夠把政策落實到執行層面。但是，官僚體制的權力並非只限於本身實施與執行由他人所制定的法規而已。在第四章中，我們也討論過官僚機構能如何表達與匯集利益。像是農業、勞工、國防、社福與教育等部會，可能都代表了利益團體中最重要的聲音。除此之外，在當代政治制度中的行政機關擁有大量的裁量權。舉例來說，稅務部門會定期查核公民是否誠實申報自己的所得，並繳交應納之賦稅，而這些有權單位也可依此評估相應的罰則。雖然公民基本上能夠對這樣的裁決向法院上訴，但真正會這樣做的人還是相對少數。最後，不論是行政或立法的政治菁英，其做決策的立基點也都參考了來自於公共行政部門所提供的資訊。同樣的，利益團體、政黨、商業菁英與一般大眾，也都仰賴這些來自於公共行政部門的資訊。

官僚體制與績效

我們通常使用「官僚體制」（bureaucracy）這個詞彙指稱所有的公共行政體系。然而嚴格來說，官僚體制意指像是機構這樣的某種特殊組織方式。根據德國古典社會學家馬克斯・韋伯之描述，官僚體制具備以下的特徵：

1. 決策的制定是根據固有的以及官方的權限、法令與規範。
2. 每個職位上的人，都必須擁有正式的與專業化的教育或培訓。
3. 需要具備一個具有階級性的指揮架構：一個嚴格有序之上下從屬關係清楚的系統，在其中的訊息流動是由下而上，而決策傳達則是由上而下。
4. 決策產生的基礎是根據標準的作業程序，其中包括了大量的正式書面紀錄。
5. 官員所屬的職業位階，獲得任命與進階是依據其良好的表現，並且擁有免於受到政治干預之保障，最明顯可見的形式就是工作任期的終身制。[20]

沒有任何組織完全符合官僚體制這樣的概念，但是職業軍人相當接近，而稅務部門也是如此。

官僚體制的這些特質具有一些可取的效果。他們提倡用人以才、標準一致、公平待遇，以及免於被政治操弄的自由。想像一下，如果生活中少了官僚體制會變成怎樣。在現代官僚體制出現之前，公職官員常讓人覺得很糟糕。他們有些是靠世襲得到此工作；其他的人則是透過家族或政治關係而得到工作。有些人甚至靠買官方式，然後運用這職位讓自己致富、獲得社會地位，或兩者皆有。他們往往任意運用其權力，來偏惠朋友與鄰人，並對其他人產生不利行為。許多人根本很少投入時間去履行職責。難怪公職官員往往都不稱職、對其工作興趣缺缺、貪腐，或以上所有問題都全包了。由於缺乏法規與紀錄，受到委屈的民眾往往也沒有什麼救濟的管道。

不過，「官僚體制」一詞也有負面的含義，意指這樣的組織有本身的包袱。官僚機構有可能會變得相當呆板、一堆規矩、缺乏彈性，以及對民眾的訴求表現得麻木。在許多案例中，官僚對於創新與效率是缺乏激情的——甚至對認真工作的態度，也是如此。雖然官僚體制被期待在政治與意識形態上應該保持中立，但是他們常常會被當時的主流意識形態所影響、具有特定政黨傾向，或是去貪圖自己機構內的好處。[21]許多公民常會被官僚制度氣得半死，就因為這些人強烈無效率且反應遲鈍。這樣的挫折感也會反映在大眾對其冷嘲熱諷中，同樣也會週期性出現改革政府的期望。

當代威權制度已經發現，官僚體制是政府可以用來控制人民的重要工具。因而，官僚體制內的甄補是較大規模控制模式的一部分。前蘇聯以及今日的中國，官僚的篩選是透過**「幹部職務名稱表」**（Номенклатура）制度這機制來進行的。在這樣的程序中，重要的職位都是由共產黨機關直接監管，且黨對人才甄補有最終的決定權。如果沒有幹部職務名稱表的認可，個人就無法在社會中獲得高階的職位。除此之外，共產黨也會提供誘因來控制這些被挑選之官員的行為。這些誘因會使得除了最頂端之外的任何官員都很難得到行動上的自由。前蘇聯領導人會運用具有規範性的激勵措施（諸如更高的薪資、取得更好的食物與衣服、更棒的住宅，以及自由旅行等），以及強制性的監管手段（諸如自行匯報給警方、共產黨以及官僚人員等）。他們會運用降職、監禁坐牢，甚至是處決來當作懲罰手段。為了防止警察或軍方力量的政變，他們會運用各種不同層級的命令與誘因結構互相交織著，使得沒有任何單一層級有機會獨立行動。

能夠約束官僚體制的力量，包括公共輿論以及大眾媒體，以及各式各樣的利益團體。在民主國家中，議會與法院也能夠有助於控管官僚體制。立法委員會舉辦聽證會或是司法調查可能會使得官僚的績效表現符合政治所欲達成的期望。瑞典創造了**「監察官」**（ombudsman）的職位來防止官僚對個人造成傷害或不公正的作為。[22]這樣的創意讓許多國家起而效尤，包括英國、德國、阿根廷，以及紐西蘭等。監察官會調查民眾聲稱遭遇因為政府作為而導致傷害或是受到之損害。監察官本身通常是沒有權力的，但是能夠將報告提供給立法單位，以進行補救措施。他們的案子很少會變成刑事判決，但是政府官員往往會因為這些令人難堪的事跡曝光而修改其政策。因此，監察官往往會擁有比法院來得更迅速且過程成本較低的行動力。

先進工業化民主國家以外，人民是很難對公務員產生制約行為。威權體制缺乏許多潛在性的控制方法，諸如經由人民有效選舉出來的政治行政首長與立法議員、獨立法院、自由大眾媒體，以及利益團體等。因此，專制政權下的官僚體制，就特別容易出現效率不彰與惰性等現象。尤有甚之，在許多發展中國家，大眾媒體通常既不獨立也無影響力，只有極少數公民參與政治，而政府低階公務員也都訓練不足且薪資微薄——這些所有條件都成為受賄、敲詐勒索，以及官僚人員管理不善的溫床。[23]

成功的民主需要由該國的議會制定公共政策，然後由行政首長公平且有效率地施行；民主取決於法治。當具有尋租思維的政客與政黨從想要承包公共工程合約的營建廠商那裡取得工程款的回扣時，這時的民主程序就已經被顛覆了（參閱

第一章，特別是專欄1.3）。同樣的，當稅務官員與邊境海關收取賄賂，而對逃稅以及違反海關規定，睜一隻眼閉一隻眼時，這些行為也破壞了民主法規。那些必須賄賂教職人員來為自己小孩取得教育資格，或是賄賂醫療官員接種疫苗的公民，被剝奪了原本一般民主國家中該享有的公共政策之福利。這就是我們一般稱之為「**貪污腐敗**」（corruption）（濫用政治權力謀取個人利益）的行徑與事例，而這些做法在世界上貧窮國家中非常普遍。

　　很難有系統性地去研究一國法治是否失敗，不過如果調查不同國家的商業界、學術界以及分析家如何感知到公共官僚體制的貪腐狀況，則可提供某些具有比較性的見解。這些調查已經被匯集整合成「貪污腐敗印象指數」（Corruption Perceptions Index），這是每年針對大約100個國家進行量尺從0（高度貪腐）到10（高度廉潔）的評比。如圖5.3所顯示，在縱軸部分，是將本書中所研究的12個國家進行貪污腐敗的比較排序。所有這些國家具有某種程度的貪污腐敗。然而，圖5.3顯示了貪污腐敗與貧窮以及低度開發有強烈的相關。[24]在我們比較中屬於富裕的民主國家——英國、德國、美國、法國，以及日本（儘管他們各自都有惡名昭彰的個案存在）——得分都在量尺比較高的上半部。發展中國家，像是巴西、中國、印度，以及墨西哥則是實質上更加貪污腐敗，所以分數就呈現在量尺比較低的範圍中。奈及利亞、俄羅斯，以及伊朗的分數甚至更糟糕。俄羅斯很明顯地比我們從該國之中產收入者那裡所得到的預期，可能更加貪污腐敗。儘管伊朗的政權屬於

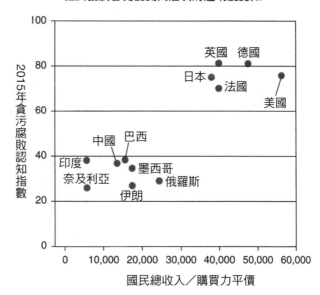

圖5.3　貪污腐敗的認知與經濟發展

經濟發展會促使更高層次的透明度認知

資料來源：從世界發展指標而來的經濟發展層次：http://data.worldbank.org/data-catalog/world-development-indicators；2015年貪污腐敗認知指數是來自於國際透明組織，http://transparency.org，2017年1月21日。

附註：分數愈高表示貪污腐敗程度比較低。

神權性質，但其卻被評比為世界上最不透明與最貪污腐敗的國家之一。

　　官僚體制的沉痾，包括效率不彰與惰性，是非常具有傳染性的。就因為我們需要官僚體制所提供的組織、分工與專業精神，所以這真的是所謂的兩難。我們也僅能減輕它的病狀而已。當代政治領導的藝術是由對適當的目標與政策進行定義與溝通所組成，然後同樣是要將其交由龐大複雜的官僚體制來施行——因此有所必要去學習如何與何時該向官僚體制施壓甚至強迫他們，對其重新組織、給予獎賞、施以教育，或也有可能從他們身上學到什麼。

結論

　　總而言之，政府的結構組織影響了政治過程以及形塑了政府的優缺點。有些政府的結構組織比較能夠反映大眾的偏好，而其他的可能在政策執行上更加有效率。有些政府結構組織允許產生更多的辯論與審議，而其他的可能在政策制定的決策上更果決。雖然沒有完美的政府形態，但是在政府的組織中可以看出明顯的差異，包括能夠獲得代表的利益類型、區別設定公共政策的方式，以及施行公共政策的方法。

章後思考題

　　1. 較為包容性的決策規則在制定政策上有什麼優點？又會有哪些缺點？
　　2. 為何信任關係在議會制民主國家中顯得如此重要？
　　3. 政策制定的權力可以透過哪些不同方式，被憲法分權和限制？
　　4. 議會代表制中能夠鏡像反映出選民特質的優缺點是什麼？
　　5. 內閣在全國選舉之後，是如何在議會制中組成的？

重要名詞

議會	信任關係
威權主義者（的）	憲政體制
獨裁／專制（的）	貪污腐敗
兩院制	決策規則
官僚體制	民主
內閣	民主國家總統制
行政首長	免除權
文官／公務員	解散權
聯合內閣	分立性政府
邦聯制	聯邦制

高階文官／公務員　　　　　國會制度
彈劾　　　　　　　　　　　政策制定
司法審查　　　　　　　　　半總統制（的）
少數內閣　　　　　　　　　權力分立
鏡像／描述統計的代表性　　單一制
監察員

推薦閱讀

Carey, John M. *Legislative Voting and Accountability*. New York: Cambridge University Press, 2009.

Colomer, Josep M. *Political Institutions: Democracy and Social Choice*. New York: Oxford University Press, 2001.

Döring, Herbert, ed. *Parliaments and Majority Rule in Western Europe*. New York: St. Martin's Press, 1995.

Elkins, Zachary, Tom Ginsburg, and James Melton. *The Endurance of National Constitutions*. New York: Cambridge University Press, 2009.

Helmke, Gretchen. *Institutions on the Edge: The Origins and Consequences of Inter-Branch Crises in Latin America*. New York: Cambridge University Press, 2017.

Huber, John D. *Rationalizing Parliament*. Cambridge: Cambridge University Press, 1996.

Huber, John D., and Charles R. Shipan. *Deliberate Discretion? The Institutional Foundations of Bureaucratic Autonomy*. New York: Cambridge University Press, 2002.

Laver, Michael, and Norman Schofield. *Multiparty Government: The Politics of Coalition in Europe*. Ann Arbor: University of Michigan Press, 1998.

Lijphart, Arend. *Democracy in Plural Societies*. New Haven, CT: Yale University Press, 1977.

———. *Patterns of Democracy: Government Forms and Performance in Thirty-Six Countries*. 2nd ed. New Haven, CT: Yale University Press, 2012.

Linz, Juan, and Arturo Valenzuela, eds. *The Failure of Presidential Democracy: Comparative Perspectives*. Baltimore: Johns Hopkins University Press, 1994.

Mainwaring, Scott, and Matthew Shugart, eds. *Presidentialism and Democracy in Latin America*. New York: Cambridge University Press, 1997.

North, Douglass. *Institutions, Institutional Change, and Economic Performance*. Cambridge: Cambridge University Press, 1990.

Hicken, Allen. *Building Party Systems in Developing Democracies*. New York: Cambridge University Press, 2009.

Htun, Mala, et al. "Symposium: Between Science and Engineering: Reflections on the APSA Presidential Task Force on Political Science, Electoral Rules and Democratic Governance." *Perspectives on Politics*, 11 (September 2013): 808–840.

Perez-Linan, Anibal. *Presidential Impeachment and the New Political Instability in Latin America*. New York: Cambridge University Press, 2007.

Powell, G. Bingham, Jr. *Contemporary Democracies: Participation, Stability, and Violence*. Cambridge, MA: Harvard University Press, 1982.

Secondat, Charles de, Baron de Montesquieu. *The Spirit of the Laws*. London: Hafner, 1960.

Shugart, Matthew, and John Carey. *Presidents and Assemblies: Constitutional Design and Electoral Dynamics*. Cambridge: Cambridge University Press, 1992.

Stone-Sweet, Alec. *Governing with Judges: Constitutional Politics in Europe*. Oxford: Oxford University Press, 2002.

Strøm, Kaare. *Minority Government and Majority Rule*. Cambridge: Cambridge University Press, 1990.

Tsebelis, George. *Veto Players: How Political Institutions Work*. Princeton, NJ: Princeton University Press, 2002.

Weber, Max. "Bureaucracy," in *From Max Weber*, ed. H. H. Gerth and C. Wright Mills. New York: Oxford University Press, 1976, 196–244.

註釋

1. For a skeptical view of constitutional design, see James G. March and Johan P. Olsen, *Rediscovering Institutions: The Organizational Basis of Politics* (New York: Free Press, 1989), 171–172. For a more sanguine argument, see Giovanni Sartori, *Comparative Constitutional Engineering* (New York: New York University Press, 1995).

2. John Locke, *Two Treatises of Government*, ed. Peter Laslett (Cambridge: Cambridge University Press, 1960); and Charles de Secondat, Baron de Montesquieu, *The Spirit of the Laws* (London: Hafner, 1960).

3. *The Federalist: A Commentary on the Constitution of the United States* (Washington, DC: National Home Library Foundation, 1937).

4. On presidential decree powers, see John M. Carey and Matthew S. Shugart, *Executive Decree Authority* (New York: Cambridge University Press, 1998); for more general discussions of presidential powers, see Matthew S. Shugart and John M. Carey, *Presidents and Assemblies: Constitutional Design and Electoral Dynamics* (Cambridge: Cambridge University Press, 1992); and Scott Mainwaring and Matthew S. Shugart, eds., *Presidentialism and Democracy in Latin America* (New York: Cambridge University Press, 1997).

5. It is important to avoid confusion between the formal titles of government officials and the source of their selection and bases of their powers—which determine the type of political system. For example, Germany is a parliamentary system, whose executive is headed by a prime minister, although his or her official title is *chancellor*. The German head of state is a president, chosen by a federal convention, with little policymaking power. See also Table 5.3.

6. G. Bingham Powell, Jr., *Contemporary Democracies: Participation, Stability, and Violence* (Cambridge, MA: Harvard University Press, 1982); and Arend Lijphart, *Patterns of Democracy: Government Forms and Performance in Thirty-Six Countries*, 2nd ed. (New Haven, CT: Yale University Press, 2012). On Northern Ireland, see David McKittrick and David McVea, *Making Sense of the Troubles: The Story of the Conflict in Northern Ireland* (Chicago: Ivan R. Dee, 2002).

7. Donald Horowitz, "Comparing Democratic Systems," in *The Global Resurgence of Democracy*, ed. Larry Diamond and Mark F. Plattner (Baltimore: Johns Hopkins University Press, 1993), 143–149. Also see Shugart and Carey, *Presidents and Assemblies*.

8. Gretchen Helmke and Frances Rosenbluth, "Regimes and the Rule of Law: Judicial Independence in Comparative Perspective," *Annual Review of Political Science*, 12 (June 2009): 345–366.

9. Arend Lijphart, *Patterns of Democracy*, 215.

10. Georg Vanberg, *The Politics of Constitutional Review in Germany* (New York: Cambridge University Press, 2005). Also see Chapter 9.

11. Moreover, in Britain, as in France, Germany, and the twenty-four other members of the EU, the European Court of Justice provides some degree of judicial review to ensure that national laws and government activities are compatible with EU treaties and laws.

12. A major recent trend in the division and limitation of policymaking powers is the growth of independent central banks. Central banks, such as the Federal Reserve in the United States, regulate the supply of money and interest rates, as well as many financial transactions, for government and society. In most countries, such bank policy was long controlled by the chief executive as part of the government bureaucracy. But in the past twenty years, many countries have given their central banks substantial independence and set for them the primary task of using monetary policy to maintain price stability and limit inflation. Such independence reassures investors, domestic and foreign, and seems to constrain inflation, but it limits the economic policy alternatives of the chief executive and cabinet.

13. John Carey, *Legislative Voting and Accountability* (New York: Cambridge University Press, 2009).

14. For a survey of parliamentary committees in Europe, see Ingvar Mattson and Kaare Strøm, "Parliamentary Committees," in *Parliaments and Majority Rule in Western Europe*, ed. Herbert Döring (New York: St. Martin's Press, 1995), 249–307.

15. For a discussion of the rapidly growing research on the effects of electoral rules, including the expanding use of gender quotas and proportional representation elections, on the legislative representation of women and ethnic minorities, see Mona Lena Krook and Robert G. Moser, "Electoral Rules and Political Inclusion," *Perspectives on Politics*, 11 (September 2013), 814–818.

16. Data from the Inter-Parliamentary Union, http://www.ipu.org, accessed June 21, 2010.

17. Senator Roman Hruska, quoted in *Time* magazine, March 30, 1970.

18. In multiparty systems, the process of building coalitions between executive and legislature also plays a role. See Gary Cox, *Making Votes Count* (New York: Cambridge University Press, 1997), Chapter 12; G. Bingham Powell, Jr., *Elections as Instruments of Democracy* (New Haven, CT: Yale University Press, 2000); and G. Bingham Powell, Jr., "Ideological Congruence: Illusion or Imperfection," *Legislative Studies Quarterly*, forthcoming. A substantial body of political science research has begun to explore how such congruence between voters, legislatures, and governments is created or disrupted.

19. Adam Przeworski, et al., *Democracy and Development: Political Institutions and Well-Being in the World, 1950–1990* (New York: Cambridge University Press, 2000).

20. See the relevant chapters in Michael Laver and Kenneth A. Shepsle, *Cabinet Ministers and Parliamentary Government* (New York: Cambridge University Press, 1994).

21. See the discussion in Julien Freund, *The Sociology of Max Weber* (New York: Random House, 1969), 234–235.

22. See Christopher Ansell and Jane Gingrich, "Reforming the Administrative State," in *Democracy Transformed*, ed. Bruce Cain, Russell Dalton, and Susan Scarrow (Oxford: Oxford University Press, 2003), 164–190.

23. On the difficulties involved in reducing administrative corruption in developing countries, see Robert Klitgard, *Controlling Corruption* (Berkeley: University of California Press, 1989).

24. For a statistical analysis explaining scores on the Corruption Perceptions Index, see Daniel Treisman, "The Causes of Corruption: A Cross-National Study," *Journal of Public Economics*, 76 (June 2000): 399–457, who suggests lower levels of economic development, shorter exposure to democracy, and federalism to be among the factors encouraging more perceived corruption. Also see Melanie Manion, *Corruption by Design: Building Clean Government in Mainland China and Hong Kong* (Cambridge, MA: Harvard University Press, 2004).

譯者註

[1] 此為1788年最早出版的合集，由詹姆士・麥迪遜、亞歷山大・漢密爾頓以及約翰・傑伊（John Jay）所著作，是研究美國憲法最重要的參考文獻之一。之後以《聯邦論》或《聯邦主義議文集》（*Federalist Papers*）的書名被世人所知悉。

[2] 當時是由墨西哥國家行動黨的比森特・福克斯・克薩達（Vicente Fox Quesada）當選總統。

[3] 發生於1975年至1977年之間的緊急狀態，這段期間賦予總理有權力可以暫停選舉，並削減公民自由，而這段歷史也是印度民主歷程中最有爭議的時期之一。

第六章

公共政策

學習目標

6.1 在制度福祉、過程福祉以及政策福祉之間作一區分。

6.2 定義四種類型的政策行動,並且討論它們是如何根據一個國家的經濟發展水平來形塑。

6.3 討論國內政府政策所尋求的生活品質成果,並舉出各國的例子。

6.4 從政府政策面來討論國際經濟與安全議題,並說明它們如何受到全球化的影響。

6.5 提供權衡取捨的案例,以說明在所預期的政策成果之間的必要性。

「公共政策」(policy policy)包括政府做出的所有權威性公共決策——亦即政治制度的「**政策輸出**」(policy outputs)。通常出於某種目的選擇政策或進行輸出——它們的目的就是要提升最終的結果,意即我們所指涉的「**政策成果**」(policy outcomes)。不同的政策可能或多或少都有政策制定者所希望達到成果的有效方式。但是政策制定者與民眾的價值觀與目標,都可能會影響到他們對於政治成果實際上達成效果的不同評價。由於政治人物與一般公民經常對「**政治福祉**」(political goods)與價值觀意見相左,因此當我們研究公共政策時,將這些目標放在心上是很重要的。

政府及其功能

6.1 在制度福祉、過程福祉以及政策福祉之間作一區分。

政府做了很多事情。其中一個關鍵就是政府提供了一種組織社會力量的方式以為國家進行權威性的判斷。這些權威性的判斷包括如何將公共政策落實到社會、經濟以及我們的生活中來行使該有的功能。政府執行一些功能是亙古皆然。在羅馬帝國時代,抵禦造成內憂外患的敵人是政府的主要職責。今日在大多數社會中,國防仍受到政府的監督。在其他方面,今日政府所做的事情是過去很難想

像的。舉例來說,政府現在管制的通訊與空中運輸,這是20世紀以前都尚未出現過的政策領域。

政府生產許多產品與服務,雖然確切地說,這些產品與服務因國家與國家之間的差異仍然很大。在大多數的社會中,政府提供執法機構、道路,以及郵政服務;並且在許多國家中,政府會提供更多的功能。在社會主義以及其他的一些威權的國家政體中,政府擁有且經營大多數主要的產業,而國營企業負責生產任何東西,從軍事設備到像是衣服、鞋子這類的消費性用品。在美國這樣的資本主義社會中,大多數的消費性用品都是由私營部門所生產。在歐洲大部分的地區,政府扮演的角色比美國要大得許多,但是遠比社會主義體制的政府要小很多。

政府參與的範圍不僅在不同國家之間差異甚大,即使在同一國家的不同領域也有不同。舉例來說,美國的政府機構在礦業與製造業中所僱用的員工非常少,但相形之下在提供天然氣、水以及電力等公共事業中,則是僱用了相對更高比例的勞動力。然而,沒有任何一個社會裡的政府不生產任何的產品或是服務;相反的,也沒有任何一個國家的所有產業全都由政府來運作。即使是在共產主義的古巴,有一部分的農業生產屬於私有,就像許多簡單的消費性服務,如保母,也是如此。

政治目標與政治福祉

為了比較與評估在不同政治體制內的公共政策,我們需要考慮到驅動不同政策的政治目標。如同我們在第一章討論過,在任何政治體制內的政策制定者都可能表現得自私自利,為自己謀福利而非為整體發展,或是鑽部門的漏洞而非建設整個社區。但是,特別是在民主社會中,因為攸關選舉,因此能夠激勵政治人物去追求政治目標,試圖來滿足公民的價值觀與期望。我們將這些可欲之物稱之為「政治福祉」。

我們能夠將政治福祉的架構加以組織,來貼近本書所用的三種分析層面:制度、過程與政策(參閱表6.1)。

在「**制度層面**」(system level)中,長期以來政治分析的傳統所強調的就是,規則與公民都傾向於偏好秩序性、可預測性與穩定性。當公民所處的環境是穩定的、透明的,並且可預測時,這時人們是最自由且最能夠具有目的性地行動。我們將此條件狀況稱之為「**制度福祉**」(system goods),因為這樣的狀況反映出了整個政治體制的運作與效力。雖然人們通常希望有一定程度的變化與新的機會,但大部分的人更偏好穩定,而非突然以及難以預見的變化。政治不穩

表6.1　政治福祉

困難的權衡，就像約束一樣，都有可能會影響我們獲得可欲福祉的狀況

政治福祉的層面	福祉的類別	內容與例證
制度層面	制度維持	決策制定過程是規律的、穩定的，以及可預測的。
	制度調適	制度面對變遷與挑戰而進行調整。
過程層面	參與政治輸出	政策制定的過程是公開的，且以許多不同的政治說明與行動之形式來做出回應。
	遵守與支持	公民履行本身公民的義務（諸如：納稅）並且遵守公共法律與政策。
	程序正義	法律與政治過程是有秩序且公正的，法律之前人人平等。
	有效性與效率	政治過程具有本身的預期效果，而且不應該有不必要的繁文縟節、昂貴，或是侵入性的程序。
政策層面	福利	公民能廣泛地獲取像是教育以及健康照護這樣的福祉。
	安全	政府必須確保人身與財產的安全、公共秩序，以及國家安全。
	公平	政府的政策不應該針對不同族群、語言或是宗教團體有所歧視；不同性別的人都應被尊重；弱勢群體與處境不利的公民應被保障。
	自由	公民能享受免於過度監管的自由、被保護的隱私、選擇的自由，以及個人自主性的尊重。

定——包括憲政崩潰、領導人頻繁更換、暴動及其相似事件——都會打亂多數人的計畫，也有可能導致生命的傷亡以及物質的破壞。創建並維持可以兼容的政治社群，讓裡面的成員在意見相左的狀況下也能夠分享許多價值觀與尊重差異性，而這有助於支持政治的穩定。制度福祉談論的是政治體制運作時所需要的規律性與可預測性，但政治體制也必須有因應挑戰與環境變化的適應能力。而規律性與適應性往往在某種程度是彼此衝突的。

　　另一類福祉是與**政治過程**（political process）有關——公民的參與以及自由的政治競爭。根據此過程的觀點來看，民主是好的，而威權主義是不好的，這是因為在這過程中對待公民的方式，而非因為民主能夠創造出更好的經濟或安全之產物。所以，之後出現民主的程序與正當程序中之各種的權利就是「程序福祉」（process goods）。程序福祉包括了參與、遵守以及程序正義。我們所珍視的參與，其不僅是回應政府的手段，而是在於參與本身，因為這會提高公民的能力以及尊嚴。程序正義（陪審團審判、**人身保護令**（habeas corpus）、沒有殘酷和不尋常的懲罰，以及公正與平等的對待）是另一種重要的過程價值，公民如

果無法享有程序正義，則可能會更增加恐懼政府的理由。程序福祉也包含了有效性與效率。我們偏好那種能夠確實提供預期結果的政治過程。而且，在其他所有條件都相同的情況下，我們特別偏好低成本與相對快速，但能夠給予我們如此成果的制度。

　　第三個重點是「**政策福祉**」（policy goods），諸如經濟福利、生活品質、自由以及人身安全。大多數人所珍視的價值就是這些是否能夠改善自己生活條件的政策。然而，立意良善的人並不總是同意其中哪一項政策福祉是最重要的。政治哲學家長久以來都辯論著這些具有公共利益之政策的內容與重要性。在不同的文化與時代，會因為不同的需求與期望，而對這些福祉給予不同的優先急迫性。但是在過去這200年來，從美國獨立宣言到聯合國千禧年發展目標，一連串的公開文件都顯示公眾擴展了對人權的支持。專欄6.1顯示了在2000年的高峰會議上，有189個國家都正式贊同的8項千禧年發展目標。他們對此意義所反映出一致的看法，就是改善世界公民的生活。這樣的目標看起來可能對大多數的我們[1]沒有造成什麼改變——不過舉例來說，像是性別平等以及女性的賦權，就可能不會到處都被廣泛接受為最首要該改善的問題。說實在的，贊同這些目標並不表示會

專欄 6.1　千禧年發展目標

　　在2000年時，共有147的國家領袖與來自許多不同國家的官方代表，齊聚在美國紐約市聯合國總部所舉辦的千禧年高峰會議。在會議接近尾聲時，有189的國家同意支持聯合國千禧年宣言，內容確立了他們將致力於協助世界上最貧窮的國家，在2015年能夠改善公民的生活。千禧年具體的一系列發展目標就是從這宣言而來。許多其他國際組織同樣也認同這些目標。這些包含了8項一般的目標，以及建議用來檢視這些計畫達成狀況的特定指標。

- ・目標1：消除極端貧窮與飢餓。
- ・目標2：促進初等教育的普及。
- ・目標3：提升性別平等與女性賦權。
- ・目標4：降低孩童死亡率。
- ・目標5：改善孕產婦健康。
- ・目標6：對抗愛滋病毒、瘧疾以及其他疾病。
- ・目標7：確保環境的永續發展。
- ・目標8：為發展來研擬一套全球夥伴關係。

　　千禧年的發展目標，至少在原則上呈現出一個當代在政策目標的共識，並有可能作為一種政策福祉。雖然在2017年的情況沒有達到在2000年設定的許多宏偉目標，但是這整個進展還是令人印象深刻。

資料來源：內容數據來自於http://mdgs.un.org/unsd/mdg/。

承諾要進行某些特定的行動來落實——尤其當這些行動可能需要新的政治權衡時。

雖然這8項目標被許多國家的領袖所接受，但是卻隱藏了明顯的差異——不只是針對這些目標的相對重要性有認知差異，也對這些目標會因此影響到其他價值觀而有歧見。舉例來說，在2005年舉辦的後續高峰會議，在討論節育政策和國家主權之間的關係出現了一個實質性的爭議。不過，這些目標提供了一個起始點來確定重要的政策目標，包括我們在第一、二章所討論的內容：政府所提供的功能與目的，及其所面臨的挑戰。

即使我們就千禧年發展目標達成共識，我們可能不必然會知道要給這個目標多少支持，尤其是當此目標與其他目標有所衝突時，或者這目標所幫助的某些團體可能會以犧牲他人為代價時，又該如何來執行這些政策。舉例來說，在增加一個人的健康照護與提高另一人的教育機會之間，我們該如何抉擇？在這樣困難的案例中，我們絕大多數可能會同意取捨的標準，就是政府的政策應該要「**公平**」（fair）。但問題就在於人們往往對什麼是公平，有很大的意見分歧。在某些狀況下，我們相信**公平**（fairness）意味著所有人都被公平地對待（就像家庭成員試圖切分令人垂涎的餡餅時）。在其他狀況下，公平需要依照個人的表現成果來定義（就像是大學課程所給的成績）。然而在另一種狀況下，公平意味著依照人們之所需來被對待（舉例來說，在醫療方面）。因此，公平在某些狀況下意味著「**平等對待**」（equal treatment）；在其他狀況下是「**自業自得**」（just deserts）（獎勵與功績或貢獻成正比）；在另一種狀況下則是「**根據所需來對待**」（treatment according to need）。不同的價值系統，就像是不同的意識形態或宗教系統，甚至可能對公平的定義很不一樣。許多公共政策——舉例來說，就像是美國社會安全這種退休金制度——依據某些方式將以上這幾種標準結合起來。使得這些各種不同的公平概念所引發的爭議永無止息。

在表6.1中被高度重視的最後一項政策是「自由」。如同無政府主義者、自由主義人士，以及其他政府懷疑論者可能會提醒我們，公共政策應該提升並保障自由、基本人權與政治權利。如果有兩個政策同樣有效率與公平時，我們應該要偏好更加尊重公民權利與自由的那一個。但是即使是生活在民主社會中的公民，也不會總是將自由排序高於其他的政治福祉。舉例來說，在許多國家中憲法是保障言論自由的，但是許多人們，即使是生活在民主社會中，還是希望能禁止具有污辱性、褻瀆性或是攻擊性的言語。

在當今世界上，政府是——在大多數社會中——唯一能夠對公民的自由產生

威脅的。因此自由有時候僅被視為免於政府監管和騷擾。但是即使個人與組織，都有可能會侵犯到他人的自由與隱私。在這種案例中，政府的介入反而會強化自由。許多禁止種族隔離與歧視的法律，一般也都是在這種目的下推動產生。行動、組織、獲取訊息，以及抗議的自由，都是有效的政治參與所不可少的任何一部分。而這無關乎社會、政治以及經濟的公平。在東歐與蘇聯的共產政權垮臺之前，一般普遍認為這些共產主義國家看重公平勝過自由。相反的，資本主義國家則被視為看重自由勝過公平。然而，共產主義的崩潰卻揭露了共黨社會之腐敗與特權的氾濫程度。雖然，共產國家確實看重就業的基本保障勝過自由，但是，這卻無法清楚保證共產黨員不會利用這種平等的方式來牟取更多好處。

　　表6.1應用三種政治制度層面分析，在當代社會中廣泛珍視的政治福祉清單。無法用簡單的方式來說明當不同價值衝突時，哪一個價值應該優先。事實上，在自由、公平，以及效率等價值中所產生的不同偏好，會把不同的文化、政黨以及政治哲理區分開來。某個社會或公民團體也許會看重公平勝過自由；另一個也許會做出相反的選擇，就像派屈克‧亨利（Patrick Henry）著名的感嘆語：「不自由，毋寧死！」（Give me liberty or give me death!）[2]

　　本章重點關注在表6.1的第三層面——政策福祉。首先我們會描述各式各樣政府的施政活動，像是獲取資源來支持政府能夠提供政策福祉的各種方法。然後，我們聚焦在表中所列舉的四種政策福祉：福利、安全、公平與自由。

公共政策

6.2 定義四種類型的政策行動，並且討論它們是如何根據一個國家的經濟發展水平來形塑。

　　政府其中的一個面向是公共政策。我們可以藉由以下之四種政策行動的類型來比較政府到底做了什麼來完成本身的政策目標：

1. 「**擷取**」（extraction）資源——金錢、商品、人力與服務——不論是從國內或國際環境得到。

2. 「**分配**」（distribution）——將金錢、商品與服務——分配給國家中的公民、居民以及支援對象。

3. 人們行為的「**管制**」（regulation）——運用強制手段與誘因引導出相關期望的行為。

4. 「**象徵性行動**」（symbolic actions）——用於勸誡公民從事被期望的行

為模式、建立社群，或表揚模範行為（參閱第一章）。

政治制度具有不同的政策行動模式。有些政府分配大量的商品與服務，但是卻鮮少監管。在其他地方，政府可能會在管制下比較多功夫，但是也許還是要依賴私部門來生產大部分的商品與服務。在接下來的段落，我們會討論這四種類型的政策行動，先從「擷取」中開始。

擷取

在政府有能力花錢之前，他們必須有籌措金錢與其他資源的方法。所有的政治制度都會從本身的環境與居民中**「擷取」**（extract）資源。舉例來說，當面對戰爭時，年輕人（一般是男性）就可能會被召募上戰場打仗。人類學家估計在某些狩獵採集社會中，這樣的義務是相當繁重的，也因而導致大約有一半的男性死於戰爭中。（湯瑪斯・霍布斯（Thomas Hobbes）對此並不感到訝異。）值得慶幸的是，現代主權國家很少有如此兇殘的，但是在許多國家中，直接服役的形式是以義務兵役、陪審團義務，或是對那些被定罪的人施加強制勞役。

最常見到的資源擷取模式就是「徵稅」。**「徵稅」**（taxation）就是政府從一個政治體制內的成員身上擷取金錢或物品，但人們不會在這行為中立即或直接享受到好處。擷取的一個相關形式就是「社會提撥」（social contribution）或「社會保險」（social insurance）的財政收入，而這些收入通常用來作為針對社會保障產生效益的特殊經費，諸如老年退休金（社會安全）。稅收政策之設計目的在於滿足許多不同的目標，但這些目標有時候彼此會有衝突。一方面，政府往往希望能盡可能地擷取更多的稅收來支持各式各樣的社會服務；但在另一方面，政府也不希望殺雞取卵。政府對其公民徵收愈多的稅，個人與企業就愈沒有動機增加本身的收益。如果稅賦的負擔變得過度沉重，人們可能就會試圖逃稅或者甚至乾脆離開這個國家。

另一種在擷取政策中常見的考量，就是在效率與平等之間做出權衡。**「效率」**（Efficiency）意味著盡可能以最少的成本來獲取最大量的稅收。**「平等」**（Equity）意味著不能讓任何一個人不公平地去負擔賦稅，尤其是收入最低者。在大多數社會中，稅收與政府支出制度，會有利於將財富進行重新分配給收入較低的人。因此，所得稅往往採用累進稅率，這意味著相對於錢賺得比較少的人，高收入的人要繳納比較高的稅率。然而，過高的累進稅可能會減少高收入者工作與投資的動機，因而可能會減緩經濟成長的激勵因素。所以，過高的稅制往往會效率不彰。

　　個人與企業的所得稅、財產稅與資本利得稅，都是所謂的**「直接稅」**（direct taxes），因為這些都是直接對個人或企業進行徵收。如果你繳了在年底的那張稅單，或是在領取的薪水裡已經有預扣稅，就表示你已經直接繳稅了。薪資稅賦比較傾向於衝擊中產階級以及提供勞動力的群體，因為有錢人大部分的收入是來自於股利分紅、利息以及資本所得，而退休人士大多收入則來自於退休金。較高的薪資稅賦也有可能會不利於僱用狀況或使得商業走向「地下化經濟」，因為在那裡人們不需要申報自己的所得與支出。

　　「間接稅」（indirect taxes）包括了營業稅、加值型營業稅（value-added taxes, VAT）、消費稅以及關稅。這些通常都會涵蓋在消費者所購買的商品與服務價格當中。間接稅的重新分配財富效果，取決於誰來支付這些稅收。因為窮人會將本身很大部分的收入花費在食物與衣著上，而營業稅（或加值型營業）可能是累退的（這意味著窮人付出的錢比富人更多）[3]，所以許多國家對生活必需品所課的稅率會比較低。相形之下，奢侈商品的間接稅則可能會具有累進性，因為窮人很少會去消費像是高級珠寶這類的奢侈商品。行政能力較弱的國家會偏好間接稅。尤其是在財務紀錄長期都很不精確的地方，間接稅更容易徵收。除此之外，間接稅會隨著通貨膨脹，就像是商品價格一樣來增加，這自然而然會提供增加政府稅收的來源。

　　除了財富重新分配與效率之外，稅賦政策時常也會促進像是慈善、能源保護或者房屋所有權等的價值概念。舉例來說，許多國家會藉由支付房貸利息可以減免稅賦來激勵住者擁有房產權。幾個歐洲國家課徵高額的汽油燃料稅來抑制能源的消費，並鼓勵高效節能車的銷售。在法國，汽油價格中60％以上是屬於政府課稅，使得每加侖汽油的價格高達6美元。

　　有鑑於涉及到徵稅的許多棘手議題，而且公眾無法避免地抵制高稅賦，因此如果某個政府能夠從其他來源獲取一大筆收入，這應該算是好事一樁。那些擁有石油或是其他珍貴天然資源的國家，往往便是處在這樣的情況下。許多產油國家，像是伊朗、俄羅斯以及奈及利亞，能開挖本身所蘊藏的天然資源，然後在國際市場上賣出，以賺取大量利潤。1但是當這樣的財富是從很容易下手的天然資源所獲取，並占政府收入很大部分的來源時，後果也有可能會完全不是一種天賜恩惠。許多政治科學文獻都關注在所謂的**「食利國家」**（rentier state）的潛在問題上，他們大部分的稅收都是來自於販賣石油與其他天然資源。2許多文獻認為，靠石油暴利很容易導致一種「資源詛咒」（resource curse），而阻礙了國家的發展與民主。

　　當石油、鑽石或是銅礦能夠在財政上支持公共政策而不需增加公民的賦稅負擔時，為何還說這會造成一種「詛咒」呢？[3]一般常見的解釋認為，暴利型資源的獲利會使得政府不太需要對其公民負責。豐沛的天然資源允許政府降低公民身上的稅務負擔，而這可能會減少人民對政治人物的不滿。在這種狀況下，政府可能就只需要面對較少數公民的需求做回應。但是，如果政治人物沒有經歷過其公民的要求時，他們可能就比較不會把這樣的訴求納入公共政策的制定中。在威權體制中，直接基於資源為主的收入也可以讓統治者透過恩寵庇護方式（諸如補貼商品、服務以及貸款等）對公民進行清償，而不需要讓渡政治權力給人民。或者在食利國家中來得容易的錢，很容易會成為掠奪式威權主義者追逐的誘人目標，當他們拿到這些好處之後，會反過來用這些資金壓迫社會。雖然這種資源詛咒在經濟低度開發國家中的研究是一種常識，但是暴利般的收入在非常不平等的社會中，是可以調和財富重新分配的衝突之緊張狀況，並對民主帶來正面的結果。[4]而這樣的意外之財在經濟已開發的民主國家中，像是加拿大與挪威，似乎也沒有太大的問題。

　　圖6.1顯示了一般政府稅收占該**國內生產總額**（gross domestic product, GDP）的百分比，亦即一國居民在一年中所生產的所有商品與勞務之總產值中所占的比例。對每個國家平均而言，大約有四分之一的國內生產總額是被政府拿走的，然而在一些國家中，這樣的比例卻是更高。大多數經濟較發達的民主國家主要依賴稅收與社會捐助來當作是政府的財政收入。在德國與法國，社會貢獻已經幾乎與稅收比重一樣高了。

　　然而，圖6.1顯示出一些政府也從非屬於稅收或是非捐款那些來源（長條圖最上方的部分），獲得大量的財政收入，像是行政規費、租金，以及政府所經營的一些商業行為。伊朗，就是一個典型的石油食利國家（參閱第十五章），非稅收的收入占了政府的財政收入三分之二以上。俄羅斯同樣也擁有豐沛石油與其他天然資源，所以同時也高度依賴非稅收的財政收入來源。如果我們有奈及利亞的資料數據，可能該國也同樣會顯現類似的情況。中國在某種程度上比較依賴來自於政府所經營之國企這樣非稅收的來源，這是延續一直以來的社會主義路徑，即使許多經濟也都轉型為市場化了。儘管非稅收的財政收入並非唯一的因素，但這些國家的民主表現還是很不盡如人意。

　　不同國家所徵稅的內容會隨著其整體賦稅的負擔程度，以及對於不同稅收類型的信任程度，而有所差異。法國的稅收幾乎高達國內生產總額的50%，是顯示在圖6.1所有國家中最高的。德國與俄羅斯落在45%的範圍區間，而在所有先進

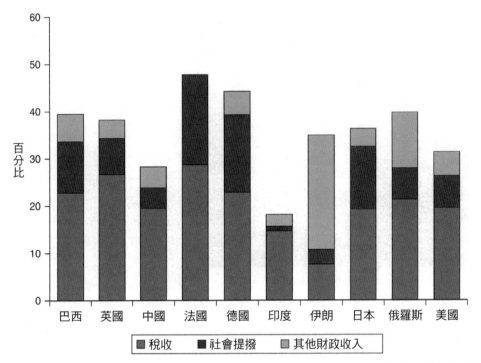

圖6.1　政府稅收占該國內生產總額的百分比

在大多數國家中，尤其是民主國家，稅收都是最大宗的財政收入來源

百分比

■ 稅收　　■ 社會提撥　　■ 其他財政收入

資料來源：國際貨幣基金組織，內容數據來自於http://www.imfstatistics.org/GFS，下載時間：除了印度與伊朗是在2013年11月21日之外，其餘都是在2017年1月9日。

工業化社會中的英國，則是徵收約國內生產總額40％的稅。美國只有課徵大約國內生產總額的30％。巴西則是在中等收入發展中國家具有實質性的政府部門，其徵稅收入與英國相差無幾。印度政府的稅收只有國內生產總額的18％。對那些高度依賴自然資源這種意外收入的國家而言，其比率可能會隨著國家出口商品的價格而大幅波動，而可能會為政府及其發展帶來額外的問題。

　　長期來看，政府無法入不敷出。如果政府不能平衡預算而導致出現赤字，他們就必須要舉債了。這會將債務移轉至下一代的納稅人來償還。即使是富裕國家的政府在平衡預算上也都做得很糟糕，許多政府就年復一年地舉債過日子。在2015年，35個經濟合作暨發展組織國家中，除5個（大多是高度發展）國家外，其他國家均出現預算赤字，而赤字平均大約占了國內生產總額的3.2％。美國在1990年代末期曾經短暫地平衡過預算，但很快就陷入財政失衡的狀態。而當德國、法國與其他歐洲國家決定要採用單一貨幣時，就是所謂的歐元，他們也承諾

要讓本身國家的赤字保持在國內生產總額的3％以下。然而，在實際運作中，他們卻往往無法信守承諾。自從2008年至2009年的金融危機以來，這些國家大多數也藉由大量舉債來資助緊急開支，以應對全球性的衰退，因而大幅增加了本身的國債。

近年來，在一些歐洲國家中，特別是希臘，累積了長期巨額的赤字以及更多近來因為全球金融危機後所造成的壓力，威脅著這個國家未來是否能償還債務的能力。儘管有來自歐盟其他國家所承諾的一整套援助，以換取希臘必須同意大量削減支出以達撙節開支的協議，但其債務危機卻威脅著所有歐洲國家財務的穩定性。2008年至2009年的金融危機及其後果，在許多開發中國家的政府也產生了類似的經濟損害。因為貿易全球化的措施與金融資本的流動，而導致各國迅速面臨困難的預算選擇，使得全世界到處出現經濟緊縮、失業率增加，以及稅收銳減。

分配

分配性政策包括了將金錢、物品、服務、榮譽與機會轉移給其他個人或團體。一般而言，分配性政策會消耗更多的政府資源，而比起當代政府所執行的任何其他事情，需要僱用更多的政府員工。分配性政策包含對基礎建設、農業以及各式各樣的其他產業進行扶持，不過最常見的分配性政策的形式，就是社會福利計畫。

第一個當代社會福利的國家計畫方案出現在1880年代的德國。主要因應當時快速的工業化與城市化，德國政府提供社會保險計畫來保障勞工以避免在老年時期的失業、意外、疾病以及貧窮問題。20世紀期間，特別是1930年代至1970年代之間的經濟大蕭條，大多數工業化國家採用並大力擴增這樣的福利國家政策。隨著時間推移，福利國家政策已經擴大到涵蓋更廣泛的健康照護計畫、傷殘津貼、公立教育、住房補貼、兒童與育兒照護津貼、退休金，以及其他的分配性政策。

當發展中國家變得比較富有之後，他們也會傾向於挹注更多資源在社會福利計畫方案中。舉例來說，墨西哥近幾任的總統也都發起了主要的社會福利初步行動。在巴西，「**家庭津貼**」（Bolsa Família）計畫已經是全球最大的條件式現金轉移計畫，以及近年來在行政上的主要業務。這個計畫涵蓋了巴西四分之一的人口，特別是在針對消除飢餓上（參閱第十四章）。

福利政策往往會結合社會保險制度以及社會重分配的計畫方案。這些都有部分家長式的（強制人們為自己老年生活與潛在疾病，先存錢預備）以及部分羅賓漢式的（將金錢從富人身上轉移至窮人）作風。這兩種功能之間的平衡取決於一

個國家究竟比較看重哪種計畫方案，以及如何進行財政上的支持。並非所有福利計畫方案都是一樣的。即使在先進的工業化國家中，一些福利國家所涵蓋的範圍會比其他國家廣，或是提供更多不同的福利。所有的富裕國家都會嘗試照顧老年人、身心障礙者以及失業人口。然而，在支出上的差異卻也反映出了公民的偏好，該國政府、社會與經濟狀況（如一個國家的人口年齡分布與失業程度）以及歷史的經驗。[5]一個國家要是比較常選出偏向社會民主主義的政府時，通常也都是具有較廣泛福利的國家。

　　具有侍從關係政黨制度的國家，所分配的利益通常都是針對性地給予對執政黨的支持者。這樣的政黨制度在非洲以及其他世界上較少開發的國家特別容易看到。許多的研究都已經顯示，政府的行政體系是有系統地運用方法將公共僱用就業與公共支出計畫方案給予侍從者。舉例來說，克雷蒙與波斯納分析了6個非洲國家的分配性政策利益，並發現了在這6個國家中的多數，當選的總統是來自於另一個不同的種族時，他所隸屬的種族團體成員就會比較容易至少從一些政府政策中獲得比較明顯的好處。[6]

　　已開發國家的政府一般都將其主要的支出項目分配給健康照護、教育以及社會保障。相較於美國占了預算的一半，法國、德國以及日本則會花費幾乎高達三分之二的預算編列在這幾個領域中。比起大多數的歐洲國家，美國模式透過公立學校來強調機會的公平性，使得在這領域產生較多且容易取得的成效。然後，美國人也開始花費在社會保障計畫上，但仍然在這些領域中還是沒有表現得很好。這些可能也反映了美國作為一個移民國家的傳統，許多人剛來時是很貧窮的，而被期待著要依靠個人自身的努力來創造興盛。

　　可悲的是，最需要這樣分配性政策的國家，像是印度，卻只有極少的花費在教育以及健康照護上。圖6.2顯示了經濟發展程度與公共健康開支之間的關係。在已開發國家中的公共健康開支，像是法國、德國以及日本，每年人均支出高達3,700美元至4,900美元。而在最貧窮的國家中，健康照護每年所支出的錢絕對是微不足道的——在印度每個人大約是75美元，而奈及利亞則是120美元。雖然這樣的支出也一直都有在增加，但此成長水準絕對仍然是很小的。這些支出數額的產生有一部分是來自於公共政策成效的改變，因為比較貧窮的國家的預算都會更受到限制。（私部門在財政支持健康照護支出的角色，在不同國家之間也是差異很大的。）但是，對他們影響更大的是在發展中經濟體與高度發展的經濟體之間在收入上的巨大差異。比較窮困的國家，擁有比較有限的國家收入，但卻有許多迫切的需求，缺乏資源供應給健康照護、教育以及社會保障。資源是稀缺的，預

期壽命較短，以及高出生率都意味著相對上擁有較少的老年人口。同時，許多人住在鄉村地區，那些地方更不容易發現失業狀況，那裡的老弱人口往往是透過大家庭來獲得一些照護；這些服務也不會出現在我們的統計數據的報告中。

國家的安全支出也根據不同的模式。特別是在較少開發的國家當中，這種支出會隨著國際環境以及整體經濟運用手段的改變，而有很大的不同。有些國家陷入在緊張的國際對抗時，會在國防上有驚人的支出。印度、伊朗以及美國都花費了超過10％以上的政府支出（約占國內生產總額的4％到6％）在國防上。由於對全球安全的承諾以及本身是個龐大的經濟體，到目前為止，美國一直都在軍事支出上最高的國家。

福利國家的挑戰——福利國家會帶給人民許多有益的後果。率先引領這些計畫方案的西歐國家幾乎根除了極端貧困狀況，而且這些國家也為其公民開創了一個更「公平競爭的環境」。犯罪率在那些廣泛的福利國家中通常都比較低，而且這些計畫方案也都受到大多數一般公民的歡迎。不過，福利國家的開支也是很大的。當許多工業化民主國家之政府所有的支出已經高達接近國內生產總額的一半時，這就有可能對高稅率與赤字出現其他政治選擇的聲音。其中一個比較嚴重的

圖6.2 經濟成長與政府的健康照護支出

政府支出在健康政策上絕大多數取決於一個國家本身的經濟發展水準

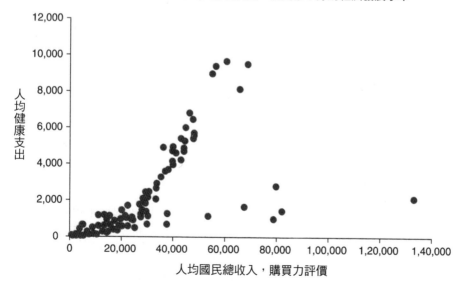

資料來源：世界銀行，世界發展指標，內容數據來自於http://databank.worldbank.org/data，下載時間：2017年1月9日。

問題，就是這些政策所造成的「代際赤字」（generational deficit）。福利計畫方案一直提供慷慨的好處，但這些帳單將來最後都會算到未來世代上（也就是你們的世代）來支付。同時，年長的公民所享有的更好退休福利，以及健康保障的成本都會快速增加，相對於勞動力相關領域中的人口，老年人口卻以等級方式在膨脹。因此，相較於那些正屬於勞動年齡的人口，這些在非屬勞動力之外的人口比率（因為這些都歸於過於年幼或是年長），在歐洲與日本也都正處於快速增長的階段。在未來的年代，這群比較少的勞動人口將必須支付更高額的賦稅，才能夠支撐目前存在的健康與福利計畫方案。[7]

除此之外，一些福利國家的政策會導致公民降低工作的動機。挪威與瑞典是世界上在預期壽命長度與公共健康統計上領先的國家。但是，在這兩個國家中的勞工請病假的次數大約是歐洲其他國家勞工的兩倍之多，而這些北歐斯堪地那維亞國家有登記為請領終身殘障福利金的人數也是居高不下。這一部分原因是由於有充沛的病假福利，而另一部分也是因為很容易就可以界定為符合殘障福利的標準。但是這些政策卻是成本很高，而且降低了人們想要工作的意願。

福利國家產生的這些問題，也都強烈激起行動以避免未來增加支出的義務（權利），而且更有效率的將其涵蓋到目前已有的這些支出中。因此，在20世紀被視為大多數已開發國家特色之逐步擴增的福利好處，可能就不會再一直被當作是理所當然的了。

管制

管制是一種政治控制的作法，主要針對社會中的個人與團體行為。大多數現代政府都扮演了這樣強大的管制角色。我們的文明與禮儀都取決於規章制度。舉例來說，經濟生產與商業都依賴政府的規範，來建立與保障財產所有權以及契約執行效力。我們需要規則來確保在高速公路上的交通，在空運以及無線通訊電波的順暢。公民與消費者通常也需要受到保護，免於詐騙、操縱，以及有害的外部環境，諸如有毒廢棄物與污染之侵擾。政府對產品標準的設定之介入程度也更加提升，尤其是藥品與食品，以確保這些產品是安全無虞的。政府也會藉由管制來保護其人民，特別是孩童與婦女，免於生理上以及其他的虐待。然而，管制也可能會造成政府官員有機會從人民那裡收取賄賂（參閱專欄6.2）。

在已開發民主國家中，政府管制在過去一個世紀就已經大幅增長許多。工業化與都市化帶來了交通、健康與公共秩序等問題。工業的成長同時也引發了關於工業安全、勞工剝削以及環境污染的關切。除此之外，科學的進步讓人類相信本

身可以駕馭與控制自然環境，也導致了對政府在行動上要求的增加。全球化已經造成了各國在管制國際上的資金、貿易與人群流動之壓力。最後，公民價值觀的改變，也導致了對新的管制內容之需求。移民政策、海上鑽油井的安全標準以及銀行管制等，也都成為主要的政策爭議。然而，在此同時，大多數西方國家也都在節育、墮胎、離婚、褻瀆宗教、淫穢商品，以及自願性行為的管制進行了鬆綁。

　　政府運用許多方式來管制其公民的生活。雖然我們經常會把管制連結到合法的手段上，但還是有許多其他的方式來進行管制。政府可能會藉由提供物資或財物誘因，以及可能藉由勸說或道德呼籲來控制行為。舉例來說，許多政府試著藉由連串的組合方式，包括禁止吸煙、禁止販售煙草或廣告、課徵（「罪惡」）銷售稅、透過宣傳活動來勸說民眾相信抽煙的風險等，以減少煙草的使用。

專欄 6.2　管制與發展

　　在北美、日本與西歐等這些先進的工業化國家中，隨著本身的工業化與後工業化經濟的成長，管制也跟著大幅提升。然而，這樣很容易就讓人認為在富裕國家的管制就會比貧窮國家來得多。但是事實上並非總是如此。實際上，低收入國家有時候會管制得比富裕國家要來得多。尤其在商業環境的進入與競爭上特別是如此。舉例來說，在許多低度發展的國家中，要取得經營新公司所需要的執照，有很多瑣碎與耗時的程序。這樣的管制往往主要是有利於建立尋租行為，讓政府官員能夠為了個人利益而進行剝削（參閱第一章）。他們會藉由給予壟斷或其他保護措施，來施惠於已經存在的企業。許多政治人物也會期待經商者能夠從這些管制中（往往是他們的家族成員、朋友，或是商業夥伴）獲得好處，然後透過回扣或其他利益輸送給自己以表達感激之心。或者是企業主收買政客或公務員以避開繁瑣的管制，或者規避在處理本身申請案被冗長拖延的問題。像是這樣的過度管制，很容易會傷害經濟生產力以及阻礙外國投資。

　　秘魯的經濟學家埃爾南多·德·索托（Hernando de Soto）舉出了一個很明顯的經驗來說明政府濫用管制。就像是在做實驗般，他在秘魯首都利馬註冊了一家小型的成衣工廠，並且事前就決定不會花錢行賄。就在他一直等待企業登記的過程，政府官員不下10次的要求他要賄賂。其中有2次，他打破自己所立的原則去行賄，如此他才不會被迫放棄這樣的實驗。過了10個月之後，他的工廠終於完成了註冊。在紐約，類似這樣的流程只需要耗費4小時而已。

資料來源：世界銀行，2005年世界發展報告：一個更適於每個人的投資環境（New York: Oxford University Press），第五章；以及威廉·羅素·伊斯特利（William Russell Easterly）撰寫的《難以捉摸的增長：經濟學家在熱帶地區的冒險與不幸》（*The Elusive Quest for Growth: Economists' Adventures and Misadventures in the Tropics*）（Cambridge: Massachusetts Institute of Technology Press, 2001），第233頁。

　　即使世界各國都有類似的管制政策，但是不同國家還是在本身政策概要上具有實際的差異。管制模式不只會隨著工業化與都市化的發展而有所差別，也會隨著文化與意識形態的價值觀而有所不同。舉例來說，在中國的人口控制政策與在伊朗的伊斯蘭著裝規範政策，都凸顯了政府可以運用各種不同的方式對其社會進行管制。圖6.3顯示的是不同國家嘗試控制其經濟市場的程度（這個測量之目的也涵蓋了「市場不友善」政策，諸如價格控制或是銀行的監管不足，同樣也涵蓋了對外國投資與商業發展過多的管制）。雖然資本主義民主國家，像是英國、美國、德國、法國與日本，都位於圖中的左下方，並嘗試成為市場競爭上最友善的國家（同樣在媒體自由上也是），但是非民主國家在本身的政府管制樣貌上卻有很大的差異。中國是比伊朗要來得開放，而在這些政策上，反而比較接近於印度。公共政策研究會在這些政治體制中，藉由人們行為的哪些面向會被加以管制；哪些社會團體會被管制，以及哪些法律制裁會用以施壓民眾來遵守，來描述管制上的差異。

　　雖然所有的現代國家都會運用法律制裁，但是在本身之目的與策略上卻各不相同。然而管制的某一面向是特別具有政治重要意涵性的：政府對政治參與以及溝通的掌控。圖6.3也顯示了媒體的自由度，這是高度被法規與政治環境所形塑的。回顧一下之前幾章討論過民主需要具有實質意義上的政治競爭。就像我們可能會預期，相較於民主國家的政府，威權主義的體制在媒體控制上表現得更加嚴厲。中國、伊朗以及俄羅斯在

圖6.3　控制市場與媒體

各國政府在運用本身的管制政策來控制經濟與通訊之差異性

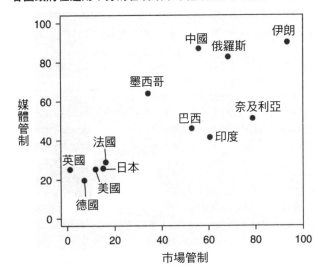

附註：市場管制是根據世界銀行依據「政府制定和實施健全的政策與
　　　法規的能力而能夠許可並促進私領域發展之感知狀況」所進行
　　　的測量。顯示在0至100之間的量尺數值，位於100時就表示最為
　　　受到管制。新聞自由的排序也是在0至100之間的量尺數值，位
　　　於100時就表示最為受到控制。

資料來源：http://info.worldbank.org/governance/wgi/pdf/rq.pdf，以及
　　　　　http://www.freedomhouse.org，內容數據下載時間：2017年1
　　　　　月19日。

其媒體自由的得分上，被評比為「不自由的」，而且有很高程度的管制，如同我們在圖中右上方所見到的狀況。一份「自由之家」（Freedom House）最近針對在50個國家中的網際網路管制所做的研究也同樣指出，中國與伊朗加大力度在控制網際網路的管道與內容，而巴西與英國則是允許其公民相對擁有較少被控制的管道。威權主義的政府往往會藉由禁止政黨組織、自由結社與政治溝通來壓制具有實質意義的政治競爭。更常見到的是，他們會透過囚禁、銷聲匿跡，以及嚴刑拷打方式來抑制政治競爭者。研究政府迫害的文獻，也都記載了在非民主國家的政治制度、戰爭與社會動盪狀況中，政府很容易對公民在身體上的虐待以及完整權利的剝奪來進行解釋說明。[8]而經濟低度的發展也很容易被連結到較糟的人權紀錄上。

社群建構與象徵性輸出

第四種產出的內容就是象徵性政策。政治領導人往往看起來會訴諸鑲嵌在國家過去歷史中的勇氣、智慧、氣度，或者是具有像是平等、自由、共同體、民主、共產主義、自由主義或宗教傳統的價值觀與意識形態。或者他們會承諾將來可以取得的成就與獎賞。政治領導人所訴諸的這些價值觀是基於不同的原因——舉例來說，為了要贏得選舉或是要推動其所偏好的計畫方案。同時，許多象徵性的呼籲與政策都是為了要建構共同體，諸如提升人民的國家認同、公民自豪感或是對政府的信任。

象徵性輸出（Symbolic outputs）也可以強化政府績效表現的其他面向：促使人們更願意真實且誠信地申報本身的賦稅；更加忠誠地遵守法律；或是願意承受犧牲、危險以及艱辛。如此的展現在危機時刻時，會更加顯得具有重要性。一些壯麗無比的例證，就像是伯里克里斯（Pericles）在古希臘黃金時代所建立的雅典公民大會中，面對伯羅奔尼撒戰爭（Peloponnesian War）時期所發表的演說，富蘭克林‧羅斯福（Franklin D. Roosevelt）在經濟大蕭條最糟時刻的演說，或是溫斯頓‧邱吉爾（Winston Churchill）在英國第二次世界大戰中最黑暗時刻的演說。即使是在不是那麼極端的狀況下，象徵性政策仍具有其重要性。公共建築、廣場、紀念碑、節慶遊行，以及學校中公民和愛國思想的灌輸，全部都是意圖要增進大眾對於政府治理正當性的感受，以及提升公民遵守公共政策的意願。

國內政策狀況

6.3 討論國內政府政策所尋求的生活品質成果，並舉出各國的例子。

當我們在前一章節的學習目標中描述到不同政府的政策產出時，而這些結果到底要提供什麼實際的政策內容，大多都是不明確的。所謂的擷取性、分配性、管制性以及象徵性政策是如何影響到人們的生活？無法預測的經濟、國際或社會的事件都可能會使政治領導人的目標受到挫折。因此，利用退稅來刺激經濟，都有可能會因為油價的上升而減緩經濟成長。可能也會因為無預期的傳染疾病或提高健康支出，而或健康服務可能沒有照顧到那些最需要的人身上，而使得即使政府在健康醫療的支出增加了，也可能會沒有什麼效果。政策有時候會出現意外且非所欲的結果，就像為陷入困境的社會群體提供福利時，可能會導致其他人模仿同樣的困難以獲得相同的好處。政策的產出代表著實際跟隨政府行動的結果。結果就是，為了要建立公共政策的有效性，我們必須檢驗真實的政策產出結果，同樣也要檢視政府的政策及其執行狀況。

福利狀況

我們先從本書中所篩選的國家，來比較公共福利不同的測量方式。福利可能涉及到一般民眾平均的生活水準，而在其他社會條件中則是有關於影響生活的品質以及生存的機會。

表6.2中的第一列顯示的是缺乏經濟良好發展的測量結果：每天生活在不足2美元的人口比例，雖然可能對所有美國人來講是微不足道的，但卻在我們篩選的12個國家中就有5個了。奈及利亞與印度在這方面的嚴重問題是特別值得關注的：這些人口裡約有四分之一或以上是每天生活在不足2美元的日子中。即使在過去10年裡，這些比例已經很顯著地減少了，卻還如此。在多數貧窮國家中的政府會試著藉由接受國際組織與捐款的幫助來鼓勵經濟的發展。雖然這還有很長一段路要走，但是在許多國家也已經達到顯著的成長了。消除極端貧窮是聯合國千禧年發展目標列表內容中的第一要務（參閱專欄6.1）。

在表6.2中第二、三列顯示的兩種很重要的公共設施之普及性：在農村地區乾淨的飲用水以及衛生環境。雖然大多數生活在已開發國家的人們都能夠獲得安全的飲用水，但對許多發展中國家的人們而言卻不是常見的生活，尤其這些國家的主要人口都生活在農村地區。舉例來說，在奈及利亞住在農村的廣大人口中，只有43％的比例能夠獲得安全的飲用水，而印度在這方面的水準則是好很多。整體上，大約有三分之一的奈及利亞以及印度人口已有獲得改善的衛生設施，而這

表6.2　福利狀況			

經濟發展有助於維持基本的物質與衛生設施，但是這也會引發潛在性對環境的破壞

國家	每天生活在包括1.9美元（購買力平價）以下的人口比例（%），2010年	能獲得安全飲用水的農村人口比例（%），2014年	擁有衛生環境的人口比例（%），2014年	二氧化碳排放量（人均排放公噸數），2013年
巴西	5.4	87	82.7	2.5
英國	–	100	99.2	7.1
中國	9.1	91.5	75.4	7.6
法國	–	100	98.7	5.1
德國	–	100	99.2	9.2
印度	24.5	92.6	39.5	1.6
伊朗	–	92.1	89.9	8.0
日本	–	100	100	9.8
墨西哥	10	92.1	86.1	3.9
奈及利亞[4]	39.2	90.0	29.3	0.6
俄羅斯	–	91.2	72.2	12.5
美國	–	98.2	100	16.4

資料來源：世界銀行，世界發展指標，http://databank.worldbank.org/data，內容數據下載時間：2017年1月10日。

也是預防疾病很重要的關鍵因素。比起奈及利亞與印度在這方面的表現，我們可以看到中國與巴西政府的政策上能夠在某種程度上克服低度經濟發展的障礙。

在表6.2最後一列顯示的是較高經濟發展國家所產生的其中一種負面狀況：污染。平均每人的二氧化碳排放量，是造成空氣污染與全球暖化的主要原因，尤其是在已高度經濟發展的國家中。最糟糕的紀錄大多發生在工業化國家：美國，其次（仍有一大段距離）接著是俄羅斯、日本與德國。不過以俄羅斯本身發展的程度來看，其排放的量卻多到遠遠超過於我們的預期。這些國家全部都已經制定了標準來管制污染，但是都還遠不足所需。在奈及利亞、印度或是巴西，二氧化碳排放量到目前為止都還不是個問題。但是，在中國與伊朗，其二氧化碳人均排放量，就跟一些更工業化的國家一樣高。不僅是針對其人民亦或全球人口來說，中國廣大且快速增長的人口使得本身的污染問題尤其成為一個嚴重的威脅（參閱第十二章）。因為他們本身在經濟成長與污染控制方面有比較高的雙重需求，所以這些國家會面臨到更加困難的管制性政策選擇。

健康狀況在千禧年發展目標中也是占了很大一個部分（參閱專欄6.1）。

表6.3顯示，在已開發國家中平均是大約每1,000人可分配到3位醫師，相較之下在發展中國家僅能分配到1.3名醫師。奈及利亞所呈現的是貧窮所帶來的疾病，就像印度所呈現的數字一樣，看起來問題也是相當嚴峻的。在奈及利亞，每1,000人只有分配到0.4名醫師。奈及利亞擁有非常高的出生率，但是幾乎每10名新生兒中就有1位無法存活超過1歲的生命。奈及利亞人出生後的預期壽命也只有56歲（相形之下先進工業化國家擁有的預期壽命則是80歲）。不過一些更貧窮的國家卻比其他國家更成功地應對了這問題。觀察一下兩個在以前都屬於低收入國家之間的差異：中國與印度。中國在健康照護的表現，不像是一個貧窮的國家，在平均預期壽命上也已經進步到78歲，而其嬰兒死亡率則是9‰。印度的經濟雖然有所增長，但是其成長率卻非常緩慢，而印度的平均預期壽命則為70歲，以及其嬰兒死亡率是38‰。幸運的是，在大多數貧窮國家的健康狀況都是一直在進步的，包括印度。

雖然在先進經濟體的嬰兒死亡率與營養不良的發生率相對低很多，但是在這些高度工業化國家裡（包括美國）的貧窮人口中依然算是很嚴重的問題。比起其他任何國家，美國花費了其最大一部分比例的國內生產總額在醫療照護上面（估計約有15%，而裡面有一半是來自於公部門）。然而，在此同時，美國在2015年

表6.3　健康狀況

政府施政有助於改善低度經濟發展國家人民在健康上的問題

國家	每千人可分配到的醫師數量	出生為女性的預期壽命，2015年	每千名嬰兒的死亡率（活產數），2015年	生育率，2013年
巴西	1.9（2013）	70	15	1.8
英國	2.8（2010）	83	4	1.9
中國	1.5（2011）	78	9	1.7
法國	3.2（2013）	86	4	2.0
德國	3.9（2012）	83	3	1.4
印度	0.7（2012）	70	38	2.5
伊朗	0.9（2006）	77	13	1.9
日本	2.3（2010）	87	2	1.4
墨西哥	2.1（2011）	80	11	2.2
奈及利亞	0.4（2009）	56	69	6.0
俄羅斯	4.3（2006）	76	8	1.5
美國	2.5（2011）	82	6	2.0

資料來源：世界衛生組織，http://apps.who.int/gho/data，內容數據下載時間：2017年1月19日。

時的嬰兒死亡率卻是明顯高過於同時期的日本與西歐國家，導因於本身範圍更廣泛的貧窮現象、藥物濫用，以及受到醫療照護的不平等狀況（美國新政策也一直試圖要加以改變）。如同表6.3所顯示，日本的健康紀錄一直都相當領先。在本書所取樣研究的國家中，日本的預期壽命是最長的，而且嬰兒死亡率是最低的。然而，其本身低嬰兒出生率也意味著該國人口持續在下降（如果沒有淨移民人口的話，其出生率需要達到接近2.1‰才能夠維持國家穩定的人口數）。

　　教育是另一個重要的政策成果，同樣也在千禧年發展目標中被加以強調。教育可以提供個人技能與資源讓人有能力進行政治的參與；這些技能可以形塑人們在建構職能生涯以及改善他們個人條件的人生機會。教育也是成功的經濟發展與促成許多其他福利成果所有方式之必須。表6.4提供了一個教育與資訊所達成效果的圖像。在大多數工業化國家中，高中學校教育是義務性的，而大學教育則是很普遍的。在教育狀況產出的高端位置，法國、德國、日本與英國實際上都把本身所有的小學與中學的學齡兒童都送進了學校；也有超過一半人口在大學就讀年齡時，以某種形式來接受高等教育，在俄羅斯也是如此。在美國，大學教育可能甚至更普及。奈及利亞只規定6歲至12歲兒童需要去上學，而且只有1％的適齡學生會進入到高等教育就讀，到目前為止，這都是在這些國家中最糟糕的紀錄。發展與教育的回報很清楚地都反映在識字率上：在奈及利亞以及印度，大約有四分之一的成年男性人口與一半的成年女性人口無法閱讀或寫字。然而，中國的文盲人口卻低於10％。

　　表6.4同時也強調了資訊技術上的使用，特別是網際網路。在富裕且擁有良好教育制度的國家，像是日本，大約有80％的人口都能連接網路使用。即使是在比較貧窮的國家中，溝通方式也變得更方便了。即使是在發展程度最一般的國家（諸如巴西、墨西哥等）中，電視依然是最廣泛普及可得的管道。網際網路的使用成長狀況相當快速。研究報告中可以看到在中國、墨西哥與巴西，有超過50％的人口，都有管道可以連接上網際網路。事實上，即使國家仍屬貧窮，但有50％的奈及利亞人是網路使用者。即使在威權主義國家中，像是俄羅斯、中國以及伊朗，其政府施展出非常強大的力量去控制網路的使用（參閱第十一、十二以及十五章，以及本章中先前對管制政策的討論），但資訊依舊潛力巨大。在已開發國家中，大多數的成人與許多孩童都有自己的手機，甚至連印度與奈及利亞也是，那裡大概每3個成年人就擁有一支手機。手機時代的到來，在發展中國家使得人們要與農村人口的溝通變得容易很多，而那裡的固定座機電話相對也少很多。

表6.4　教育、平等與資訊

教育投入、性別政策與發展形塑了資訊的獲得管道與不平等現象

國家	總人口入學率、高等教育（男女性別），2013年	15歲以上人口的識字率（男／女），2010年	女性所獲收入占男性收入的比率，2016年	收入為前10%者所占總人口收入比率，不同年分	每100個居民中所占的上網人口個數，2015年
巴西	–	10 / 10	0.58	42	59
英國	56	–	0.64	25	92
中國	39	3 / 9	0.62	31	50
法國	64	–	0.72	27	85
德國	65	–	0.67	22	88
印度	18（2011）	25 / 49	0.23	29	26
伊朗	66	11 / 19	0.17	30	44
日本	60（2011）	–	0.51	22	93
墨西哥	30	6 / 8	0.48	39	57
奈及利亞	10（2011）	28 / 50	0.57	38	47
俄羅斯	79	–	0.60	32	73
美國	87	–	0.66	30	75

資料來源：世界銀行，世界發展指標，http://databank.worldbank.org/data，內容數據下載時間：2017年1月10日；針對女性收入所得的不平等，「2016年全球性別差距報告」（Geneva: World Economic Forum），http://reports.weforum.org/global-gender-gap-report-2016/，內容數據下載時間：2017年1月10日。

　　這些統計相當清楚揭露了那些嘗試要改變社會的困難因素——即使是在這些像是識字率普及且當代科技發展唾手可得的地方。對貧窮國家而言，要其花費很高比例的國內生產總額在教育或健康上是很困難的，因為這意味著國家就必須犧牲其他的方面。如果一個國家生產的大多數成果都必須花費在養活快速成長的人口時，其努力成果很容易在未來受到限制。即使政府付出巨大的努力，他們也很難將此轉化為更多開支到每個孩子身上，因為這樣的資源基礎是很小的。而且在很多貧窮的國家中，受到最良好教育的年輕人往往也會離開原來的國家，而前往比較富裕國家的大城市中去找尋就業機會。姑且不論在個人福祉上，仍然有許多這樣的困難以及巨大的差距正遍布全國，但這發展也不斷在取得進步。

公平狀況

　　公平是表6.1架構中所討論的福祉狀況之一。公平的概念會因為文化與意識形態的差異而有所不同。儘管存在這些差異，但促進性別平等與對女性賦權的概

念卻出現在許多國家認同的千禧年發展目標上（再次參閱專欄6.1）。在表6.4第二欄顯示的是發展中國家的女性往往在識字率上有所落後。例如，在比較巴西和伊朗的性別差異時，文化與政策也會影響到男性或女性的差異。男性與女性之間的識字率差異告訴了我們女性在社會地位上的一些端倪，以及因為性別所造成在實現公平上的狀況。第三欄則是藉由向我們展示男女收入的比例，提供了額外的見解。在排名較後的伊朗與印度，女性所得不到男性收入的25%。即使在不公平程度較小的國家中——諸如在中國、英國、德國、法國、俄羅斯以及美國——其差異是顯現在他們所受僱的工作類型，而報酬的歧視意味著女性只能夠賺到大約男性收入的三分之二。很顯然的，在性別平等的實現上仍然有很長一段路要走。

　　面對貧窮、疾病以及缺乏社會安全網的狀況，傳統上在貧窮國家的父母親會傾向於生很多小孩來確保有些能夠存活下來，以保障他們在老年時有人照顧。在大家庭中，母親通常很少有機會自學或是到家庭外面去求職（可參閱專欄6.3與6.4）。現代化一般會提升女性的社會地位，使她們更好地理解世界以及有更有能力做出選擇，進而帶來更加健全發展的人口。當女性能夠獲得更多的教育或進入到勞動力市場時，她們就會發覺到小家庭形式的好處，也會變得更加理解教育以及充足健康照護的重要性。性別平等與女性賦權在千禧年發展目標中的重要地位在於其反映出這些福利的其他面向之意義，而在公平方面也是相似的。

　　在許多國家中，公平對待少數族群、種族以及宗教團體也是個重要議題。雖然比起威權主義制度，民主國家一般比較少發生迫害少數團體的行為，但是民主國家中的多數往往可以殘酷的漠視自己的公平標準，對待少數民族。少數團體瀕臨危機計畫（http://cidcm.umd.edu/research/minorities-risk-project）運用專業線民的方式來追蹤282個少數團體的狀態。在本書篩選的12個較醒目國家中的紀錄顯示，在10個國家中，至少有一個少數團體陷入在「嚴重的貧窮因為占統治地位的優勢團體普遍存在的社會做法，而顯得在政治上代表性不足」。其公共政策要麼是故意造成這樣的問題，要麼就是缺乏克服這樣歧視性的做法。這些少數團體包括了巴西境內的「非裔巴西人」（Afro-Brazilians）、法國境內的「科西嘉人」（Corsicans）、印度境內的「表列部落」（Scheduled Tribes, STs）[5]、墨西哥境內的「瑪雅人」（Mayans）、俄羅斯境內的「車臣人」（Chechens），以及美國境內的「美國原住民」（Native Americans）[6]。

　　一般而言，少數團體會被不公平對待，往往是跟農村的貧窮問題緊密相關。然而，還是有許多造成城市與鄉村在基本醫療設施與收入之間不公平的原因，而政府的政策是可以縮小這樣的差距。舉例來說，在許多非洲國家中，治理者傾向

專欄 6.3　小額信貸

在許多貧窮地區造成經濟發展最大的阻礙之一，就是很難獲得信用貸款。在先進的工業化國家中，產權擁有者（諸如農場主或屋主）通常擁有公認的財產所有權證明。如果他們想要投資來擴展本身的事業或運作一個新的公司，他們就可以用此做抵押品來貸款。在貧窮國家的人們就很少有這樣的機會，而對貧窮的農民以及婦女要獲得貸款的話，就更加困難重重了。這樣導致的結果就是，他們往往更不容易獲得所需的資金來幫助自己度過困難時期或在前景看好的商業機會中獲得好處。

穆罕默德・尤納斯（Muhammad Yunus），一位在美國受教育後成為經濟學的教授，注意到自己的祖國孟加拉有這樣的問題。在1974年時，他開始擴大推動小額信貸給貧窮的人們，以幫助他們能脫離這樣的困境。他從自己口袋掏出來的第一筆貸款總額是27美元，之後他把這筆錢貸給了42個人，裡面包括一位製作竹編家具的婦女，她是靠販賣家具來支撐本身以及整個家庭。到了1976年時，尤納斯成立了「格蘭敏（鄉村）銀行」（GrameenBank）來貸款給貧窮的孟加拉人。至今這銀行放款的金額超過了18億美元。為了擔保其貸款，銀行設立了一套「連帶團體」（solidarity groups）系統，成員基本上每週聚集一次並彼此相互提供支持。後來到了2006年的時候，格蘭敏銀行擁有將近900萬的借款人，其中97%的人口都是女性。她們還款率高達98％。在2006年，穆罕默德・尤納斯以及格蘭敏銀行因為致力於幫助貧窮的人改善生活狀況，而共同獲得了諾貝爾和平獎。

於把資源投向城市人口中，因為他們希望國家能夠朝向現代化與工業化發展。有時候，政治人物也會擔心城市裡心生不滿的人口可能會發動暴動並推翻政府。針對這些原因，政府就會試著以人為手段降低食品價格，但這可能會傷及農民。政府也會傾向於選擇有針對性的政府農業計畫（通常是運用補貼），用來幫助特定的農民團體（常常是比較富有的農民）。如此的針對性作法有助於政府獲得政治上的支持，但往往卻很浪費。即使是在民主國家中，貧窮的農民是主要的選民，政府的政策通常還是很少照顧到他們。許多的選民不太信任那些承諾會帶來廣大公共福祉（諸如健康照護與教育）的政治人物，不過卻會支持那些承諾會帶來個人好處（諸如工作與補貼）的候選人。這些模式就會維持侍從關係的政治制度。因此，使得花錢在學校就是為了要創造就業所得，而非去教育兒童。在印度，教師的薪水約占基礎教育96％的經常性支出。即使如此，教師曉班的情形卻是非常嚴重的。當督學對農村學校進行突擊檢查時，大約有三分之二的老師都缺席不在。[9]

當然，所有各種嚴重的所得不平等，都違反了大多數衡量公平的標準。確實，希望新興民主政府能夠促成更廣大的平等，在歷史上一直都是造就民主化的

專欄 6.4 女性與非正規經濟

　　印度人帕爾米拉（Parmila）是一位30幾歲且育有2個年幼小孩的寡婦。雖然她原本來自於一個富裕的家庭，但丈夫的身亡卻迫使她必須從事各種不同的兼職工作。她從當地附近的森林去撿拾木材，然後一個禮拜中有2天必須走上5英哩路程到市場去賣木材。在冬天，她會到農場去從事幫稻穀去殼的工作。在非雨季時，她也會到工地裡面幫忙，而在那裡她大約可以拿到印度人最低工資的一半而已。帕爾米拉的所有收入足夠她將2個小孩送去上學。帕爾米拉也沒有到自己的親戚那去施求同情或財務上的援助。「即使是在嚴峻危機時，我依然保持冷靜，而且不屈服於環境，」她說，「因為我相信的神會一直與我同行」。

　　女性在世界上勞動人口中所占的比例愈來愈大。在大多數非伊斯蘭教國家中，她們現在占了40％或更多比例的勞動力。但是女性往往都在非正規經濟中從事一些低工資的工作。她們的工作通常也都是不需繳稅並且規避政府管制的。例如，在印度與其他許多非洲國家中，五分之四以上的女性所從事的非農業工作都屬於非正規經濟的範疇。她們可能幫其他人托嬰或者是生產手工藝品，主要販售給當地的顧客。許多女性會選擇如此的工作是因為她們可以方便在家中完成，而同時也可以照顧到家中的親人。但是許多女性也會在非正規的部門裡工作，主要還是因為她們會在其他地方受到歧視。而有一些人可能會受到誘惑或是壓迫而進入更累人的、危險的，或更糟的血汗工廠以及性工作產業當中。雖然非正規經濟中所提供的工作是很彈性的，但它也可能是在惡劣的工作條件裡面，而且沒有提供太多的保障。

資料來源：威廉·伊斯特利撰寫的《難以捉摸的增長：經濟學家在熱帶地區的冒險與不幸》（Cambridge: Massachusetts Institute of Technology Press, 2001），第45頁。

驅動力之一。然而，今日即使在最富裕且最平等的民主國家中，還是存在有非常明顯的不公平狀況。表6.4中第四欄顯示了前10％收入的人口比率。在英國與法國，收入最高的群體大約占所有人總收入的四分之一；在美國，富人與窮人之間的差距實際上是很大的，收入最高的群體幾乎占了所有人總收入的三分之一。經濟發展的其中一個問題就是發展過程在中間階段，通常與新的財富集中有所關連，而使得新進繁榮者——通常是指城市裡的中產階級——以及未趕上而落後者之間的差距，變得更大了。這樣在富裕與貧窮之間差距的特定狀況，一直都是整體收入中等國家的問題，像是巴西與墨西哥，而這差距甚至還在繼續擴大中（參閱第十四章的巴西）。奈及利亞的不平等現象也是很嚴重的。一方面，在社會與經濟條件中，諸如識字率水準、職業技能以及土地所有權等，仍然由歷史發展經驗延伸下去，並且持續造成收入上的不平等。另一方面，透過累進（非累退）收

入（課稅）的政策以及重新分配福利政策，政府的政策能夠在減少不公平現象中扮演很重要的角色。在這樣的差距問題上，仍存有很多的爭議——這樣到底對窮人造成了多大的不正義，透過激勵方式提供給個人努力成果或是藉由建立財產權的方式，而差距要到怎樣的程度才算合理，以及到怎樣的程度才應該需要藉由福利國家的方式來舒緩這些差距。

自主與自由狀況

好政府其中之一的主要目標，就是要為其公民提供自由。即使假設可能會存有認為威權主義政府有助於讓社會變得更有效率這樣的迷思，政府的目標還是要賦權給其公民，讓他們有能力掌控自己本身的生活。我們可以運用幾個不同面向來測量個人的自在與自由狀況。

表6.5顯示了政治專家對本書中所討論的國家進行政治權利與公民自由的計分測量。「**政治權利**」（political rights）指的是公民在政治領導人的選擇上之參與的機會——投票權、競選公職權以及其他相關權利。「**公民自由**」（civil liberties）指的是在一些領域上的保障，像是言論、出版、結社與宗教自由，同樣也包括程序權利，像是由陪審團審判並禁止任意審判或被殘酷對待。自由的程度反映了政府在政策施行上的狀況，尤其是管制性政策，但這也會受到社會與經濟情況的影響，諸如社會中的富裕程度、不平等狀況以及犯罪情形等。富裕的民主國家在政治與公民權利這兩者都獲得很正面的評價。緊隨其後的是印度、巴西與墨西哥，這些國家在近年來都有很顯著的進步。在另一個極端，中國、伊朗與近期的俄羅斯，實質上都壓制了政治權利與公民自由。尤其中國還試著去全面控制媒體（也可參閱圖6.3），並且相對於管制個人而言，在對政府則設置了非常有限的管制。奈及利亞得分則是落在中間位置。

當然，這些評比結果會隨著時間改變。在美國的權利與自由，從1960年代的民權運動之後就有了大幅進展。1990年代的奈及利亞軍政府是非常壓迫且往往都很野蠻；政治權利與公民自由是等到權力轉向至民選的文人總統在1999年執政後才開始有進展，但這還是非常的脆弱不穩。奈及利亞在2007年的總統與州長選舉（很有爭議）被觀察者報導其具有大規模的投票操縱與舞弊時，因此評分大幅降級。2011年的選舉有比較成功觀察到政治權利的展現，但是公民自由的評分卻在2012年大幅降級，主要是因為持續不斷的大規模貪污腐敗，以及用來回應伊斯蘭極端主義團體所造成的恐怖攻擊而形成的各式各樣之限制（參閱第十七章的奈及利亞）。

在政治與公民權利之間存有強烈的相關性。沒有任何在政治參與權利獲得高分的國家，在公民自由上得到低分；同樣也沒有任何在政治參與權利獲得低分的國家，在公民自由上得到高分。這就意味著全民參與、法治以及公平程序之間存有強烈的相關性。對於政府壓制的研究也發現政府對公民人身不受侵害的權利之迫害會受到限制，最能夠說明這就是民主政治制度、和平狀況，以及社會秩序所呈現的結果。威權主義政體以及那些面臨國內或捲入國際戰爭中的國家，都是最常成為侵害個人完整性之違反者。

表6.5　2016年政治與經濟的權利與自由狀態

政治權利、公民自由以及經濟自由之間是緊密相連的

國家	政治權利	公民自由	經濟自由
巴西	2	2	5.7
英國	1	1	7.8
中國	7	6	5.2
法國	1	1	6.2
德國	1	1	7.4
印度	2	3	5.6
伊朗	5	6	4.4
日本	1	2	7.3
墨西哥	3	3	6.5
奈及利亞	4	5	5.8
俄羅斯	6	6	5.1
美國	1	1	7.5

附註：專家對每個國家在政治權利與公民自由的評比與排序，是從測量得分1（最高）到7（最低）。經濟自由度的測量是總結得分從0（最低）到10（最高）。

資料來源：自由之家，www.freedomhouse.org，內容數據下載時間：2017年1月10日；經濟自由指標，其資料是來自於「美國傳統基金會」（The Heritage Foundation）與《華爾街日報》（*The Wall Street Journal*），www.heritage.org，內容數據下載時間：2017年1月10日。

表6.5也呈現出每個國家在經濟自由的程度。具有政治自由的國家並不總是能夠促進經濟自由，反之亦然。舉例來說，墨西哥實質上在經濟的表現比巴西或印度要來得自由，然而這些國家本身在政治的自由上是差不多的。而且即使英國與法國在政治權利與自由上的得分是相同的，但是英國在經濟自由的程度上卻比較高。整體而言，政治與經濟自由一般都會相輔相成。

國內安全狀況

如同湯瑪斯・霍布斯曾經提醒過我們，維持國內的法律與秩序並且保護人民與其財產，都是政府最基本該盡的責任。沒有了這些，就幾乎不可能進行個人、經濟與公民的生活。

高犯罪率是大型都會區最需要關注的問題，因為當代國家中有許多人口是居

住在那些地方。引起城市犯罪的原因是很複雜的。快速大量增加的移民進入到主要的城市中，這些人從國內的農村地區或從比較貧窮的外國移入，不但增添了多元化，但也可能增加衝突。許多發展中國家的城市化的進展是特別激烈，如巴西與奈及利亞，就存在著非常嚴重的貧窮與基礎設施之問題。新搬進城市的居民往往會發現自己的文化被連根拔起、不受到歡迎、找不到工作，居住在骯髒的傳統社區且與家人距離遙遠分離著。而且，收入與財富的不平等、失業狀況，以及藥物濫用的問題，是公共秩序與安全都普遍下降的原因。犯罪日益全球化，尤其是在毒品與人口販賣上，也起了重要的作用。

　　圖6.4呈現的是本書選取國家中，其每10萬人口中發生的兇殺案件數量。巴西與墨西哥兩者都因為有眾多組織性犯罪集團彼此的火拼，以及傳統上較高的謀殺率，而造成很大的問題；這兩個國家占據了每10萬居民中發生的兇殺案件最高的比例。巴西的謀殺率幾乎是高過美國的5倍左右。奈及利亞與俄羅斯的謀殺率也比美國高出許多。在俄羅斯，犯罪率在1985年至1993年之間有了倍數的成長，主要是因為道德與法治的秩序崩壞了。伊朗與印度在這方面的比率是與美國比較相近的，而其他工業化國家在這方面的比率只占美國的一小部分而已。日本在這些所有列舉的國家中，是最接近零犯罪率的。然而，美國與其他國家近年來在犯罪率上都有很明顯地下降。美國每10萬居民中發生的兇殺案件數量，在1980年數值達到最高點10.2，而在2015年下降到4.9。

　　有幾個原因可以說明為何犯罪率有可能下降。其中一個是經濟狀況，當經濟變得強勁時，就會伴隨犯罪率的降低。第二個原因就是更嚴格的執法。這部分反映在相對於總人口的警察人數上，從美國每350人有一名警官到在印度的每820人以及在奈及利亞的每1,140人有一名警察。在美國，聯邦與州政府都曾經試圖延長坐牢的刑期來力求降低犯罪率。第三種導致犯罪率變低的原因，就是年輕人的數量減少了，因為這是最容易犯罪的年齡。

　　一個比個別犯罪威脅到個人安全更加嚴重的問題，可能就是緊張的國內政治衝突升高到內戰的狀況。在最近幾年，許多全球性的媒體都一直關注在中東地區的衝突。不過，事實上發生在非洲地區的衝突卻是更加頻繁且具毀滅性。許多非洲國家，其獨立的時間計算僅僅從1960年開始，但是因為其邊界是由過去殖民勢力武斷地去劃分，因此產生許多嚴重的國家團結問題，並且長期備受內戰所苦。在奈及利亞發生的大規模內戰（1967-1970）幾乎奪去了100人的性命，而其他更多零星的衝突也持續不斷發生到今日。

　　瑞典的烏普薩拉（Uppsala）衝突資料計畫項目揭露出從1989年至2012年之

圖6.4 每10萬人口中的兇殺案

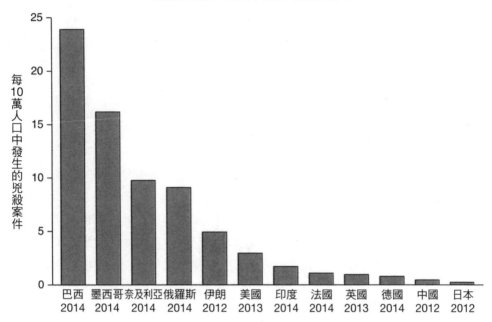

兇殺案的發生率在不同國家中差異很大

資料來源：聯合國毒品和犯罪問題辦公室，http://www.unodc，內容數據下載時間：2017年1月10日。

間，在全世界發生了141個的武裝衝突（定義為涉入到至少有25人以上在戰役上死亡）。在2012年，有32個衝突持續在發生，其中有6個衝突（在敘利亞、阿富汗、索馬利亞、巴基斯坦、葉門以及蘇丹）涉及到超過1,000以上的死亡人數。在2012年的總死亡人數被估計有超過3萬5,000人以上。[10]而在所有武裝衝突當中僅有一個是屬於發生在國家邊境的內戰，而有幾個是屬於因為有外國勢力介入而被國際化。如此所謂國際化的內戰，看起來似乎甚至比單純的內戰更加致命且具破壞性。自從1945年結束的第二次事件大戰後的每一年，比起國家之間的衝突（國家之間的戰爭），則發生了更多的內戰，而內戰所引發的傷亡人數也比跨國戰爭來得多。

　　有許多理由可以解釋內戰高度發生的原因。有些內戰是關連到族群或宗教的衝突，或是分離主義者運動。但是，其他的內戰看起來主要還是因為軍閥之間爭奪可控資源的鬥爭，諸如鑽石、黃金或石油。外部的行動者——像是聯合國、美國、北大西洋公約組織（NATO）或其他區域強權——有時候可以幫忙結束內戰，但在一些案例當中（像是安哥拉），內戰就拖延了很久，這是因為衝突的雙

方都有外國勢力在介入力挺。

在後冷戰時期的世界，聯合國都有介入一些這樣的衝突中，當衝突的各方準備好同意接受調停下，就會派遣維和特派團進駐。截至2016年底，有16支維和特派團派駐到世界上不同的地方。比較罕見的是，聯合國以和平使者的角色介入，像是1990年代在波士尼亞，以及之後在鄰近地區的科索沃，或是原本進駐獅子山共和國（位於西非）的維和特派團，後來轉變為協助建立和平來努力。聯合國是否能有效地控制國內與國際的集體暴力事件，取決於有力大國之間的共識與否。

有時候，政府在本身民眾中對族群或政治團體發動致命的襲擊。這些攻擊可能是要設計來消滅這些團體，而可能會導致部分內戰的出現，亦或純粹只是政府在政策上以系統性方式表達針對非武裝的平民。當這些攻擊是被設計用來消滅藉由行動或意識形態定義為政治對手時，這就會被稱為「**政治屠殺**」（politicide）。而當這些攻擊是設計來針對消滅某族群或宗教團體時，這就會被稱為「**群體屠殺**」（genocide）。雖然並非專門所屬，但這些糟糕的政策更常發生在非民主地區，以及在國家處於混亂的情況下開展。儘管很難獲得可靠的傷亡數字，不過毫無疑問地儘管這些事件很少發生，但其成本卻很高。芭芭拉・哈爾夫（Barbara Harff）指出在1995年至2001年之間，在全世界各地就發生了37起這樣的事件。[11]估計發生在柬埔寨、巴基斯坦、印尼以及盧安達的政治屠殺或群體屠殺範圍擴及高達了100萬人的死亡。在過去10年來，學者也都開始在這些致命的單方面暴力事件中系統性地蒐集內容數據，並且企圖理解這些事件的產生原因。

國際狀況

6.4 從政府政策面來討論國際經濟與安全議題，並說明它們如何受到全球化的影響。

大多數國家都會參與各種不同的國際性活動。這些經濟、外交、軍事以及資訊的活動，最後都有可能會促成繁榮或蕭條、戰爭或和平、世俗化或特定信仰的散播。[12]全球化促使愈來愈多的國家提升更多在經濟、社會與政治互動上的需求。國家內的經濟也變得更依賴國際上的貿易與資本的流動，具有貿易優勢的國家會施加壓力以減輕限制，而在國際競爭中受到傷害的國家則是增加更多的壁壘。這些具有衝突性的需求可能會成為一國之內衝突的主要來源。[13]除此之外，世界上某一處出現了重大的經濟挫折，諸如在2008年至2009年之間，一些已開發

國家中發生的金融信用危機，像漣漪一般擴散到許多遙遠的國家。受到傷害的工業化經濟體減少進口商品，反過來就會衝擊到這些原生產國。日益普遍的，國家之間需要更多政治行動上的協調來管制資本的流動以及鼓勵貿易。如果關鍵性國家中斷原本的參與時，全球化所創造出來的相互依存性就可能會威脅到所有的人，就像是1930年代之間所發生的那樣。

　　環境破壞也是一種個別國家會產生的跨國境流動影響的問題。舉例來說，累積大量的溫室氣體排放到大氣層中，對全球氣候穩定構成了威脅。全球化的社會面向影響力也擴大許多。人際接觸與資訊流動大量增加，包括電視與網際網路的使用，就像「麥當勞」這種文化（與經濟）象徵的存在。這些都已經帶給政府壓力來遵循國際上對尊重個人完整性與性別平等的標準（參閱第三章）。然而，雖然個人或許可以從這些網際網路或麥當勞所提供的機會中獲得巨大好處，但這些接觸也可能會威脅到傳統的價值。像是管制不斷前來的移民，就是許多國家很重視的議題。

　　表6.6顯示了瑞士蘇世邦工學院的經濟形勢研究所（Konjunkturforschungsstelle, KOF）發展的全球化指標，其追蹤了各式各樣的經濟、社會與政治測量方式。那些獲得很高的全球化分數的國家在其國內生產總額中，有較高的相關比例落在貿易與外國直接投資中，伴隨而來的是比較低的進口障礙。在社會與政治項目來看，這些國家也會有比較多的國際電話與信件流量往來、更多網路使用者，以及更多國際組織中的會員資格。尤其是1990年開始，我們可以看到在大多數國家中所成長的全球化象徵。中國，曾經是全球化指標位於最低層次的國家，也擴大了本身在全球化的參與——經濟、社會與政治——進入到中等層次的排名，1970年在0至100的計分標準中得到了15分，到了2015年則上升到60分。印度與巴西也是同樣情況，很快速地躍升到國際舞臺上，同樣的俄羅斯在前蘇聯政體瓦解之後也一樣。在此同時，像是法國、德國、英國以及美國這樣的國家，一開始就已經站在比較高的全球化程度基礎上了，也都進一步擴展本身在全球貿易、資金以及資訊流動上的投資。在本書中所選取的其他國家中，到目前為止仍然很抗拒全球化的可以算是伊朗了，自從1979年伊斯蘭改革以來，也都一直試著保持其一般經濟與社會上的孤立狀態。因此，雖然全球化在經濟與社會的整合上發揮了強大的動力，但是一國政府的政策也能夠有力的促進或壓制本身全球化的進展。

　　國際互動中一個不同的昂貴產出結果就是戰爭。表6.7顯示了本書探討的12個國家中所面臨之國際性與內部集體暴力的死亡人數，時間幾乎涵蓋到所有的20世紀（1900年至1995年）。數字所顯示的大多是平民與軍人在國際戰爭中的死亡

表6.6　1970至2015年全球化指標的改變

全球化已經在世界範圍內一直增加影響力，但各國政府的政策仍會影響其速度與層面

國家	1970	1980	1990	2000	2010	2015
巴西	37	43	44	58	59	60
英國	57	67	73	82	85	83
中國	15	20	35	54	59	60
法國	58	65	75	86	84	83
德國	47	58	61	84	81	79
印度	24	25	29	44	52	51
伊朗	25	27	22	35	40	41
日本	35	43	48	61	64	66
墨西哥	43	45	52	60	59	61
奈及利亞	27	38	40	49	61	54
俄羅斯	–	–	39	63	68	66
美國	60	65	71	78	75	75

附註：瑞士蘇世邦工學院的經濟形勢研究所發展的全球化指標，計分從1至100，內容由經濟、社會與政治
　　　指標所組成。

資料來源：阿克塞爾·德雷赫（Axel Dreher）撰寫的〈全球化是否會影響發展？從全球化新指標測量而來
　　　　　的證據〉，發表在《應用經濟學》（*Applied Economics*）期刊，2006年，第38卷，第10期，第
　　　　　1091-1110頁，http://globalization.kof.ethz.ch，內容數據下載時間：2017年1月19日。

人數。在一些案例中，其中也包含了政府攻擊非武裝公民，像是在蘇聯與中國為
了要努力推行共產主義而對人民進行殺戮，在德國納粹政權（希特勒的國家社會
主義德國工人黨）下的歐洲猶太人大屠殺，許多發生在歐洲與非洲「種族淨化」
的情節，以及全世界各地發生的內戰。這些數字可能低估了真實的屠殺狀況，尤
其是在1946年以前的時代。除此之外，戰爭帶給人民的間接成本總和，會因為飢
荒與疾病之故而必然會遠超過這些估計數字。[14]雖然表6.7上的死亡數字大多來自
第一次世界大戰、第二次世界大戰，以及韓戰所引發的，但在20世紀的最後幾10
年當中，超過四分之三的戰爭死亡人口是平民。[15]

　　表6.7顯示了蘇聯／俄羅斯的人民，大幅度超過第2名而排於首位，成為20世
紀受磨難歷史中受害者犧牲的人數最多者。第一次世界大戰中被推翻的「沙皇政
權」（czarist regime）造成了大量的俄羅斯人被屠殺。其政權隨著1917年的「布
爾什維克革命／俄國革命」（Bolshevik Revolution）以及這個內戰（1918-1921）
爆發而倒臺，之後有史達林的「大清洗」（Great Purge; Большаячистка）恐怖統
治（特別指涉發生在1930年代），每一個動盪都奪去了數百萬條生命。蘇聯傷亡

最慘重的紀錄是在第二次世界大戰，當中總共有1,700萬的人民與軍人喪生。總計在戰爭以及恐怖政治統治中，蘇聯／俄羅斯在20世紀中折損了超過2,400萬的人民與軍人性命。

德國從20世紀的集體暴力中則是犧牲了第2多的人口數量。有超過300萬人在第一次世界大戰中死亡，其中大多是軍人。在第二次世界大戰中，德國犧牲了大約有500萬名軍人，以及另外有175萬名公民死亡。其他有重大死亡人數的國家，包括中國有700萬人至800萬人死亡，以及日本有超過200萬人死亡，其中包含大約50萬左右的人民犧牲，許多死亡居民明顯集中在廣島（Hiroshima）以及長崎（Nagasaki）。法國與英國的死亡人數大致相似。

第二次世界大戰之後，最具有毀滅性的衝突都發生在第三世界國家中。過去英屬印度被劃分為現在的印度、巴基斯坦以及孟加拉，在這三個國家內以及彼此之間造成了大量的死亡衝突。約有200萬生命就這樣犧牲了，其中大多是平民百

表6.7　1900年至1995年期間集體暴力中的平民與軍人死亡人數

一些國家的公民為20世紀的國際衝突付出了慘痛的代價

國家	平民死亡人數	軍人死亡人數	身分不明者死亡數	總死亡人數
巴西	–	1,000	2,000	3,000
英國	131,000	1,350,000	–	1,841,000
中國	4,047,000	2,671,000	818,000	7,536,000
法國	490,000	1,830,000	–	2,320,000
德國	2,232,000	7,150,000	–	9,382,000
印度	889,000	71,000	37,000	997,000
伊朗	120,000	468,000	1,000	689,000
日本	510,000	1,502,000	–	2,012,000
墨西哥	125,000	125,000	10,000	260,000
奈及利亞	1,005,000	1,000,000	6,000	2,011,000
蘇聯／俄羅斯	12,028,000	11,901,000	96,000	24,025,000
美國	–	524,000	–	524,000
總數	21,577,000	28,593,000	970,000	51,140,000

資料來源：資料來自於露絲·萊格·西瓦德撰寫的《1900年至1995年期間戰爭與戰爭相關的死亡》（*Wars and War Related Deaths, 1900-1995*），《1996年世界軍事與社會支出》（*World Military and Social Expenditures, 1996*）（Washington, DC: World Priorities, 1996），第18-19頁。美國的資料加入了韓戰與越戰的全部死亡人數，內容來自「美國國務院」（United States Department of State）公布的數字，以及西瓦德對第一次世界大戰以及第二次世界大戰所統計的死亡人數。

姓。大約1990年冷戰結束，過程也見證了一波波發生在東歐與中亞的不穩定與衝突。蘇聯與南斯拉夫的解體，導致了血腥邊境戰爭與分離衝突（例如，在前南斯拉夫境內的波士尼亞（Bosnia）與科索沃（Kosovo），以及俄羅斯境內的車臣（Chechnya）。這些衝突帶來了另一波的種族大屠殺、宗教衝突，以及不同戰爭國之間的權力鬥爭。

最近這段時間，戰爭與發生屠殺的數量已經有顯著的降低。雖然近年常常看到國際恐怖主義的可怕行為，從美國的紐約、法國的巴黎以及比利時的布魯塞爾到肯亞的奈洛比（Nairobi），年度人員傷亡數量並沒有很大的改變。如先前討論過的內戰，尤其在撒哈拉沙漠以南的非洲以及中東地區，仍然持續付出很大的代價，不過這樣的代價還是遠比那些大型國際戰爭小很多，而且其趨勢是比較令人振奮的。一些學習國際衝突的學生，在一般稱之為「民主和平（論）」中看到一絲希望，因為民主國家之間很少會以發動戰爭的方式解決衝突。他們幾乎也不會支持以「群體屠殺」或「政治屠殺」的方式對待自己的人民。而當有愈多國家轉型為民主國家時，是否這個世界也將變得更加和平呢？[16]如果發生核戰，則國際戰爭可能會變得更恐怖，這是潛在對人類安全具有極大的威脅。

政策選擇的複雜性

6.5 提供權衡取捨的案例，以說明在所預期的政策成果之間的必要性。

政治科學無法將自由的元素轉換為安全與福利的元素。而且我們也從沒有計算過政治成果所獲得的價值要由多少人命來作為成本。政治決策者往往需要去做出這樣的轉換，但是就政治科學家而言，我們只能去點出他們可能願意去考慮的價值判斷。要放多少比例在各式各樣福祉中，會隨著文化與前後脈絡而有所不同。宗教信仰或政治意識形態都可能會告訴我們如何將一種價值與另一種價值進行交易，從而為其選擇提供一個有秩序的基礎。這樣的方案可能對於那些被迫採取行動而進入戰爭、革命與飢荒的恐怖環境的人來說非常寶貴。當人們不再分享這樣的基本價值時，可能會發生許多嚴重的衝突。可悲的是，沒有任何一種意識形態，就像沒有任一種政治科學，能夠客觀地解決所有的這些問題。然而，政府應該要提供人民一些方式來為自己做決定，因為這可能是在如此複雜的政策選擇中，唯一可被接受的解答。

關於政治福祉一個困難的事實，就是我們無法總是同時擁有這些福祉。政治制度往往必須將某一種價值拿來交換，以獲得另一種價值。將一筆錢花在教育上

意味著要放棄將這筆錢花費在福利上的機會，或者將錢回饋到納稅人手上。政治人物也必須決定要對未來進行多少投資，而不僅只是到看今日眼前的開支（例如，當他們要決定未來退休後的福利時）。甚至更困難的是要在安全與自由之間做一權衡。極端的自由可能會帶給我們一個高度不安全的世界，那種環境可能會出現強權霸凌弱勢，而且社會難以出現集體行動。但是如果沒了自由，安全只不過比奴役或監禁來得好一些而已。對於不同政治福祉之間的權衡，並非在所有環境中都一樣。有時候，擴大自由也會強化安全（舉例來說，因為針對審查制度的暴動，兩者將可能同時結束）。在某些情況之下，對教育的投資也有可能會有數倍的收益回饋在健康與福利上，因為訓練民眾能夠使其更完善地照顧自己以及更有效率地工作。這些都是比較正面的權衡結果。但是國家往往無法「兩全其美」（can't have your cake and eat it too）。所以社會科學其中一個重要的任務，就是去發現那些可能會導致正面與負面權衡發生的情境。

結論

政府制定具有權威性的公共決策作為讓公民接受的公共政策。這樣產生的狀況就是政策的結果無法滿足於所有的人。即使政策結果完全反映出所有的預期目標了，政策制定者本身之間也會在哪些價值是政策應該反映的，而有不同看法。公民在各自的偏好上也是呈現歧異性的。當思考如何且不同的政治制度何以產生較好的公共政策時，最好能夠將這些價值的差異牢記在心。

章後思考題

1. 什麼可以用來解釋福利國家的增長？
2. 不同類型的稅制會產生哪些優勢與劣勢？
3. 為何具有「天賜恩惠」的自然資源的國家，可能會導致本身更難引進或維持民主呢？
4. 是否有些國家政府傾向於倡導政治權利，而有些則是倡導公民權利，或者是否公民與政治權利兩者會傾向於相輔相成呢？
5. 今日在發展中國家，福利狀況如何對女性產生改變呢？
6. 為何全球化會為一國帶來境內衝突的增加呢？
7. 哪些種類是今日世界上最常見的武裝衝突，以及這些衝突會引起哪些問題呢？

重要名詞

直接稅	政策輸出
分配	政治福祉
擷取	公共政策
公平	管制
國內生產總額	食利國家
間接稅	象徵性行動
政策福祉	象徵性輸出
政策成果	

推薦閱讀

Bates, Robert H. *When Things Fell Apart: State Failure in Late-Century Africa*. New York: Cambridge University Press, 2008.

Boix, Carles. *Political Parties, Growth, and Equality: Conservative and Social Democratic Economic Strategies in the World Economy*. New York: Cambridge University Press, 1998.

Castles, Francis G., ed. *The Comparative History of Public Policy*. Cambridge: Polity Press, 1989.

Dahl, Robert. *Democracy and Its Critics*. New Haven, CT: Yale University Press, 1989.

Halperin, Morton H., Joseph T. Siegle, and Michael M. Weinstein. *The Democracy Advantage: How Democracies Promote Prosperity and Peace*. New York: Routledge, 2010.

Lijphart, Arend. *Patterns of Democracy: Government Forms and Performance in Thirty-Six Countries*. New Haven, CT: Yale University Press, 2012.

Linos, Katerina. *The Democratic Foundations of Policy Diffusion: How Health, Family and Employment Laws Spread Across Countries*. New York: Oxford University Press, 2013.

Persson, Torsten, and Guido Tabellini. *The Economic Effects of Constitutions*. Cambridge: Massachusetts Institute of Technology Press, 2003.

Easterly, William. *The Elusive Quest for Growth: The Economists' Adventures and Misadventures in the Tropics*. Cambridge: Massachusetts Institute of Technology Press, 2001.

Flora, Peter, and Arnold Heidenheimer. *The Development of Welfare States in Europe and America*. New Brunswick, NJ: Transaction Books, 1981.

Franzese, Robert. *Macroeconomic Policies of Developed Democracies*. New York: Cambridge University Press, 2002.

Gourevitch, Peter. *Politics in Hard Times*. Ithaca, NY: Cornell University Press, 1986.

Putnam, Robert. *Making Democracy Work: Civic Traditions in Modern Italy*. Princeton, NJ: Princeton University Press, 1993.

Rogowski, Ronald. *Commerce and Coalitions: How Trade Affects Domestic Political Alignments*. Princeton, NJ: Princeton University Press, 1989.

Tsebelis, George. *Veto Players: An Introduction to Institutional Analysis*. Princeton, NJ: Princeton University Press, 2002.

Wilensky, Harold. *Rich Democracies: Political Economy, Public Policy, and Performance*. Berkeley: University of California Press, 2002.

註釋

1. This literature seems to have originated in studies of the Middle East. See the reviews in Michael L. Ross, "Does Oil Hinder Democracy?" *World Politics* 53 (2001): 325–361; and Thad Dunning, *Crude Democracy: Natural Resource Wealth and Political Regimes* (New York: Cambridge University Press, 2008). Also see Kiren A. Chaudhry, *The Price of Wealth: Economies and Institutions in the Middle East* (Ithaca, NY: Cornell University Press, 1997).

2. See especially Ross, "Does Oil Hinder Democracy?," who sketches multiple causal mechanisms proposed in the literature.

3. Dunning, *Crude Democracy*.

4. See, for example, Carles Boix, *Political Parties, Growth, and Equality: Conservative and Social Democratic Economic Strategies in the World Economy* (New York: Cambridge University Press, 1998); Robert Franzese, *Macroeconomic Policies of Developed Democracies* (New York: Cambridge University Press, 2002); Shin-Goo Kang and G. Bingham Powell, Jr., "Representation and Policy Responsiveness," *Journal of Politics* 72 (October 2010): 1014–1028; Michael D. McDonald and Ian Budge, *Elections, Parties, Democracy: Conferring the Median Mandate* (New York: Oxford University Press, 2005); and Harold Wilensky, *Rich Democracies: Political Economy, Public Policy, and Performance* (Berkeley: University of California Press, 2002).

5. Eric Kramon and Daniel N. Posner, "Who Benefits from Distributive Politics? How the Outcome One Studies Affects the Answer One Gets," *Perspectives on Politics* 11 (2013): 461–475.

6. Laurence J. Kotlikoff and Scott Burns, *The Coming Generational Storm: What You Need to Know about America's Economic Future* (Cambridge: Massachusetts Institute of Technology Press, 2004).

7. Steven C. Poe and C. Neal Tate, "Repression of Human Rights to Personal Integrity in the 1980s: A Global Analysis," *American Political Science Review* 88 (December 1994): 853–872; Steven C. Poe, C. Neal Tate, and Linda Camp Keith, "Repression of the Human Right to Personal Integrity Revisited," *International Studies Quarterly* 43 (1999): 291–313; and Christian Davenport, *State Repression and the Democratic Peace* (Cambridge: Cambridge University Press, 2007).

8. Robert H. Bates, *Markets and States in Tropical Africa* (Berkeley: University of California Press, 1981); Philip Keefer and Stuti Khemani, "Why Do the Poor Receive Poor Services?" *Economic and Political Weekly* 28 (February 2004): 935–943; and World Bank, *World Development Report, 2002: Building Institutions for Markets* (Washington, DC: World Bank), 31–32.

9. See Lotta Themner and Peter Wallensteen, "Armed Conflict, 1946–2012," *Journal of Peace Research* 50 (2013): 509–521.

10. Barbara Harff, "No Lessons Learned from the Holocaust? Assessing Risks of Genocide and Political Mass Murder since 1955," *American Political Science Review* 97 (2003) 57–73. More recently, see "Deadly Assaults on Civilians," *Human Security Report 2012*, Chapter 8, published online by Simon Fraser University (2013).

11. Peter Gourevitch, in his book *Politics in Hard Times* (Ithaca, NY: Cornell University Press, 1986), analyzes the policy responses of five Western industrial nations—Britain, France, Germany, Sweden, and the United States—to the three world depressions of 1870–1890, 1930–1940, and 1975–1985. Gourevitch shows how these crises affected business, labor, and agriculture differently in each country; consequences for political structure and policy varied greatly. Thus, the world depression of the 1930s resulted in a conservative reaction in Britain (the formation of a "National" government), a moderate left reaction in the United States (the "New Deal"), a polarization and paralysis of public policy in France ("Immobilisme"), a moderate social democratic reaction in Sweden, and a radical right-and-left polarization in Germany, leading to a breakdown of democracy and the emergence of National Socialism. While the causes of World War II were complex, the pacifism of Britain, the demoralization and defeatism in France, the isolationism of the United States, and the nihilism and aggression of Germany were all fed by the devastating worldwide economic depression of the 1930s.

12. See especially Ronald Rogowski, *Commerce and Coalitions: How Trade Affects Domestic Political Alignments* (Princeton, NJ: Princeton University Press, 1989).

13. Although there are some detailed studies of individual conflicts and politicides that try to estimate these costs by comparing death rates expected from prewar conditions to those reported in wartime, these are difficult and have not been carried out systematically in many cases. For this reason, estimates vary wildly. Estimates of direct battle deaths are much more reliable, and have become more so, but even these are somewhat controversial. See the various *Human Security Reports* (published online by Simon Fraser University) and the many sources cited there, especially the International Peace Research Institute (PRIO) and the Uppsala Conflict Data Programme (UCDP).

14. Ruth Leger Sivard, *World Military and Social Indicators* (Washington, DC: World Priorities, 1993), 20.

15. Stephen Pinker, *The Better Angels of Our Nature: Why Violence Has Declined* (New York: Viking, 2011).

譯者註

[1] 根據作者本意，此處應該指涉多數的美國民眾。

[2] 作為美國革命倡導最有影響力之一的派屈克·亨利，在1775年第二次維吉尼亞公約會議上演講的最後一句結語。

[3] 生活必需品占總體支出的比例，會在收入到達一定水準之後，有所下降。但因為這多為固定稅率，所以消費愈多就會被課徵愈多。相較富人，窮人會有比較高的收入比例花費在生活必需品上，所以才會在稅率上避免過高。

[4] 根據譯者查詢原文書籍第120頁第1段第7行內容所謂能有乾淨飲用水的比例為43％，與該處所顯示的90.0％有許多出入，而根據世界衛生組織的2013年資料顯示其數字為41％（https://www.who.int/water_sanitation_health/monitoring/investments/nigeria-10-nov.pdf?ua=1）。因此，推估該處顯示的數值應為原文書籍未加以校正的結果。

[5] 這群體與另一個「表列種姓」（Scheduled Castes, SCs）是印度憲法歸類的社會弱勢群體的，因為歷史原因，一直被排擠在印度主流社會之外。

[6] 過去這群體在西班牙文中被稱為「印第安人」（Indios），後來美國社會為了讓不同族裔能夠更平等被對待，因此有了正名；包括「非裔美國人」（African Americans）、「亞裔美國人」（Asian Americans）以及「歐裔美國人」（European Americans）等，來取代原本會帶有歧視性的黑人、黃種人、白人等稱呼。

國家圖書館出版品預行編目資料

當代比較政治：一個世界觀（上）／鮑威爾
（G.Bingham Powell, Jr.）等著；郭俊偉
譯. ——二版. ——臺北市：五南圖書出版
股份有限公司, 2020.09
　　面；　公分
譯自：Comparative politics today : a
　　world view
ISBN 978-986-522-286-4（平裝）

1.比較政治

572　　　　　　　　　　109014356

1PM0

當代比較政治：一種世界觀(上

作　　　者 — 鮑威爾（G. Bingham Powell, Jr.）、史壯姆（Kaar
　　　　　　　Strom）、馬尼恩（Melanie Manion）、戴爾頓（Rus
　　　　　　　J. Dalton）
譯　　　者 — 郭俊偉
發 行 人 — 楊榮川
總 經 理 — 楊士清
總 編 輯 — 楊秀麗
副總編輯 — 劉靜芬
責任編輯 — 林佳瑩、呂伊真、許珍珍
封面設計 — 姚孝慈
出 版 者 — 五南圖書出版股份有限公司
地　　　址：106台北市大安區和平東路二段339號4樓
電　　　話：(02)2705-5066　　傳　　真：(02)2706-6100
網　　　址：https://www.wunan.com.tw
電子郵件：wunan@wunan.com.tw
劃撥帳號：01068953
戶　　　名：五南圖書出版股份有限公司

法律顧問　林勝安律師事務所　林勝安律師

出版日期　2013年10月初版一刷
　　　　　2020年 9 月二版一刷
　　　　　2022年11月二版二刷
定　　　價　新臺幣350元

原著由 Pearson Education, Inc 於2018年出版
此繁體中文版為Pearson Education, Inc授權五南圖書出版

經典永恆・名著常在

五十週年的獻禮——經典名著文庫

五南，五十年了，半個世紀，人生旅程的一大半，走過來了。

思索著，邁向百年的未來歷程，能為知識界、文化學術界作些什麼？

在速食文化的生態下，有什麼值得讓人雋永品味的？

歷代經典・當今名著，經過時間的洗禮，千錘百鍊，流傳至今，光芒耀人；

不僅使我們能領悟前人的智慧，同時也增深加廣我們思考的深度與視野。

我們決心投入巨資，有計畫的系統梳選，成立「經典名著文庫」，

希望收入古今中外思想性的、充滿睿智與獨見的經典、名著。

這是一項理想性的、永續性的巨大出版工程。

不在意讀者的眾寡，只考慮它的學術價值，力求完整展現先哲思想的軌跡；

為知識界開啟一片智慧之窗，營造一座百花綻放的世界文明公園，

任君遨遊、取菁吸蜜、嘉惠學子！